U0478581

梦 山 书 系

　　"梦山"位于福州城西,与西湖书院、林则徐读书处"桂斋"连襟相依,梦山沉稳、西湖灵动、桂斋儒雅。梦山集山水之气韵,得人文之雅操。福建教育出版社正坐落于西湖之畔、梦山之下,集五十余年梓行之内蕴,以"立足教育、服务社会、开智启蒙、惠泽生命"为宗旨,将教育类读物出版作为肩上重任之一,教育类读物自具一格,理论读物品韵秀出,教师专业成长读物春风化雨。

　　"梦"是理想、是希望,所谓"梦想成真";"山"是丰碑,是名山事业。"积土成山,风雨兴焉",我们希望通过点点滴滴的辛勤积累,能矗起教育的高山;希望有志于教育的专家、学者能鼓荡起教育改革的风雨。

　　"梦山书系"力图集教育研究之菁华,成就教育的名山事业之梦。

梦山书系　当代前沿教学设计译丛 / 主编　盛群力　海峡出版发行集团 | 福建教育出版社

Dimensions of Learning
Teacher's Manual

培育智慧才能

——学习的维度教师手册

[美] 罗伯特·J. 马扎诺　黛布拉·J. 皮克林　著
盛群力　何晔　张慧　杭秀　译

2010年度教育部人文社会科学规划基金项目
"教师教学设计能力研究——标准研发、模型构建和培养途径"（项目批准号：10YJA880099）成果之

目 录

致谢 \ 1
作者简介 \ 1

引论 \ 1
　一、概述 \ 3
　二、什么是学习的维度？\ 4
　　　（一）维度一：态度与感受 \ 5
　　　（二）维度二：获取与整合知识 \ 5
　　　（三）维度三：扩展与精炼知识 \ 5
　　　（四）维度四：有意义地运用知识 \ 6
　　　（五）维度五：思维习惯 \ 6
　　　（六）学习各维度间的联系 \ 7
　三、应用学习的维度 \ 8
　　　（一）教学策略资源库 \ 8
　　　（二）专业发展规划的框架 \ 8
　　　（三）课程和评价的计划框架 \ 9
　　　（四）系统改革的重心 \ 11
　四、如何使用本书 \ 11

第一章　维度一：态度与感受 \ 13
　一、引言 \ 15
　二、帮助学生发展关于课堂氛围的积极态度与感受 \ 15
　　　（一）感受到被老师和同学所接纳 \ 16
　　　（二）形成心情舒畅与秩序井然的课堂学习环境 \ 21
　　　（三）课堂案例 \ 25

三、帮助学生建立起对课堂学习任务积极的态度与感受 \ 26
 （一）感受到任务的价值和旨趣 \ 27
 （二）相信学生有能力和资源完成任务 \ 29
 （三）理解并明确任务 \ 31
 （四）课堂案例 \ 32

四、维度一的单元计划 \ 33

第二章　维度二：获取与整合知识 \ 37

一、引言 \ 39
 （一）理解知识本质的重要性 \ 40
 （二）陈述性知识和程序性知识之间的关系 \ 40
 （三）概括水平和知识的组织 \ 41
 （四）获取与整合陈述性知识和程序性知识 \ 44

二、帮助学生获取与整合陈述性知识 \ 45
 （一）陈述性知识的意义建构 \ 45
 （二）组织陈述性知识 \ 52
 （三）储存陈述性知识 \ 60
 （四）课堂案例 \ 67

三、维度二的单元计划：陈述性知识 \ 69
 （一）单元计划步骤1：目标 \ 69
 （二）单元计划步骤2：活动 \ 73
 （三）单元计划步骤3：策略 \ 73
 （四）单元计划步骤4：实施 \ 73

四、帮助学生获取和整合程序性知识 \ 75
 （一）为程序性知识建构模式 \ 75
 （二）固化程序性知识 \ 78
 （三）内化程序性知识 \ 81
 （四）课堂案例 \ 83

五、维度二的单元计划：程序性知识 \ 84
 （一）单元计划步骤1：目标 \ 85

（二）单元计划步骤2：活动 \ 86
　　（三）单元计划步骤3：策略 \ 86
　　（四）单元计划步骤4：实施 \ 87

第三章　维度三：扩展与精炼知识 \ 89
　一、引言 \ 91
　二、帮助学生发展复杂的推理过程 \ 91
　　（一）比较及其课堂实例 \ 93
　　（二）分类及其课堂实例 \ 98
　　（三）抽象及其课堂实例 \ 104
　　（四）归纳推理及其课堂实例 \ 110
　　（五）演绎推理及其课堂实例 \ 116
　　（六）提供支持及其课堂实例 \ 127
　　（七）分析错误及其课堂实例 \ 133
　　（八）分析观点及其课堂实例 \ 142
　三、维度三的单元设计 \ 147
　　（一）单元计划步骤1：目标 \ 147
　　（二）单元计划步骤2：活动 \ 148
　　（三）单元计划步骤3：实施 \ 149

第四章　维度四：有意义地运用知识 \ 151
　一、引言 \ 153
　二、帮助学生发展复杂的推理技能 \ 153
　　（一）决策及其课堂实例 \ 156
　　（二）问题解决及其课堂实例 \ 164
　　（三）创见及其课堂实例 \ 170
　　（四）实验探究及其课堂实例 \ 177
　　（五）调研及其课堂实例 \ 183
　　（六）系统分析及其课堂实例 \ 192
　三、维度四的单元设计 \ 199

（一）单元计划步骤1：目标 \ 199
　　（二）单元计划步骤2：活动 \ 200
　　（三）单元计划步骤3：实施 \ 201

第五章　维度五：良好的思维习惯 \ 203
一、引言 \ 205
二、帮助学生形成良好的思维习惯 \ 206
　　（一）理解良好的思维习惯 \ 207
　　（二）辨别并发展与良好的思维习惯相关的策略 \ 208
　　（三）创建一种良好的课堂氛围 \ 209
　　（四）为展示良好思维习惯的学生提供积极强化 \ 210
　　（五）课堂实例 \ 211
三、良好的思维习惯的具体维度 \ 214
　　（一）批判性思维 \ 214
　　（二）创造性思维 \ 221
　　（三）调节性思维 \ 225
四、维度五的单元设计 \ 230

第六章　合理规划单元教学 \ 235
一、单元教学的内容 \ 237
二、模式的不同焦点 \ 239
　　（一）模式1：聚焦知识 \ 239
　　（二）模式2：聚焦论题 \ 240
　　（三）模式3：聚焦学生探究 \ 241
三、课堂评估 \ 241
四、评估量规 \ 245
五、评定等级 \ 246
六、安排教学活动 \ 251
　　（一）讲授课 \ 251
　　（二）练习课 \ 251

（三）讲授课和练习课的整合 \ 252

　　（四）组织讨论会 \ 255

七、单元教学案例 \ 256

参考文献 \ 265

相关阅读与拓展学习资源 \ 274

译后记 \ 276

致谢

我们对下列学区的有关人士致以诚挚的谢意，衷心感谢他们对《学习的维度教师手册》（第 2 版）所提出的各种有益建议：

Ashwaubenon 学区，格林湾，威斯康辛州

Berryessa 联合学区，圣何塞，加利福尼亚州

Brisbane 文法学校，昆士兰，澳大利亚

Brockport 中央学区，克波特，纽约州

Brooklyn 学区，布鲁克林，俄亥俄州

Broome-Tioga 教育服务协作机构，宾厄姆顿，纽约州

Cherry Creek 公立学校，奥罗拉，科罗拉多州

Colegio 加拉加斯国际学校，加拉加斯，委内瑞拉

Douglas 县立学校，道格拉斯县，科罗拉多州

George 学区，乔治，爱荷华州

Green Bay 地区公立学校，格林湾，威斯康辛州

Ingham 初级学校学区，梅森，密歇根州

Kenosha 一号联合学区，基诺沙，威斯康辛州

Kingsport 城市学校，金仕堡，田纳西州

Lakeland 地区三号教育代理，西林德，爱荷华州

Lakeview 公立学校，圣克莱尔肖尔斯，密歇根州

Loess Hills 十三号地区学校，康瑟尔布拉夫斯，爱荷华州

Lonoke 学区，洛诺克，阿肯色州

Love 小学，休斯敦，德克萨斯州

Maccray 学校，克拉拉市，明尼苏达州

Monroe 县教学设计部，门罗，密歇根州

Nicolet 地区联盟，格兰岱尔市，威斯康辛州

Northern 2 号山地，克利尔湖，爱荷华州

North Syracuse 中央学区，北锡拉丘兹，纽约州

Prince Alfred 学院，肯特镇，南澳大利亚

Redwood 小学，埃文湖，俄亥俄州

Regional 十三号学区，达勒姆，康乃迪克州

Richland 学区，里奇兰，华盛顿州

St. Charles Parish 公立学校，卢林，路易斯安那州

Howard-Suamico 学区，格林湾，威斯康辛州

South Washington 县立学校，卡蒂奇格罗夫，明尼苏达州

Webster 市立学校，韦伯斯特市，爱荷华州

West Morris 地区高中，切斯特，新泽西州

从 1989 年至 1991 年，"学习的维度研究与开发联盟"下列成员对学习的维度开发工作提出了各种建议、咨询和试验：

阿拉巴马州
 阿拉巴马大学
 Terrance Rucinski

加利福尼亚州
 洛杉矶学区教育局
 Richard Sholseth
 Diane Watanabe
 纳帕谷统一学区
 Mary Ellen Boyet
 Laurie Rucker
 Daniel Wolter

科罗拉多州
 奥罗拉公立学校
 Kent Epperson
 Phyllis A. Henning
 Lois Kellenbenz
 Lindy Lindner
 Rita Perron
 Janie Pollock
 Nora Redding
 樱桃溪公立学校
 Maria Foseid
 Patricia Lozier
 Nancy MacIsaacs
 Mark Rietema
 Deem Tarleton

伊利诺斯州
 缅因西部乡高中
 Betty Duffey
 Mary Gienko
 Betty Heraty
 Paul Leathem
 Mary Kay Walsh

爱荷华州
 迪克社区学校
 Janice Albrecht
 Roberta Bodensteiner
 Ken Cutts

Jean Richardson
Stan Van Hauen
梅森市社区学校
　Dudley L. Humphrey
马萨诸塞州
　Concord-Carlisle 地方学区
　　Denis Cleary
　　Diana MacLean
　Concord 公立学校
　　Virginia Barker
　　Laura Cooper
　　Stephen Greene
　　Joe Leone
　　Susan Whitten
密歇根州
　法明顿公立学校
　　Marilyn Carlsen
　　Katherine Nyberg
　　James Shaw
　　Joyce Tomlinson
　莱克维尔公立学校
　　Joette Kunse
　奥克兰学校
　　Roxanne Reschke
　沃特福特学区
　　Linda Blust
　　Julie Casteel
　　Bill Gesaman
　　Mary Lynn Kraft
　　Al Monetta

Theodora M. Sailer
Dick Williams
内布拉斯加州
　001 地区佛里蒙特公立学校
　　Mike Aerni
　　Trudy Jo Kluver
　　Fred Robertson
新墨西哥州
　Gallup-McKinley 县中
　　Clara Esparza
　　Ethyl Fox
　　Martyn Stowe
　　Linda Valentine
　　Chantal Irvin
纽约州
　Frontier 中心学校
　　Janet Brooks
　　Barbara Broomell
宾夕法尼亚州
　中央雄鹿学区
　　Jeanann Kahley
　　N. Robert Laws
　　Holly Lomas
　　Rosemarie Montgomery
　　Cheryl Winn Royer
　　Jim Williams
　费城学区
　　Paul Aclorno
　　Shelly Berman
　　Ronald Jenkins

John Krause
Judy Lechner
Betty Richardson

南卡罗来纳州

格林维尔县学区
Sharon Benston
Dale Dicks
Keith Russell
Jane Satterfield
Ellen Weinberg
Mildred Young
州教育厅
Susan Smith White

德克萨斯州

沃斯堡市独立学区
Carolyne Creel

Sherry Harris
Midge Rach
Nancy Timmons

犹他州

盐湖城学校
Corrine Hill

墨西哥

ITESO 大学
Ana Christina Amante
Laura Figueroa Barba
Antonio Ray Bazan
Luis Felipe Gomez
Patricia Rios de Lopez

项目评估

Charles Fisher

作者简介

罗伯特·J. 马扎诺（Robert J. Marzano），中部地区教育实验室执行副主任，科罗拉多州，奥罗拉市。

黛布拉·J. 皮克林（Debra J. Pickering），中部地区教育实验室高级项目助理，科罗拉多州，奥罗拉市。

黛西·E. 阿雷东多（Daisy E. Arredondo），西弗吉尼亚大学教育领导副教授，弗吉尼亚州，摩根城。

盖伊·J. 布莱克本（Guy J. Blacburn），奥克兰学校教育政策分析人员，密歇根州，沃特福特市。

罗纳德·S. 勃兰特（Ronald S. Brandt），视导与课程开发学会前执行编辑，现为作家与咨询人员，弗吉尼亚州，亚历山大市。

塞林·A. 莫菲特（Cerylle A. Moffett），视导与课程开发学会专业发展项目前主管，现为独立咨询人员，弗吉尼亚州，亚历山大市。

黛安娜·E. 佩因特（Diane E. Paynter），中部地区教育实验室高级项目助理，科罗拉多州，奥罗拉市。

简·E. 波洛克（Jane E. Pollock），中部地区教育实验室高级项目助理，科罗拉多州，奥罗拉市。

乔·S. 斯勒（Jo Sue Whisler），中部地区教育实验室高级项目助理，科罗拉多州，奥罗拉市。

引 论

一、概述

"学习的维度"其实是《思维的维度：课程与教学框架》（Marzano et al.，1988）研究的延伸。该书由"美国视导与课程开发学会"（ASCD）出版，主要论述认知和学习的综合性实证框架。"学习的维度"将《思维的维度》中的研究与理论发展成为一种实用性框架，该框架适用于中小学各学科教师教学，有助于提升教学质量。"学习的维度研究与开发联盟"超过90人，逾期两年，当中也包括参与手册第1版编写的人员。团队在美国"中部地区教育研究实验室"（McREL）的罗伯特·马扎诺博士（Robert Marzano）领导下，致力于打造有益于重组课程、教学与评价的工具。

学习的维度模型或者框架中隐含了五个基本假设：

1. 教学过程必须最适切地反映我们对学习过程的认识；
2. 学习是一套复杂的互动过程，涉及五种类型的思维，分别用五个学习维度作代表；
3. 中小学课程应该培育学生态度、感受和思维习惯，以利于促进教学；
4. 教学至少包含两种不同的方法：一种偏向于以教师为主导，另外一种更多地以学生为主导；
5. 评价应该聚焦学生运用知识和复杂的推理过程，而不是仅仅记住信息。

除了本手册之外，学习的维度理论还有其他各种资源，教师可以利用它们更好地理解下面两个问题：(1) 上述五个假设是如何通过改善教师的课堂教学最终影响学生学习的？(2) 如何利用学习的维度框架进行课程、教学与评价的重组？

◇《差异课堂：在学习的维度框架下开展教学》（Marzano，1992）通过大量的课堂实例对学习的维度框架进行了理论探索与研究。尽管该书与教师实际运用学习的维度模式没有必然联系，但是它确为教师更全面地理解认知与学习提供了平台。另外，教师专业发展人员可以通过阅读该书，强化理解学习的维度。

◇《学习的维度之课堂与学校观察实录》（Brown，1995）主要指导教育行政人员如何为教师应用学习的维度框架提供支持和反馈。

◇《思维的维度》（Marzano et al.，1988）着力于课程与教学设计的框架探讨，强调利用不同类型的思维促进学习。

◇《学习的维度培训师手册》（Marzano et al.，1997）提供了具体的培训讲义、投影片样张和操作指南，保障了学习的维度项目中综合培训和专业发展的活动组织。

◇《评价学生学习：运用学习的维度模式开展表现性评价》（Marzano, Pickering, & McTighe, 1993）为确立新的评价体系提供了建议，即突出表现性任务的地位，以维度三和维度四涉及的推理过程为重要评价内容。

我们的建议是，学习的维度培训师首先应该参加 ASCD 或者 McREL 提供的培训项目，或者师从这些组织推荐的人。如果说培训师在思维教学方面已经有足够的涉猎，那么也可以通过自学，或者理想的话，最好通过同伴学习的方式开展各个维度的学习。不过，我们还要特别建议的是：培训师在开始对他人实施培训之前，需要自己独立使用学习的维度框架进行单元设计和教学。简言之，只有在实践中运用该模式才能更好地理解和内化学习的维度。

◇《运用学习的维度》（Marzano et al.，1992）一书解释了该模式在学校或地区范围内实施起来的差异所在，并综合讨论了决策时应注意的事项。它为学校或地区组织、运用学习的维度提供了指南，能够最大限度地保证学习目标的达成。

◇ 最后，《学习的维度视频集》（ASCD，1992）对学习的维度框架下的一些重要理念进行了诠释。各个维度的相关课堂实录可以用于培训、后期提升或者小组学习讨论。

所有上述资源通过一个结构性强且灵活的方式为改善课程、教学和评价提供了参考。

二、什么是学习的维度？

学习的维度是一个综合性的模型，以研究者和理论工作者对学习已有的认识为基础，来对学习过程作出界定。它的理论前提是：有五种类型的思维——或称之为学习的五大维度——对学习成效来说十分关键。该维度框架可以帮助您：

◇ 聚焦学习；

◇ 研究学习过程；

◇ 从学习的五个维度出发设计课程、教学和评价。

以下对此进行简要的说明。

(一) 维度一：态度与感受

态度和感受影响学生的学习能力。如果学生认为课堂是不安全的、无序的，那么他们的学习效率便会降低。同样的，如果学生对于课堂任务态度消极，他们便不会在其中付出多少努力。有效教学的重要因素之一在于帮助学生对课堂和学习抱有积极的态度和感受。

(二) 维度二：获取与整合知识

帮助学生获取和整合新知识也是学习的一个重要方面。在新信息的学习过程中，教师必须指导学生如何将新知识与他们已经掌握的内容联系起来，对新信息进行组织，并将它们发展成为长时记忆。在学生学习新技能和新操作时，他们需要掌握一个模型（或一组步骤）使得技能或操作实用且高效，最终达到内化或者熟能生巧的地步。

(三) 维度三：扩展与精炼知识

学习并不止于获取和整合知识。学习者需要在扩展和精炼知识的过程中发展深层次的理解（如作出区分、澄清错误与得出结论）。可以借助一些常用的推理过程对所学内容进行深入分析，如下：

◇ 比较

◇ 分类

◇ 抽象

◇ 归纳推理

◇ 演绎推理

◇ 提供支持

◇ 分析错误

◇ 分析观点

(四）维度四：有意义地运用知识

最有效的学习发生于运用知识来完成有意义的任务。例如，我们最初可能是通过朋友圈或者报刊了解网球拍，但是只有经过实际的购买过程才能真正地认识。单元教学设计最重要的一方面就是确保学生有机会有意义地运用知识。在学习的维度模式中，有六种推理过程可以与有意义地运用知识相适配：

◇ 决策
◇ 问题解决
◇ 创见
◇ 实验探究
◇ 调研
◇ 系统分析

（五）维度五：思维习惯

最有效率的学生往往是那些已经形成强力思维习惯的学生，他们能够进行批判性思维、创造性思维，并实现行为调节。上述思维习惯包括：

批判性思维：

◇ 准确精到
◇ 清晰明白
◇ 思想解放
◇ 抑制冲动
◇ 自有主见
◇ 移情理解

创造性思维：

◇ 坚持不懈
◇ 竭尽全力
◇ 坚持己见
◇ 视野独特

调节性思维：
◇ 自我监控
◇ 合理规划
◇ 调用资源
◇ 回应反馈
◇ 评估效能

（六）学习各维度间的联系

学习的五大维度之间不是相互孤立的，而是彼此关联的有机整体，如图 1 所示。

图 1　学习的维度之互动样式

从图 1 中可以看到，所有的学习都基于学习者的态度和感受（维度一）以及有效的思维习惯（维度五）。消极的态度和感受会导致学习效率低下；而积极的态度和感受会促进学生学习，学习也会因此变得简单。同样，运用有效的思维习惯也能够促进学习。维度一和维度五是研究学习过程必须考虑的问题，所以图 1 将其置于基础的位置。

有了积极的态度和感受以及良好的思维习惯做基石，学生在其他三个维度中的学习将更加高效。请注意图中代表维度二、三和四的三个圆环的相互位置：表示有意义地运用知识的圆环包含了其他两个维度（维度三和维度二）；表示扩展与精炼知识的圆环又包含了获取和整合知识（维度二）。这说明了学生扩展与精炼知识的过程也是学生继续获取知识的过程，而有意义地运用知识的过程同样也是获取与扩展知识的过程。换句话说，各类思维之间的关系既不是割裂的，也不是线性的，它们之间既有互动，也可能同时在学习过程中呈现。

学习的维度模式为我们理解学习过程提供了一种隐喻。学习的维度为理解极其复杂的学习过程提供了新的视角，使得我们可以洞察秋毫，把握各维度的互动规律。如果应用得当，它必将成为促进学生学习的有力工具。

三、应用学习的维度

作为一个综合性的学习模型，学习的维度几乎可以影响教育的方方面面。因为教育最主要的目标是促进学习，所以我们的教育体制必须聚焦某一个能够反映有效学习的模型，必须运用能够做出决策和评估的标准。尽管学习的维度并不是现存唯一的学习模型，但是它能确保学习成为教育者关注的重心。它首先要确保目前学校和课堂能促进学生学习，然后还要提出后续提升的建议策略。虽然个体、学校和地区使用该模型的目的不同，但是理解其使用方法却是普遍有益的。

（一）教学策略资源库

在最初级的使用阶段，本手册俨然已经成为"循证教学策略"的资源库。尽管手册中囊括了大量的有效策略，但是手册本身并不是学习的维度模型。在运用教学策略的时候应该择善而从，并且按照预期的学习效果进行检验。虽然处于较初步的应用水平，教师仍然需要在选择和使用这些策略时加强对各维度内容和相互关系的理解。

（二）专业发展规划的框架

一些学校和地区认为学习的维度为教师的专业发展规划提供了着力点，另一些则认为学习的维度为整合地区内各种在职学习提供了途径。表1正是上述想法的反映。左边是学习的维度模型的成分框架。无论是个人，还是整个团队的专业发展规划都从这里开始。专业培训师提出的第一个问题是："学习过程的哪一方面需要加以改进？"回答完之后，确定改进所需要的各项资源，并在表的上方呈现。这些资源可能包括达到既定目标所需的课程、策略、人员或者图书。已有的资源之间可以通过共享的方式互相补充，共同寻求学习进步。一旦资源确定之后，需明确阐述应用该资源之后应该在什么地方有所改进。需要注意的是，应当聚焦学习过程而并非聚焦资源本身。

（三）课程和评价的计划框架

建立学习的维度模型的目的之一是影响课堂和地区的课程计划和评价计划，尤其是强调了单元教学设计以及与课程评价的一致性，课程评价既包括传统评价手段，也要包括表现性评价手段。

每个维度内都提供相应的设计问题参考，确保在设计学习过程的方方面面中皆有所考虑：例如"如何才能使学生保持积极的态度和感受？"或者"学生正在学习什么陈述性知识？"尽管设计者的有效提问十分必要，但是答案可能很少或者几乎不能在课程或评价设计中体现。每个问题所贡献的内容多少不是重点，关键是设计过程中对每个维度的问题的回答过程。更多的说明和案例详见本手册。

那些将学习的维度模型应用于评价实践的人很快便能意识到教学和评价的紧密联系，且传统的评价手段和表现性的评价手段各有利弊。具体的评价建议在本手册中有所涉及。

表1　职业发展规划表

改进所需的资源							
学习的维度框架							
态度与感受							
Ⅰ. 课堂氛围							
A. 师生的接纳							
B. 舒畅和秩序							

Ⅱ．课堂任务									
A．价值和兴趣									
B．能力和资源									
C．明确任务									
获取与整合知识									
Ⅰ．陈述性									
A．意义建构									
B．组织									
C．储存									
Ⅱ．程序性									
A．建构意义									
B．固化									
C．内化									
扩展与精炼知识									
比较									
分类									
抽象									
归纳推理									
演绎推理									
提供支持									
分析错误									
分析观点									
有意义地运用知识									
决策									
问题解决									
创见									
实验探究									
调研									
系统分析									
思维习惯									
批判性思维									
创造性思维									
调节性思维									

（四）系统改革的重心

学习的维度最高水平的应用是将其看作一个组织工具，用以确保整个学校或地区有机地整合在一起，并且持续以学习为重心开展运作。该模型提供了一种实用的视角和共通的语言。课程设计者针对每一维度的提问也是学校系统中的成员在安排学年、选择教材、编制岗位要求和评价课程有效性的过程中同样会遇到的问题。

上述有关学习的维度模型的四种应用仅仅是作为示例，读者完全可以有其他的看法和使用方式。该模型的目的是帮助教师确定并实现学生的学习目标，容许并且鼓励灵活应用。

四、如何使用本书

理解学习的维度模型可以在很大程度上提升各方面教育工作的设计能力。本手册的目的是帮助教师和管理者通过了解学习的维度模型，同时为使用该模型的特定个体、学校和地区实现各自的目标提供指南。本手册的内容编排和组织方式说明如下：

1. 每个维度都设置了专门章节，包括引言、促进学生参与各阶段思考的建议、激励反思和寻求应用的课堂实例以及特定维度的单元教学设计过程。

2. "合理规划单元教学"一章对完整的设计过程、使用建议、实施步骤以及课堂案例做了详细的阐述。当中还包括了能够用于收集学生各个维度的表现数据的若干评价方法；确保教师评价的持续性和公平性，促进学生学习的量规；以及等级的评比和记录方式。

本手册中所强调的策略和资源只是沧海一粟。如果排除成本因素，可以考虑将本手册制作成活页笔记本，使用者能够将各自的策略和资源完善其中。对于专业的教育工作者来说，学会收集各种观点和建议也是一个发展目标。理想的状态是，老教师可以利用本手册继续丰富经验储备、提升能力水平，同时新教师又能利用其打下一个良好的开端。

第一章 维度一：态度与感受

一、引言

　　大多数人都知道态度与感受会影响学习。作为学生我们都有这方面的经验，即态度与感受会影响与老师、其他同学的关系，也会影响对自身能力的看法以及对任务的重视程度。当我们的态度与感受是积极的，那么就能促进学习；反之，当我们的态度与感受是消极的，那么就会阻碍学习。教师和学生都有责任尽量使自己保持积极的态度与感受，甚至在必要时改变消极的态度与感受。

　　得力的教师总是持续不断地影响学生态度与感受，能够做到"润物细无声"。尽管这样做表面上看起来是难以言说的，但实际上要培养具体态度与感受，这是一项有意识的教学决策。在下面两部分，我们将讨论提高两种类型态度与感受的具体策略与技术：一方面是同课堂氛围有关，另一方面则是同课堂教学任务有关。当你在安排以下两项任务时——引起学生的积极态度与感受，帮助学生学会如何保持积极态度与感受，或者改变消极或有害态度与感受，你可以参考本书所阐述的各种策略、技术、建议和课堂案例。

　　总之，维度一包括了两个方面的内容：

　　第一，帮助学生发展有关课堂氛围的积极态度与感受：

◇ 感到能被老师和同学所接纳。

◇ 心情舒畅，秩序井然。

　　第二，帮助学生发展有关课堂任务的积极态度与感受：

◇ 把学习任务看作是有价值的且有趣的。

◇ 相信自己有能力和资源去完成任务。

◇ 知道完成学习任务要做些什么。

二、帮助学生发展关于课堂氛围的积极态度与感受

　　每一个教育者都会懂得课堂氛围对学习所产生的影响。每个教师最主要的任务就是建立良好的课堂氛围，在其中：

◇ 感到被老师和同学所接纳，并且

◇ 心情舒畅和秩序井然。

学生在理解态度、感受和学习之间关系的时候，认识是有所差异的。教师要向学生强调：

◇ 与课堂氛围有关的态度与感受是学习的关键。

◇ 学生和老师都有责任尽可能保持良好的态度。

帮助学生理解维持对学习有积极影响的课堂氛围是非常重要的，这当然不仅仅是指能够表现出"好行为"。下面这些方法帮助学生加深理解：

◇ 与学生分享你自己的学习经历（从幼儿园到今天当教师为止），谈谈你是如何受到与心情舒畅、秩序井然相关的态度与感受所影响的，其中可以包括你曾经使用过的维持积极态度与感受的各种策略，以及这些策略到底产生了什么样的作用。接着，让学生分享他们的经验和所使用策略的有效性。

◇ 提供多种由于消极态度影响了学习的假设性情境，让学生讨论为什么他会有这样消极的态度，并提出纠正的方法。

◇ 让学生了解文学作品中的人物、历史人物或者现实生活中的名人是如何维持积极的态度来促进学习的。像报刊书籍和影视节目等都是很好的资源。

（一）感受到被老师和同学所接纳

每个人都希望被他人接纳。当我们感到被接纳的时候，我们就会感到心情舒畅、力量倍增。反之，当我们感到不被接纳的时候，我们经常会感到心情沮丧或者心不在焉。这样的情形在课堂中并不少见。感觉被接纳的学生通常自我感觉良好，对学校也充满信赖，学习努力，成绩斐然。作为教师，最首要的任务就是要帮助学生被老师和同学所接纳。为了达成这一目标，可以采取以下多种方法。

1. 与班内每一个同学建立联系

我们大家都希望被别人"了解"。一个简单的表示，如"叫出名字打招呼"都是很管用的。学生也同样希望这样。学生希望教师能与他们建立联系，尊重他们的独立存在和各自价值。以下是建立这些联系的具体做法：

◇ 课前、课中与课后与学生交谈彼此的兴趣。

◇ 在课外主动与学生打招呼，如课外活动或在商店见面时。

◇ 每天有选择地在餐厅与几个学生进行交谈。

◇ 了解学生生活中所发生的事情并提出建议，如参加运动会、戏剧表演或其他课外活动。

◇ 对学生课内外所取得的优异表现进行表扬。

◇ 在制定课堂教学计划时征求学生的意见，考虑他们的兴趣爱好。

◇ 当学生来上课的时候站在门口迎接并问候，一定不要叫错名字。

◇ 在学期开始时让学生完成一份兴趣清单，教师可以利用这些信息与学生进行交流。

◇ 在学年开始之前打电话给学生联络情感，着手建立联系。

◇ 给学生父母打电话，让他们分享值得自己与孩子感到自豪的事情。

2. 监控和端正教师自身的态度

大部分教师都会意识到当自己对学生抱有积极态度时，学生的学业表现就会更加出色。当然，他们有时候也会对某些学生"视而不见"或者无所要求。提高监控、端正与调整教师自身对学生的态度，能提升学生的接纳感。当你感觉自己对学生的态度不够积极的时候，采用以下办法可能是有帮助的：

(1) 每日上课前，在脑子里回忆一下学生，注意那些有问题（学业上或者行为上）的学生。

(2) 尽量想象所谓的"问题学生"会有哪些积极的行为表现。换句话说，就是用积极期望代替消极期望，这是一种心智预演。在每次教学开始之前在脑子里树立积极的形象很有好处。

(3) 当你与学生交往时，心里总是要记着你对他们的积极期望。

3. 履行公平与积极的课堂行为

研究表明，即使那些非常注重与学生互动的教师也会无意识地特别关注成绩好的学生或者有性别偏见。所以教师要确保所有的学生都受到积极关注，都能感到被接纳。以下几种做法是切实可行的：

◇ 在教室里与每个学生进行目光交流。当你讲课的时候可以用目光扫视整个教室，在教室的各个角落走动。

◇ 在上课的过程中，故意走向不同角落的学生，并与之接近。座位安排应便于师生自由互动和交流。

◇ 称赞每个学生的想法都是独特的（如在讨论中你可能会说"丹尼对麦瑞的想法作了很好的补充"）。

◇ 允许和鼓励所有学生积极参与课堂讨论和互动。确保提问那些不常参加活动的学生，不要只是提问那些经常能主动参与的学生。

◇ 为所有的学生提供恰当的"等候时间"，不管他们以往的成绩或者能力如何。

4. 尊重个别差异，因人施教

所有的学生都是独一无二的。他们带着各自不同的经历、兴趣、知识、能力和对世界的感受进入到教育情境中。研究和经验都告诉我们，人们的学习方式和思维方式、智力类型和发展程度等方面都各不相同；在文化背景方面有认识差异和习俗差异；在出身背景、身体和智力特点、学习的优势和弱势等方面也绝不能一概而论。所以，教学要尊重差异，重视个性，因人而异，使得每一个学生都有一种被接纳感，从而有利于改进学习效能。以下策略能够帮助教师在因材施教方面做出改进：

◇ 利用实际生活素材和文学作品。

◇ 设计一个综合考虑和灵活调节各种生理需求的课堂场景。

◇ 计划丰富多彩的课堂活动，使得所有学生都有机会采用自己喜好的方式来学习。

◇ 允许学生选择教学内容或者活动方案，使其能够发展兴趣和发挥优势。

◇ 联系成功人士的教学案例，宣讲他们是如何在尊重个别差异，发挥个人优势方法环境中成长的。

5. 当学生作出不正确行为或者无法做出反应时仍予以鼓励

当学生认为他们即使犯错误或者不知道答案也没有关系的时候，他们会主动参与学习和作出反应。也就是说，学生知道即使他们犯了错误或者不知道答案时，教师也会予以接纳。对学生的错误或者无法做出反应，教师如何予以对待，这是能否为学生创造一种安全感的重要因素。当学生给出错误的答案或者没有给出答案的时候，通常可以采取以下措施来恰当应对：

◇ 强调什么是正确的。对学生错误反应中的积极方面给予肯定，指明其方向是否对头，指出其错在哪里。

◇ 鼓励同学互助。允许学生寻求同伴协助，这样做往往能够收到应有的效果。

◇ 重述问题。先提出问题，然后耐心等待一会儿请学生思考后再作出回答。

◇ 改述问题。改述问题或者从不同的角度叙述问题，让学生对问题有更透彻的理解。

◇ 给出暗示或提供线索。教师提供足够的指导，使学生逐渐领悟，找到问题的答案。

◇ 提供答案并要求学生能够给出具体论证。如果学生完全不能提出解决答案，那么也可以将现成答案提供给他，然后再请学生用自己的话来论证解法或者提供新的实例。

◇ 必要时允许学生保留自己的看法。

6. 对学生的正确反应提供各种积极强化手段予以肯定

当学生作出正确反应时，表扬也许是教师最经常使用的积极强化形式。当然，也有不少时候表扬对学生理解自己对班级的贡献所起作用很小，甚至起到了消极作用。例如，学生可能认为表扬是空洞乏力的、屈尊俯就的或者毫不费力的，尤其是当他经常脱颖而出，总是受到表扬时更是如此；对一个正确的反应作出过分的表扬，对其他学生来说可能就暗示着讨论到此为止，不需要再补充完善了；还有一些学生觉得受到教师当众表扬或者赞赏时，会感到局促不安。

以下对正确答案作出反应的方法，对学生来说能起到强化和认可作用：

◇ 改述、应用或总结学生的反应（"如果……那是不是也可以……"）。

◇ 鼓励学生彼此作出响应（"你怎么看呢，胡安同学的答案对吗"）。

◇ 对那些在同学面前受到表扬而局促不安的学生来说，建议采用私下表扬的方式（"伊恩，今天在班上当你……的时候，我感到很高兴"）。

◇ 挑战答案或要求作出具体论证（"戴文，这似乎是矛盾的啊……"）。

◇ 向学生具体说明给予表扬的标准，让学生知道他们为什么会受到表扬（"鲍勃，你的答案帮我们找到了一个新思路"）。

◇ 帮助学生分享他们自己的答案（"你是怎么想出这个答案的"）。

◇ 使用特定的语音语调，确保学生理解要肯定的是什么。

◇ 使用点头赞许或其他肢体语言（如目光交流），鼓励学生具体论证自己的答案。

7. 安排各种机会让学生开展同伴合作

经过恰当的分工安排，在同一个小组为了实现共同的目标而协力同心，能帮助学生感受到被其他同伴所悦纳。要确保所建立的小组能培养积极的同伴关系，同时又能够提高学习成绩。以下多种策略能增加小组合作的效能：

◇ 教给学生小组互动所必需的合作技能。

◇ 预先确定学习目标，并让学生做到心中有数。

◇ 对小组活动进行监控，并且在必要时提供额外的信息、资源或者鼓励。

◇ 安排好各项学习活动，使小组中的每个学生在完成任务时都能发挥其个体作用。

◇ 确保小组中的每个学生都能获得相应的知识。

8. 让学生有机会彼此熟悉并相互接纳

有些学生比其他学生更喜欢交朋友，也更容易被他人所接纳。还有一些学生则在一段时间内很难容纳别人的个性。教师要给学生提供彼此熟悉的机会，让学生们知道尽管他们各有千秋，但是在很多方面还是有共性之处。鼓励学生与其他同伴或者小组建立联系，而不仅仅只是同几个知己朋友在一起。教师一般会在学年开始时让大家彼此熟悉，但是如果在平时也能多创造机会的话同样会带来很好的效果，尤其是当学生知道这样做是为了大家人人进步、各个优异时更是如此。下面是一些具体的做法：

◇ 在新学年开始，让每一个学生分别找一个同伴认识，然后再将新认识的同学介绍给班上其他同学。

◇ 让学生制作海报展示他们的家庭背景和兴趣爱好等。不妨请同学展示自己从出生到现在的照片。把这些海报贴在教室周围或者请同学在班上做自我介绍。

◇ 鼓励所有学生分享各自的文化价值观与传统。如果班级中有不同国度和文化的学生，那么这项活动将会特别有趣。

◇ 让每个学生在一张纸上写下自己的名字，并传递给全班每个同学，请每个同学在纸上都要给别人写一句积极的评论意见。鼓励学生开动脑筋，别出心裁，最后都写完后归还给"主人"。

◇ 让学生用抽象拼贴画、照片或者图片来制作一张"标识牌"，以展示自己的喜好，在开学第一周将其放在学生的课桌上。

◇ 整个学年要定期举行"知道你是谁"活动。

9. 帮助学生增强主动获得老师和同学接纳的本领

学生要学会通过自己的努力来获得教师和同伴的接纳。当然，许多学生需要有机会来了解和操练如何使用这些获得接纳的策略。你可以定期让学生了解和讨论有哪些可用的策略，并用定期更新和轮换使用的方法加以记录（如用公告板、幻灯片或者笔记本等）。请注意向学生强调使用获得接纳的策略对每个人的学习环境都有积极的影响。

如何赢得教师的认可，我们建议学生可以采取以下策略：

◇ 如果你对某个老师有消极的态度，可以约老师单独见面。一般来讲，单独沟通会比较容易建立一种积极的关系。

◇ 对老师要尊重、有礼貌。当跟老师交谈时，要目光交流、并使用恰当的语言。

◇ 当老师似乎要生气或者发怒时，不要火上浇油。教师也同样是人，像其他每个人一样他们也有心情好和心情不好的时候。

◇ 努力学习。无论你的成绩如何，当老师知道你正在努力学习时，师生关系将会更加如鱼得水。

如何赢得同伴的认可，我们建议学生可以采取以下策略：

◇ 真诚相待而不是盲目炫耀。当你初次与同学接触时，应该花更多的时间去倾听而不是只说自己。

◇ 对别人的积极品质要给予赞扬。

◇ 应避免提及别人的缺陷或者已经发生的坏事情。

◇ 待人要有礼貌。己所不欲勿施于人。

（二）形成心情舒畅与秩序井然的课堂学习环境

课堂中学生是否感受到心情舒畅与秩序井然会影响他们学习的能力。这里所说的心情舒畅与秩序井然是指身体舒适、学习行为规范明确以及情感上具有安全感。

课堂中学生的心情舒畅感受到这样一些因素的影响，如教室温度、课桌椅的摆放、自由或者体育活动的数量，等等。研究学习风格的专家发现学生对心情舒畅的感受并不是完全相同的（如 Carbo, Dunn, and Dunn, 1986；McCarthy, 1980, 1990）：

有些人喜欢自由开放的课堂学习环境；有些人喜欢校园里经常有音乐相伴；有些人喜欢错落有序的空间环境；还有一些人则愿意享受学习进步给他们带来的愉悦感。

在课堂管理方面教师可以利用研究已经得出的广泛结论（如 Anderson, Evertson, and Emmer, 1980；Emmer, Evertson, and Anderson, 1980），以指导学生在创建秩序井然的课堂中可能出现的问题。例如，相关的研究表明，阐明以及强调遵守规则与程序能够创建一个有益于学习的环境。如果在学习情境中学生不知道哪些行为是受限制的，那么课堂势必将会出现杂乱无序的局面。

大部分教育工作者都知道让学生参与课堂氛围的决策至关重要，当学生参与决策时，比较容易满足个人的需要。以下部分提出了创建心情舒畅与秩序井然的具体课堂策略。

1. 经常系统地开展身体"动起来"的活动

如果要求学生在很长时间内保持在一个位置，他们大部分都会感觉不舒服。以下是运用甚至鼓励他们在常规课堂教学中"动起来"的方法：

◇ 定期短时休息，学生可以站起来走动一下以及伸伸懒腰。

◇ 安排需要学生独立和小组收集信息的课堂任务，积极利用他们课内外的资源。

◇ 既要安排学生独立在课桌上完成学习任务，又要鼓励他们在课堂内各区域合作开展小组活动。

◇ 当感觉到学生听课有点心不在焉时，可以停下来做几分钟的课堂练习调节一下。

2. 引入"聚焦术"

"聚焦术"（bracketing）是一个通过有意识地防止分心而保持聚精会神和集中注意力的过程，具体分为三个步骤。首先，学生意识到到了该集中注意的时间了；其次，学生承认自己注意力确实分散了并要设法调整过来；最后，学生许诺集中注意力，不再想别的事情。脚手架可以用多种方法来完成，你可以建议学生：

◇ 使用自我提醒（"我现在不能想它"）。

◇ 以后安排时间再去想它（"下课后我再想它"）。

◇ 使用心理图示把分散注意力的东西驱走。

"聚焦术"对于保持心情舒畅是十分必要的，因为它帮助学生在某一特定时

间集中于一个观念或一项任务。为了帮助学生理解和练习"聚焦术",你可以使用如下策略:

◇ 在一个恰当的过渡时间(如午饭后或休息前),向学生示范这一过程。你不妨这样告诉学生:在准备开始一个新的任务之前,大家要"调好频道"。

◇ 提供个人示范,并让学生分享自己的经验,即什么时候"聚焦术"是有用的,什么时候又不管用了。

◇ 与学生分享名人名家(如奥运会运动员、演员和政治家等)的案例、证书或影视,解释他们如何使用与"聚焦术"相仿的策略使得自己大获成功。

◇ 使用文学作品中的人物,学生可能会直接找到证据或者能推断出一个人物是如何通过"聚焦术"风光一时。

◇ 如果学生的注意力实在难以一下子集中起来,那就不妨索性让他们放开1～2分钟,然后再要求他们先把心思暂时收到"收纳箱"中,等下课后说。你可以多次使用这种"收纳箱"。

3. 建立和交流课堂规则和程序

良好的课堂规则和程序是学生养成秩序井然习惯的有效方式。它可以用多种方法来达成:

◇ 制定操作课堂程序的清晰规则和标准(可以由教师独立制定,也可以教师与全班同学商量制定)。表1.1就是一些类别,其中的规则和程序都比较具体。

表1.1 课堂学习规则分类

1. 开始上课
2. 教室或者校园内活动
3. 课堂独立学习
4. 结束上课
5. 打断
6. 教学程序
7. 非教学程序
8. 作业要求
9. 布置作业
10. 班内检查作业
11. 评分办法
12. 作业讲评

◇ 让学生讨论他们认为哪些规则和程序是合理的。

◇ 讨论规则和程序所赋予的意义和基本原理，提供学生书面的规则和程序清单，把它们张贴在教室、开展角色扮演或者教师现身示范。

◇ 具体阐明什么时候使用这些规则和程序，以及如何随着环境的改变而作出调整（如"在上课开始……"，或者"在考试期间……"）。

◇ 当发生了需要例外的情况时，就要如实说明情况并向学生解释作出变通的理由。

◇ 当向学生作出行为反馈时，要指出那些与班级规则相符合的具体行为。另外，还要让学生知道班级规则如何帮助自己获得成功，同时又如何惠及别人的进步。

◇ 迅速、公正与一致地强化规则和程序。

4. 制止课堂内外恶意取笑、攻击他人的行为

人身安全对每个人来讲都是置于首位的。当你感到身心不安全时，是不可能有心思来学习的。你可以做以下几件事情帮助学生感受到人身是安全的：

◇ 制定有关学生人身安全的清晰政策。这些政策越清楚，对学生的影响力将会越大。这些政策和规则应该包括对威胁或伤害他人的后果作出描述。

◇ 让学生知道你很在乎他们是否人身安全和身心健康。要让他们知道你将为此而采取行动。

◇ 查明那些威胁或取笑他人的以及被他人威胁或取笑的同学。与他们讨论发生这种情况的原因。

◇ 有空时巡视学校的周围环境，检查是否有不安全的因素，尤其是要查看学校中学生会受到威胁的地方（例如洗澡室或走廊）。

◇ 如果有必要，直接与家长见面讨论相关问题。

◇ 建立一个对"凌强欺弱"行为无人喝彩的环境。

5. 让学生自己提出心情舒畅与秩序井然的标准

教师可以在课堂学习中抽出必要时间训练学生遵守已经制定的心情舒畅与秩序井然的标准。当然，这样做的目的是根据学生的偏好以及理解可以接受的社会行为，让他们自己能够提出心情舒畅与秩序井然的标准。有些课堂活动能帮助学生对心情舒畅与秩序井然负起更多的自我责任，同时也注意到周围其他人的需要：

◇ 让学生详细描述他们是如何安排个人空间（如课桌或者学习活动室）而获得心情舒畅与秩序井然感的。这些描述也可以采用学生以后将使用的检查表的形式。要定期请学生评估个人空间的舒心程度。

◇ 定期让某个小组负责"布置教室"的工作，小组的任务是使用多种方法提升班级形象或改进教室布置。

◇ 与学生讨论如何随着学习情境的变化而调整自己对心情舒畅与秩序井然的要求。例如，学生在学习时可能需要安静的环境，而当开展艺术活动时则应该有音乐相伴。为了帮助学生发现自己究竟需要什么，你应该提示学生鉴别考察不同的活动的性质（如做作业、清扫教室和修理自行车）。

◇ 建议学生了解一下其他同学，为了达到心情舒畅与秩序井然，大家有一些什么样的要求。有时候，集思广益好处多多。

（三）课堂案例

下面是几个有关在课堂中如何应用维度1的实际案例。

每年，傅老师（Mrs. Frost）都会制定一些规则，并让学生抄写在自己的桌垫上。这些规则都依学生的喜好而定。虽然采用桌垫意在帮助学生自己控制规则，但是似乎傅老师才是这些规则的唯一"主人"。学生总是会找到一些新的方法来"应付"这些规则，而傅老师的大部分时间也都花在了强化这些规则上面。傅老师感到特别无奈，于是她向同事求教。同事建议她允许学生自己修订这些规则，并决定违反的后果。两天后，她再次碰到同事后说这么做很管用。"学生想到了我没有想到的规则，他们制定的结果比我要严厉得多，而且，一个学生提出了一个很有意义的想法：尊重自己，尊重他人，爱护教室设施。"

沃老师（Mr. Vosburg）决定采用一些新的方法促使更多学生参与课堂讨论。在课堂讨论中，许多学生似乎"缩头缩脑"或者直接点名才肯发言。经过一番考虑，他意识到实际上有很多策略都能解决这个问题，只是没有经常使用而已。他决定开始有意识地使用这些策略，如把学生的想法记录在备课本上并记上其名字，上课时经常加以引证（例如"昨天，科琳说，她不同意……"），并且对学生的想法进行质疑，尤其是对那些发现质疑比表扬更有意义的学生更是这样做（"对不起、等一等，桑迪，如果……那是不是另一回事情了"）。正如沃老师所希望的那样，当学生意识到他们的想法能给老师留下深刻印象时，参与学习的热情更加高涨了，提出的想法也更加深刻了。

薄老师（Mr. Berger）注意到上课时学生彼此用如"坐在后面的同学"或者"穿马甲那个人"或者"扎马尾辫的女孩"来称呼。他想应该创造机会让学生彼此熟悉，以便在课堂上能更频繁交流。他开始让学生玩一种"名字游戏"，这种游戏在小学生中会经常玩。学生认为这个游戏非常有趣，可以让大家减少拘束彼此热络起来。当薄老师知道学生开始叫得出名字来交流的时候，他感到很高兴。这样学生在学习中的交流更加频繁了，彼此间的帮助也更大了。

三、帮助学生建立起对课堂学习任务积极的态度与感受

态度与感受的第二部分和要求学生完成的任务有关。首先，学生必须感受到任务是有价值或有趣的，否则他们将难以积极投入。第二，学生必须认为自己有能力和有资源来完成任务，否则他们也会因为风险太大而放弃。第三，学生必须清楚知道要求他们完成的任务是什么，如果学生不知道任务究竟要干什么而瞎忙一气，那么很可能做的是无用功。

对学生而言，知道他们对课堂任务所采取的态度与感受，会对自己的学习本身产生非常大的影响，这一点很重要。同时，还要让他们了解到保持对任务的积极态度与感受是师生双方共同的责任。如果学生能理解这一点，他们对教师为了尽可能保持学生积极的态度与感受所做的各种努力也会心存感激。他们更有可能在完成学习任务时提出和使用个人策略来保持积极的态度与感受。

学生对任务的价值和意义能够理解多少，是否相信他们有能力和智慧来完成任务，是否知道任务究竟要干什么，这些因素也会影响学习。以下几种方法能帮助学生理解影响态度与感受的因素：

◇ 与同学分享你自己对任务的态度与感受是如何影响你的学习的（从幼儿园到现在），分享你正在使用或已经用过的保持积极态度与感受来促进学习的策略。

接着让同学讲讲他们自己促进学习所使用的经验和策略。

◇ 提供一种假设性情境——学生因为态度消极而影响了学习，让学生讨论如何在改变情境上下功夫，有可能有所改观。

◇ 让学生知道小说、历史或名人名家是如何对任务保持积极态度的。报纸、书籍、影视节目中的人物能为学生讨论提供正反面案例。

（一）感受到任务的价值和旨趣

1. 建立学习信任感

确保学生知道学习任务是有价值的一个方法就是建立一种关系，我们称之为"学习信任感"，也就是说学生感受到任务是有价值的，因为他们信任老师只会把那些有价值的任务交给他们。在充满学习信任感的环境里，学生不会贸然动手去挑战那些难以立即看到价值的任务，因为他们相信自己最后一定能了解任务的价值。

像其他的信任关系一样，学习信任感随着时间的发展而发展，这要求学生与教师心心相通，逐渐弄懂任务的价值。

2. 帮助学生理解某一具体知识的价值

如果一开始学生不能理解学习具体知识的价值，就需要教师作出说明。例如，现在的学生可能难以理解为什么要在中学社会课中有"处理古巴导弹危机"的内容。这时候，教师就应该通过说明该事件中的一些细节帮助学生理解当时美国和苏联之间的紧张关系。

以下几种方法可以帮助学生理解具体知识的价值：

◇ 向学生解释在以后学习更复杂概念、或者在各学科间建立联系或者完成某一项任务时，了解具体知识会起到什么样的作用（你可以"预览"一项即将学习的内容，指出现在正在学习的知识对完成以后的学习任务会起到什么样的作用）。

◇ 帮助学生将具体知识与在现实生活中应用的经验相结合。

◇ 让学生鉴别并彼此分享为什么他们都认为具体知识和任务对学习帮助甚大。

3. 运用多种方式帮助学生积极参与课堂学习任务

毋庸置疑，当学生积极参与学习任务时，学到的自然更多。设计一个有趣且能吸引学生参与的任务，这是一项非常具有挑战性的事情，尤其是要兼顾到学生兴趣和能力的实际差异。以下设计和呈现任务的方法能吸引更多学生参与学习：

◇ 设计"真实"的任务，也就是与校外生活和工作场所生活相关的任务。学生了解了任务的针对性和实际用途后，就会更加积极投入。

◇ 要确保任务具有智力挑战性。平时我们似乎可以看到这样一种现象，不同成绩水平的学生，似乎都会很快沉浸在那些不以为然的任务中去（如猜谜语、找出假定情境的答案或者澄清一个混淆的想法），仅仅是因为这些任务具有智力挑战性。如果课堂学习任务同样具有智力挑战性，那么也会有相同的效应。

◇ 允许由学生自己作出选择。具体办法有多种，既能自由选择，又能兼顾学习任务本身的要求。例如，为了示范具体知识，你可以给出几个任务或者几个富有建设性的想法让学生去选择。你也可以允许学生自己选择具体的内容来例证或阐明一个归纳或一项原理。

◇ 教师要表现出对自己呈现的材料很有兴趣。如果教师对教学内容兴趣盎然，那么学生自然也会被感染。

◇ 提供所学具体知识的"轶事趣闻"。假如学生刚开始可能对相关的学习内容不感兴趣，那么教师不妨用"轶事趣闻"来吸引。

4. 创建与学生兴趣和目标相联系的任务

如果任务和学生的兴趣和目标相联系，那么他们更有可能认为任务是有价值的。所以，教师通常寻找一些有关学生兴趣和目标的具体信息，以此吸引学生了解学习的价值，更加愿意投入到学习中。例如，教师教比率和比例这一单元时，如果他知道班上学生对音乐和运动感兴趣，那么他将会解释音乐表演和体育运动中是如何用到比率和比例的。

随后，教师可能希望学生根据自己的兴趣创建任务。例如，数学课介绍完三种类型曲线图后，教师可能让学生选择感兴趣的事情来演示如何运用三种类型曲线。学生可能选择他所喜欢的篮球运动员的命中率，还有些学生可能会画出畅销书的月份排行榜。

教师可以通过启发谈话或者直接引导的方法来了解学生的兴趣和目标。表1.2是教师所拟的一份要求学生完成的兴趣调查表。

表1.2　学生兴趣调查表

1. 如果你能"随心所欲",你会做什么?

2. 如果你能周游世界,你会到哪里去?

3. 如果你能自由选择不同历史时期生活,你愿意出生在什么时代?

4. 你现在正在做什么项目?

5. 你喜欢做什么项目?

(二) 相信学生有能力和资源完成任务

1. 提供适当的反馈

学生在完成任务的过程中所收到的反馈,对于他们相信自己能够取得成功的程度有很大影响。很多好教师常常会提供学生鼓励性反馈或者对他们能力表示有信心(如"太棒了""继续努力""我知道你肯定行""不要停止哦")。然而,有时候学生可能需要一些具体的反馈,明确指出哪些地方做得好,哪些地方需要改进。这就需要把任务分解成各个具体模块并且帮助学生发现自己在每一部分中的优势和弱势。例如:

◇ "你开始一段清楚揭示了文章的主旨,最后总结得也很精彩,让我们具体看一下你对课文第三段的理解怎样。"

◇ "秋千荡起来之前姿态的稳定性很要紧啊。不要摆来摆去,人稍微往后斜一些……"

◇ "这部分错了,如果你回头检查一下答案,就会看到……"

反馈的类型应该随着具体学生、任务甚至当天心情等因素的变化而作出调整。当然,反馈的目的总是为增强学生迎接挑战、完成任务的自信。

2. 帮助学生运用积极的自我交谈

帮助学生对自身能力有积极态度的一个最主要方法就是用积极的自我交谈取代消极的自我交谈。第一步就是先要意识到什么是消极的自我交谈,学生可能要花费几天的时间罗列他们经常挂在嘴上的消极事情(如"我讨厌这个班级。我比不上人家")。一旦他们意识到了在某个具体情境中的话语是消极的,就可能会尽力把它转变为积极的自我交谈(如"我喜欢这个班级,我肯定行")。需要着重指出的是,刚开始学生并不一定相信积极的自我交谈能帮助自己获得成功。

3. 让学生意识到他们有能力完成一个特定的任务

当学生认为他们没有能力完成一项任务时,实际上,有时候只需要让他们转换心态就会为之改观了。这就是说,教师不仅仅要为学生鼓掌喝彩,同时更要帮助学生了解到自己确实很棒。当任务是在一个复杂的环境中或者是一项长期的项目时,学生可能会一叶遮目,不知如何下手。下面几种方法能够帮助学生了解到自己能做什么:

◇ 清楚而准确地解释完成任务需要什么样的知识。

◇ 提供证据向学生证明他们以前已经展示过这些知识(如通过档案袋或者以前作业的分数)。

◇ 把任务分成几个小的部分,帮助学生明白他们有完成每一个步骤的知识,因此也能够对完成整个任务抱有信心。

◇ 让学生先做一些测试,要求学生在一个相对简单的情境中展示知识。一旦取得成功则顺势而为,再让他们接着完成较复杂的任务。

4. 帮助学生相信自己有能力完成任务,包括获得帮助和必要资源的能力

当教师要鼓励学生相信自己的能力时,学生有可能形成这样的误解:即他们认为只要凭借自己能力完成任务才叫真本事。对学生来讲,无论在学校中还是在生活中,识别并恰当地寻求别人的帮助,这是一个自信学生所应具备的品质,认识到这一点是非常重要的。

各种能力水平的学生都需要教师的提示和示范来改进获得帮助和必要资源的能力。然而,有趣的是,成绩好的学生更加需要这方面的能力。这是因为成绩好的学生对自己的要求更高,希望自己不借助于别人的帮助而获得成功。他们会误以为寻求他人帮助就是弱者。教师应提供机会讨论、示范和强化通过寻求恰当帮助而完成任务的行为。

（三）理解并明确任务

1. 帮助学生明确任务的方向和要求

虽然学生需要明确知道任务的方向和要求，然而真正做到这一点并非易事。问一下帮助孩子辅导家庭作业的家长就可以知道，他们总是不清楚孩子的学习任务到底是什么。不但是只让孩子向家长作出解释的时候，家长会很困惑，甚至有作业清单时家长也还是会搞糊涂。有经验的教师知道完成布置的学习任务很重要，他们通常会使用几种具体方法来澄清学习任务：

◇ 在把作业单发给学生之前，让朋友、同事或家人读一读作业单，并说明自己的理解。

◇ 当你和学生共同明确作业要求时，让他们在心里想一想是不是都搞懂了，尽量帮助他们鉴别并澄清混淆之处。

◇ 让学生相互解释任务，清晰地说出自己的理解，并消除误解。

◇ 问学生是否知道了任务的要求是什么。

◇ 向学生展示其他同学的作业范例。

2. 帮助学生明确任务所要求的具体知识

有时候，教师要求学生完成一项任务，而学生却不知道完成任务所需要的具体知识是什么。学生完成一项任务时可能更多地会关注需要上交的作业是什么而不是要运用什么样的知识，这就可能导致任务对学习本身所产生的积极影响很小。例如，学生制作微型棉球可能只会关注于怎样制作棉球，而忽视了他们应该"学习如何利用便利资源来自救"这样一个基本事实。总之，教师需要明白，完成一项任务需要教授学生哪些知识，并与学生交流，使学生明白他们完成任务的结果是掌握知识。

3. 提供学生有关任务掌握水平的清晰期望

要成为一个成功的学生，学生需要知道教师期望的业绩表现标准是什么。随着学生的成熟和发展，他们将会提出业绩表现的个人标准。然而，当学生开始一项任务的时候，教师需要向学生提出业绩表现的标准，让他们知道别人将会用这个标准来对其作出评价。学生也需要明白哪些业绩表现超出了或者没有达到要求。教师可以用不同的表格与学生沟通业绩表现的具体标准，以下是一份样本。

表 1.3　提交小组作业的要求与量规

指标（样题）	达到与否
标题封面	
参考文献	
装订格式	

量　规
4. 论题阐述清晰，论证有力，说理明白，举例恰当，资料或者观点来源交待清楚。
3. 论题阐述清晰，论证有力。
2. 论题有所阐述，但是不够清晰或者论证有偏颇，容易造成误解。
1. 论题不清晰，论证乏力。

（四）课堂案例

以下几则课堂案例反映了教师应该如何应用维度一中强调的观点。

斯老师（Mr. Snow）非常厌烦听到这样的说法：即教师应该努力把任务与学生兴趣联系起来。他在教学中包括大量的内容，很少那些没有内容、仅仅让学生独立探索的单元。他也不会像某位教师一样打扮成华盛顿在课堂上向学生表演。抱着这样的态度，他也不愿意参加有关学生态度方面的进修学习。让他感到吃惊的是，自己实在是误解了。报告人解释说把任务与学生的兴趣结合起来不是减少学习的力量：“仅仅是让他们在文章中找出自己所喜欢的语法规则实例，让他们使用关心的数据绘制三种图形，让他们把科学原理运用到日常情境之中，让他们学会推理，如细胞与你们周围的其他系统有哪些相似之处。让学生对所学的知识拥有责任感，并让他们帮助你如何使知识变得更加有趣。"斯老师在过去当然也使用过许多这种技术，只是他承认近来很少使用。他也承认应该运用一些新的理念。

菲老师（Mrs. Fitzsimmons）有一个非常聪明的学生，但是当他参加考试或者上课被老师点名回答问题的时候，会表现出很焦虑。为了帮助他，菲老师建议他使用积极的自我交谈策略，她甚至向这位学生提供了几个步骤：（1）完成困难任务之前、过程中、之后记录下你注意到的消极自我交谈；（2）找到并写下代替消极情绪的积极的自我交谈;(3)在完成任务期间练习对自己说些积极的事情。当她向学生解释这些思想的时候,学生也在很用心地倾听,但是很明显无法说动他去尝试一下这个过程。菲老师很失望自己没能帮到他。然而,两年后,这个学生又来拜访她。几句寒暄之后,他说自己的焦虑已经慢慢变好了,但是最近又有反复,所以想再尝试一下以前她所建议的步骤。"我只是想让你知道它是很管用的!"他解释到:"我是专程来感谢的。"当菲老师想到教学经常有延迟满足的境遇时,会心地笑了。

杨老师(Mr. Young)班里的学生上交了他们的学期作业。当检查作业的时候,他有点失望。虽然有些学生学习很努力,但是大部分作业仅仅是堆砌事实,与他在学期中所强调的重点知识无关。他的第一反应是不能给学生打太低的分数,因为毕竟他们也付出了努力,但是,后来他打算强硬一点,向学生表示他不能降低标准。

当收到分数的时候,大部分学生都很沮丧。杨老师解释了为什么会给出低分时,一个学生说:"这很不公平,我们已经尽力了。"最开始,杨老师也不多吭声,心里想为什么应该让学生很清楚作业中必须展示哪些知识?但是当他听到学生不断抱怨时,他不得不承认自己在布置作业时没有交代清楚。又经过一番讨论之后,学生和杨老师达成了共识:将来老师一定会把要求学生在作业中展示的知识说得很具体明白,学生也表示他们会更努力展示知识而不是仅拿出"漂亮的作业"。

四、维度一的单元计划

维度一单元计划要求回答这样一个基本问题:"应该如何帮助学生发展积极的态度与感受?"那么,采取什么样的具体步骤能够回答这一问题呢?下面这张单元计划的样张,可以反映教师在单元设计中的想法、决定和具体安排。本书中分章讨论了一堂假设的有关科罗拉多州中学社会课的单元教学计划,这个计划经过教师自身调整后可以用于州或者学区的实际教学中。在本书第六章最后结束时,可以看到这个单元计划的完整样子。

步骤1:是否有与"态度与感受"相关的教学目标?是"一般教学目标"还

是同本单元直接相关的"具体教学目标"？

为了回答这个问题，要做好下列工作：

◇ 考虑有没有一般性的教学目标。比如说，也许有的学生会觉得对学校学习的内容不感兴趣，似乎同自己的实际需求联系不紧密，总是提不起劲来，甚至想放弃了。或者你注意到自己最近以来一直比较多地考虑教学内容，对学生本身的关注很少。

◇ 考虑同本单元直接相关的具体教学目标。比如说，你可能了解了新的学习单元中所涉及的作业比较难，依据你的经验，学生不容易一下子提起精神来学习。

步骤2：如何才能确定一般教学目标或者具体教学目标？

其中涉及的一是课堂氛围，二是课堂学习任务。课堂氛围包括了是否被教师和学生同伴所接纳？是不是感受到了心情舒畅和秩序井然？课堂学习任务包括了是不是感受到学习任务是有价值的和有趣的？是不是相信自己有能力和有资源去完成任务？是不是清晰把握了任务究竟要做什么？回答好上述几个问题能够有助于确定哪些态度与感受对达成教学目标产生影响。

除此之外，还要考虑设计哪些具体活动、体验和策略来实现教学目标，你可能会考虑以下几种策略。

有关课堂氛围

1. 帮助学生理解与课堂氛围有关的态度与感受会影响学习。
2. 与班内每一个同学建立联系。
3. 监控和端正教师自身的态度。
4. 履行公平与积极的课堂行为。
5. 尊重个别差异，因人施教。
6. 当学生作出不正确行为或者无法做出反应时，仍予以鼓励。
7. 对学生的正确反应提供各种积极强化手段予以肯定。
8. 安排各种机会让学生开展同伴合作。
9. 让学生有机会彼此熟悉，并相互接纳。
10. 帮助学生增强主动获得老师和同学接纳的本领。
11. 经常系统地开展身体"动起来"的活动。
12. 引入"聚焦术"。

13. 建立和交流课堂规则和程序。
14. 制止课堂内外恶意取笑、攻击他人的行为。
15. 让学生自己提出心情舒畅与秩序井然的标准。

有关课堂学习任务

1. 知道学习受到了对课堂任务所采取的态度与感受之影响。
2. 建立学习信任感。
3. 帮助学生理解某一具体知识的价值。
4. 运用多种方式帮助学生积极参与课堂学习任务。
5. 创建与学生兴趣和目标相联系的任务。
6. 提供适当的反馈。
7. 帮助学生运用积极的自我交谈。
8. 让学生意识到他们有能力完成一个特定的任务。
9. 帮助学生相信自己有能力完成任务,包括获得帮助和必要资源的能力。
10. 帮助学生明确任务的方向和要求。
11. 帮助学生明确任务所要求的具体知识。
12. 提供学生有关任务掌握水平的清晰期望。

表 1.4　社会研究《科罗拉多州》单元计划指南(维度一)

步骤 1	步骤 2	
是否有涉及"态度与感受"的教学目标?这些目标只是同本单元有关,还是一种长期任务?	实现这些目标要做什么	
	具体说明教师将帮助学生在哪些方面取得进步。	具体说明教师将做些什么。
我应该在课堂上形成一个惯例,不仅要对学生不正确的答案做出反应,同时也要对他们正确的和深思熟虑的回答做出积极反应。	课堂气氛 ◆ 是否感受到被教师和同伴接纳呢? ◆ 是否体验到心情舒畅与井然有序呢?	我打算循序渐进,给学生足够的机会回答问题。我将提供澄清问题的机会,十分重视向学生解释问题的含义。 我将十分重视要求学生在现场考察中能否体现出遵守交通秩序和考察纪律。我将对这次考察做比较具体细致的安排和提出明确要求。

本单元学习的最后一次现场考察，也许对有些同学来说并不是很乐意，有点辛苦了，因此要强调团队意识和遵守纪律。 要注意到学生也许对学习科罗拉多州的地理和文化知识的兴趣不是很大。	**课堂学习任务** ◆ 是否感受到学习任务是有价值和有兴趣的? ◇ 是否相信自己有能力和有资源去完成这一学习任务? ◇ 是否清楚地理解学习任务是什么?	我将向学生布置作业，提供机会让他们选择自己感兴趣的地区来运用学到的知识。

◆ 表示这一条目标在本单元学习中需要予以特别关注。

第二章 维度二：获取与整合知识

一、引 言

在计划帮助学生获取与整合知识之前，澄清作为课时或单元目标的知识究竟有哪些类型，这是非常重要的。许多认知心理学家认为知识可以分为两个基本类别：陈述性知识和程序性知识。下面是这两种知识类型的各自举例。

陈述性知识	程序性知识
学生知道或理解：	学生能：
◇ 民主	◇ 加减运算
◇ 分子	◇ 写一段话
◇ 变形虫	◇ 投篮
◇ 正确标示标点符号	◇ 读条形图
◇ 篮球运动规则	◇ 做实验
◇ 知道有压迫就有反抗	◇ 搜寻数据库
◇ 华盛顿是美国第一任总统	◇ 读乐谱

学习程序性知识要求学生展开一个过程或者展示一项技能，也就是说采取一些行动。有些行动主要是认知行为（如加减运算）；有些则主要是身体动作（如投篮）。无论是认知行为还是身体动作行为，当我们完成这些行为时，都要经历一系列的步骤：先做一件事，接着做一件事，再接着做另一件事。即使是一些复杂过程，如写作、读条形图和做实验也要经过这样的程序。虽然完成步骤的顺序并不总是线性的，但是在展示或实施过程中必定存在必须要经历或实现的阶段，这也是为什么称其为程序性知识的重要原因。

相反，学习陈述性知识不需要学生用心理或身体来完成一系列的步骤。这种信息只是学生必须知道或理解的信息。当我们思考"民主"时，我们不需要先做第一步，再做第二步，再做第三步。我们只需要记住民主的特点（如一人一票投票选举；共同做出决定而不是个人专断独行等）。同样，当我们理解"变形虫"时，我们会想到它的特点（如这是单细胞动物）；当我们了解正确标示标点符号使用时，我们想到了作文中的一些使用规则（如每一句话的第一个单词的第一个字母要大写）。总之，陈述性知识是有关事实、概念和概括的信息。

（一）理解知识本质的重要性

虽然懂得知识类型之间的区别是一项技术层面的工作，但是许多教育研究工作者都认为，为了有效地计划和实施课程、教学和评价，做好这项工作是至关重要的。很明显，为了帮助学生学习，我们不但要理解学习的过程，而且还要理解知识的本质。就像我们擅长计划有趣的教育活动一样，我们必须擅长鉴别学生正在学习的知识类型，我们必须知道陈述性知识与程序性知识有何不同，我们必须决定究竟哪些知识才是值得获取和整合的、哪些知识才是值得拓展和精炼的以及哪些知识才是值得有意义地运用的。下面的具体说明可以为那些不太熟悉两种知识类型之间区别的人，尤其是那些使用学习维度模式来计划、实施和评价教学的人提供一些指导。

（二）陈述性知识和程序性知识之间的关系

作为教育者，我们所关注的是学生运用所学知识的能力，因此，帮助学生获取程序性知识有时候被看作是教育的最终目标。这反映出人们的一个误解：即程序性知识是最重要的知识类型，造成这种结果的原因是因为程序性知识都开始于"学生能够……"；因为程序性知识的运用是外显的（如教师很容易看出学生有没有能力写好一段话）。此外，人们倾向于认为如果学生参与了一项学习活动或做了一些事情，那么他们就学会了运用程序性知识。实际上这些活动和事情（如制作太阳系模型）经常是用来帮助学生学习和展示陈述性知识的途径。陈述性知识的运用，虽然有时候不太明显，但却是无时不在，也是十分重要的。

大部分任务都涉及运用两种知识。例如决策、问题解决或者实验探究等任务都要求学生执行具体过程的各个步骤（程序性知识），但是学生知道或理解陈述性知识本身，也是成功完成任务和获得有用结果的非常重要的因素。例如，学生在化学课中通过做实验来确定未知物质的成分，要求对实验过程相当熟悉；然而，正确的实验结论是离不开对化学物质的正确理解。

掌握了一项技能但没有理解相关的概念，那么学生所掌握的知识很难得到实际运用。例如，虽然学生能很熟练地解一次方程和二次方程，但不能理解两种方程类型之间的区别或者不知道什么时候使用哪一种方程，那么他们丢掉了关键的知识——陈述性知识。陈述性知识对于如何以及何时使用技能（程序性知识）是非常必要的。

（三）概括水平和知识的组织

在陈述性知识和程序性知识的一般分类中，还存在着更细致的差别，了解这些差别可以帮助我们指导学生来识别具体的知识。通过考察陈述性知识和程序性知识由具体到一般的等级组织方式，我们能够理解这些差别。

1. 陈述性知识

陈述性知识能够被组织成强调各种信息之间不同关系的模式。使用组织模式能确保学生不再孤立地看待信息（这就是有时候所称呼的"infobits"）。当学生明白各种信息能够彼此建立联系组成一个模式，就更有可能使用和保存信息。下面介绍六种最普通的组织模式：

（1）描述

在最具体化的水平上，陈述性知识可用来作为对具体的人、地方、观念、事物或事件的描述。当学生开始学习词汇术语的意思或者当他们正在收集与具体内容知识相关的"关键事实"的时候，我们可以对所组织的信息进行简单描述。描述一靠"术语"，二靠"事实"。

知道一个"术语"意味着在最一般化的水平上理解一个词语的意思。这就是说能说出这个词语最重要的特点，并且举出一些例子或经验来进一步描述。换句话说，学生至少能够在最表层的水平上准确地描述这个词语，并不会误解它的意思。

对"事实"进行组织能描述具体人、地点、生物和非生物以及事件等。一般来说，事实要含有如下信息：

◇ 具体人的特点（罗宾汉这一传说人物住在舍伍德森林）。

◇ 具体地点的特点（丹佛气候干燥）。

◇ 生物和非生物的特点（我的小狗塔夫是一条金色猎狗；帝国大厦有100多层）。

◇ 具体事件的特点（比萨斜塔建造于1174年）。

（2）时间序列

两个具体的时间段之间发生的重要事件可以形成一个时间序列。例如小说或传记中的事件可以形成一个时间序列。

(3) 过程或因果关系

用来说明特定原因导致特定结果，或者形成一个导致特定结果的各个步骤之顺序。例如，解释如何消化食物的信息能够被组织成一个过程模式；导致罗马帝国灭亡的事件能够被组织成一个因果网。

(4) 有具体情节的事件

有具体情节的事件是具体事件，它有：(a) 一个场景（如一个特定的时间和地点）；(b) 具体的参与者；(c) 一个特定的持续时间；(d) 一个具体的事件顺序；(e) 特殊的原因和结果。例如，如果需要让学生了解"水门事件"的时间和地点、持续时间、谁卷入其中、事件的顺序、原因和对国家的重要影响，那么可以将其组织成一个有具体情节的独立事件。

(5) 概括和原理

"概括"是对事例进行陈述。"推理作品经常运用伏笔技巧"，这是一个概括。"原理"是对能够运用于多种具体情境的规则和关系所作的概括。"水往低处流"，这是一条科学原理。在有些情况下，"概括"和"事实"之间很容易混淆。事实描述具体人、地点、生物和非生物以及事件的特点，而概括是对一组人、地点、生物和非生物以及事件进行分类。此外，概括是对事物特点进行抽象描述，尤其是抽象的信息通常是以概括的形式来阐述的。下面是不同概括类型的例子：

◇ 某类人的特点（如成为一名消防员至少要接受两年时间的培训）。

◇ 某类区域的特点（如大城市的犯罪率通常较高）。

◇ 某类生物和非生物的特点（如金毛犬属于优良的猎犬；枪支管控总是会引起争论）。

◇ 某类事件的特点（如橄榄球超级杯大赛是每年最重要的体育事件）。

◇ 抽象事物的特点（如爱是人类最伟大的情感之一）。

(6) 概念

"概念"是思考知识的最一般方法，通常是选出代表个人、地点、生物和非生物以及事件的整个分级和分类的词汇或短语（如"专政""公民权利""平衡""前途""人工智能"和"诗歌"）。概括是对一般分级或分类进行陈述，概念是表示一般分级或分类的词汇或短语。"政府的职能是宏观调控和提供服务"是一个概括；"政府"是一个概念。

因为"概念"很容易和"术语"相混淆，所以要把握它们之间的区别。概念和术语之间的区别就是教起来所使用的方法不同。如果"独裁者"被作为一个简单的术语来教授，只要求学生能对其意思大体理解就可以了。换句话说，学生能产生这个术语的心理形象或者将其与现实世界联系起来即可。然而，如果这个术语作为"概念"来教授，那么就会要求学生有更深的理解，包括能够说出概念的主要特点，并且能举出一些例子来说明这些特点。例如，学生需要理解"独裁者"的一个特点就是压制或迫害不同政见者，他们能够举出独裁者的例子，如墨索里尼和希特勒。

以上对陈述性知识的组织是按照从最具体到最概括的等级顺序来排列的。这个概括水平指的是知识的迁移程度，也就是说，它被运用于多种不同具体情境中的程度。例如，如果学生正在学习一个概念，如"文化"，这就是概括的最高水平，这一关于文化的一般信息将帮助学生组织和理解不同国家文化的具体信息。然而，如果学生正在学习的事实是"帝国大厦"的具体特点，那么当他们学习其他建筑的具体事实时（如泰姬陵），该事实显然难以提供必要的帮助。

2. 程序性知识

"技能"和"程序"一般用来说明不同类型的程序性知识。虽然它们不是严格意义上的划分，但是技能和程序确实代表了程序性知识的概括化水平的不同。"技能"是指能不假思索地按照严格顺序去完成具体事情的一套步骤，如加减运算、打字和弹吉他等都是属于技能。"程序"是需要更多有意注意来完成的概括化水平更高的一套步骤，往往还需要仔细考虑下一步需要做什么。技能可以包括在程序的步骤之中。实际上，最概括化的程序又叫做"宏程序"，用来描述由许多技能组成的程序性知识。阅读理解、驾驶和演讲都是属于宏程序。

当把一堂课或者一个单元学生所学的程序性知识具体化时，仅仅掌握一般程序是不够的。例如，一个单元的目标可以是帮助学生学习阅读理解，但阅读本身则是一个一般程序，我们需要指出更具体的程序性知识。例如，当学生阅读或者领会一个陌生单词的意思时，他们有可能正学习形成一个心理图示。就像陈述性知识一样，程序性知识越是具体化，那么学生掌握起来就越容易。

(四) 获取与整合陈述性知识和程序性知识

了解这两种类型的知识——陈述性知识和程序性知识，不仅能帮助教师把握一堂课或一个单元的知识类型，而且也有助于他们选择恰当的教学策略。由于学生是以不同的方式学习不同类型的知识，所以要采用不同的策略与之适应。学习陈述性知识需要经历三个阶段：意义建构、信息组织和信息储存。学习程序性知识的阶段与陈述性知识的三个阶段相平行，分别是：建构模型、固化和内化。如图 2.1 和 2.2 所示，每一知识类型各阶段之间的关系是不同的。每堂课或单元的具体目标不同，你所强调的各个阶段重点也是不一样的。本章后续部分将具体介绍各个阶段，并为教学和计划提出建议。对所有维度评价的讨论将在第六章进行。

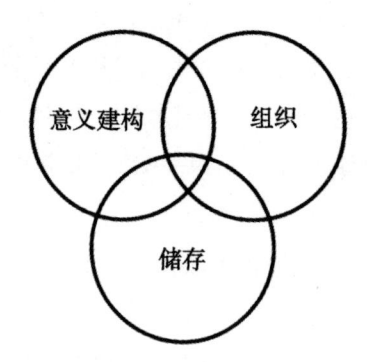

图 2.1　陈述性知识的阶段

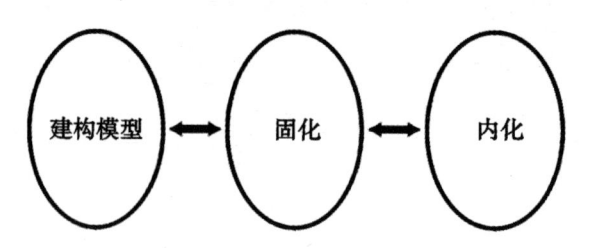

图 2.2　程序性知识的阶段

二、帮助学生获取与整合陈述性知识

就像本维度引言中所解释的那样,陈述性知识包括学生必须知道或理解的信息。所谓知道和理解,就是需要学生获取新的信息,并且把该信息与先前学习的知识整合起来。如何获取和整合陈述性知识,一直以来是各种教育理论和实践的主题,以期了解如何更有效地帮助学生学有所得。虽然还有很多尚未被查明的成分,但建构意义、信息组织和信息储存这三个阶段,能够更具体细致地揭示出为了获得成功学生必须做些什么。具体说明这些阶段和提出相应的策略,能帮助教师更有效地规划教学,促进高效学习。

(一)陈述性知识的意义建构

学习陈述性知识的一个非常重要的阶段是意义建构。有经验的教育者都知道,如果学生要理解他们所接收到的信息,他们必须在头脑中"有所作为"。学生必须通过回忆原有知识,并将其与新知识联系起来、作出预测和证实预测、填补未阐明的信息之空隙等来建构意义。例如,学生正在看一部有关鲨鱼的纪录片,就要用以前所知道的知识来理解有关鲨鱼的新信息。原有的知识能帮助他们预测会在片中看到什么,并在实际观看时候加以证实。他们会纠正自己的误解、填补未阐明的信息,同时鉴别相混淆的东西。上述例举的所有"主动"建构意义的过程,是学生试图理解信息时所必须做到的。

幸运的是,当人们接触信息时,如早晨读报纸或者听收音机时,会自然而然地更倾向于建构意义。然而,在课堂教学中,需要经常提示学生使用和改进建构意义的能力。有许多具体方法和策略可用来帮助学生在课堂学习和独立完成作业时学会建构意义,以下是若干建议。

1. 帮助学生了解什么是意义建构

本小节所讨论的具体方法和策略有助于学生建构意义,从而能促进学习。然而,如果学生在运用某一项策略时能够领会其效用,那么成功的可能性就会更大。更进一步说,如果学生能够了解在什么样的情境中需要运用哪一种策略,那么，就能够做到更加灵活自如。因此，我们建议教师应该安排相应的活动，帮助学生理解在获取陈述性知识时意义建构的重要性。具体的建议有以下几条：

◇ 与学生讨论"浏览"或"概听"与"探询意义"之间的区别。你可以叫学生读一段故意隐藏建构意义过程的文章（见下文）。接着给出文章的题目（《洗衣服》)，让学生再一次读，注意当他们有了一个引发以前知识的线索（如题目）时，在加工信息的方式上会有什么不同。

这一程序实际上相当简单。首先需要对物件进行分类。当然，依据要处理的物件数量多少而定，有时可能总共只有一类。如果由于设施不够，那你就要另觅他处了，当然那是下一步的事情了；不然，你就可以开始做了。不要放得太多，这很重要；也就是说，一次放得少些总是比放得太多要好。短期内这条规则好像并不起眼，但很快你就会遇到麻烦的。错误会使你付出高昂代价。刚开始会手忙脚乱，多做几次就能应付自如了。很难预料这项任务的必要性在不久的将来是否会终结；但另一方面，人也从不会这么想。程序完成之后把东西放回到合适的位置。最后，下一次使用的时候，整个过程还会这样来一遍。然而，这就是生活的一部分。

◇ 当你运用帮助学生建构意义的策略时，想一想为什么要运用这些策略。

◇ 当学生将要接受新信息时，引导他们选择能帮助自己建构意义的策略。在使用这些策略之后，讨论该策略是否以及是如何帮助他们理解信息的。

2. 运用"三分钟停顿"

麦克泰（Jay McTighe）曾建议教师应该经常使用"三分钟停顿"。意思是在课堂教学活动中，每隔十分或者十五分钟要"停一停"，让学生"想一想"或"说一说"他们正在学习的东西。学生可以两两配对或者以小组形式或者以全班形式进行讨论。"三分钟停顿"本身促使学生从倾听和观察（输入）转换到思考和讨论（输出），改变了学生的学习方式。

为了落实"三分钟停顿"，你可以给学生较为宽松的指导（如"说一说这次活动中你一直在想什么"）或者非常直接明确的指导（如"请回答下列问题……"）。问题的明确程度取决于学生正在建构意义的内容复杂程度和已有的经验水平。下面是值得在"三分钟停顿"中做的几件事情：

◇ "总结一下刚才所学的知识。"

◇ "说出一件你已经知道的事情和一件你新学到的事情。"

◇ "说一说你觉得很有趣的几件事情。"

◇ "请回答下列问题……"

3. 运用多种感官来接收信息

如果学生对所获得的信息能够形成一个具体的心理图像，就能促进理解和保持，这一条原理已经被大家所赞同。而且，形成心理图像时所使用的感官越多，那么得到的结果就越好。这些心理图像可以使久远的历史事件变得更加逼真，把难以理解的抽象事物变得更加具体。为了帮助学生培养这方面的技能，在他们阅读、看电影、参加讨论、听人讲解或者看展览时，鼓励他们使用五种感官。

视觉

◇ 让学生想象一下，并说出该信息像什么。

◇ 让学生在头脑中把该信息想象成电影一样放一遍。

嗅觉

◇ 让学生想象一下，并说出与该信息相关的气味。

味觉

◇ 让学生想象一下，并说出与该信息相关的味道。

触觉

◇ 让学生想象一下，并说出与该信息相关的触摸感。

听觉

◇ 让学生想象一下，并说出与该信息相关的声音。

形成心理图像是一项技能，需要教师帮助学生练习和完善。让学生创造心理图像之后，叫几个学生大声描述一下他们的图像。教师要给予反馈，指出图像与所学内容的吻合程度，并点明其中可能出现的误解（如"总体是不错的，但要记住你想形成的图像是原子核外的电子"）。为了帮助学生澄清和增强心理图像，教师可以提示学生关注图像中的细节（如"你听到了什么、看到了什么或者尝到了什么？""颜色是什么？"），还可以让学生配对操练，并彼此分享心得。总之，采用这种方法将提高学生理解教材内容和形成心理图像的能力。

4. 领会词语的意思

正如本章引言中所描述的，最具体的组织知识的方法就是识别词语。掌握词汇是许多课堂教学的中心，因为教师知道学生在听、说、读、写的时候所能够使用的词汇将影响他们任何学习领域的成功。然而，现在经常使用的教授词汇的方法效果并不理想。

教师经常让学生在字典或者术语表中查一个单词，复制定义并练习造句，如此表示学生已经理解了意思。虽然这种方法能帮助学生掌握一些词语，但是并没有鼓励学生对词语进行意义建构。掌握词语，并不只是要求能说出定义，而是因为建构了意义。意义建构必须建立在相关经验的基础之上。以下策略，由《思维的策略》(Marzano & Arredondo, 1986) 改编而成，表明要想真正理解词语和其他类型的陈述性知识，学生必须为这个知识建构意义。

（1）通过实地考察、课堂活动、讨论或个人体验，为学生学习新词语提供直接或间接的经验。

（2）让学生根据自己的经验（而不是定义）来描述新的词语。

（3）使用步骤1和2所提供的信息，让学生形成新词语的心理图像。

（4）让学生把词语说给自己听，并在头脑中正确的拼写。

（5）系统地复习词语，增加或减少信息。

5. 使用 K-W-L 策略

K-W-L 策略由唐娜 (Donna, 1986) 提出，这是一个帮助学生建构意义的好方法。具体采用了三个简单的步骤：

◇ 在阅读、倾听、观察或行动之前，学生要知道关于这个主题他们已经知道了什么（K，know）。

◇ 接下来，学生要列出关于这个主题他们想知道什么（W，want）。

◇ 在活动之后，学生要写出他们已经学到了什么（L，learn）。

通过让他们自己编制表格，帮助学生熟悉 K-W-L 策略。表 2.1 是学生在观看有关鲨鱼的电影之前自己准备的表格。

表 2.1　K-W-L 工作表：观看电影《鲨鱼》

已经知道什么	想要知道什么	刚刚学到什么
它们是残忍的。 它们生活在水里。 它们有锋利的牙齿。	它们只生活在海洋吗？ 它们大多生活在哪里？ 它们有多大？	

有些教师对以上三个步骤做了一些变通，把"我知道什么"改成"我认为我知道什么"，把"我想知道什么"改成"我认为我将能达成什么样的目标"。这些变通可能会增加学生的参与水平。还有些教师在本策略的结尾又加了一个 W，提示学生决定"现在我希望学到什么"，这一步强调了学习是一个正在进行的过程。

6. 提供机会让学生自己发现新知

当教师希望学生理解一个概念或原理时，他们经常使用探究和归纳方法来增加学生的参与度和理解力。当教师使用这些方法的时候，要明确告诉学生为了理解新知识，需要使用先前的知识，从而达到温故知新的效果。

例如，科学课老师可能先让学生做一个实验，然后要求他们对实验结果进行解释。语文课老师对"微笑"这一概念给出正例和反例，然后请学生说出它的特点。依据乔伊斯和威尔（Joyce & Weil, 1986）的研究，"概念获得"过程，可以体现为以下五个阶段：

阶段 Ⅰ

呈现概念的第一个步骤是提供正例和反例。假设教师想呈现"复合词"这一概念，首先他应该提供一组正例和反例。正例拥有这个概念的所有属性和特点，反例不完全具备这些特点。接着教师同时呈现正例和反例。对于"复合词"这个概念，教师有可能做这样的陈述："复合词的正例：boyfriend, 复合词的反例：boy；复合词的正例：railroad, 复合词的反例：car。"当教师呈现一组正例和反例时，学生尽力弄懂概念的特点。接下来，教师让学生将这些初始的观念看做猜想。

阶段 Ⅱ

第二个阶段应该呈现更多的正例和反例，以便学生能检验他们最初关于概念特点的猜想。这个阶段结束时，教师可以请学生口头阐述他们的猜想，并解释成因。下面是一则例子：

我认为正例应该由两个单词组成，有时候复合词的意思是两个单词意思的结合，但多数时候不是。开始我认为所有复合词的意思都是两个单词意思的结合，但是后来我发现……

阶段 Ⅲ

这一阶段仍然要提供更多的正例和反例，直到大部分学生都能够说出概念的特点为止。

阶段Ⅳ

这一阶段中教师要让学生自己来识别正例和反例。教师可以先让学生从提供的列表中选择正例和反例。比如说："railroad 是属于复合词吗？rebound 呢？"接下来，教师可以让学生自己挑出复合词的正例和反例，并向全班同学报告。

阶段Ⅴ

在最后一个阶段，教师让学生对概念有一个书面或口头的描述，包括概念的关键特点。此外，教师给出这个概念的名字，并让学生在定义当中体现出来。

下面的例子从另一方面说明了概念获得过程的使用：

假设社会课老师想讲解"欧洲"这一概念，她向学生解释说她将要讲述的概念可能被看作是一种"观点"，她也解释说正例适用这个观点，而反例则不能。学生的任务就是理解正例说明了哪些观点，而反例没能说明。她提供了 20 对正例和反例，部分如下：

正例	反例
◇ 中东	◇ 美国
◇ 东亚	◇ 日本
◇ 西方	◇ 加拿大
◇ 东方	◇ 中国
◇ 哥伦布发现美洲大陆	◇ 哥伦布侵入一个新地方，并奴役当地人

当教师在概念获得的前四个阶段把这些呈现给学生的时候，学生渐渐意识到像"西方""东方"和"哥伦布发现美洲大陆"这些思想，仅仅从欧洲作为文明的中心这一观点出发时才有意义。当教师解释这一概念被称之为"欧洲中心论"时，学生能够清晰地写出它的定义。

7. 在学习前、学习中和学习后运用各种有效的教学策略

一些阅读理论家认为阅读过程由三个阶段组成：阅读前、阅读中和阅读后。无论学生是在阅读、倾听还是在观察信息，这三个阶段同样适用。在每一个阶段，学生都做特定的事情理解接收到的新信息。

教师的教学技术为学生学习前、学习中和学习后提供各种策略。在学习过程中使用这些技术同学生交流，学生将会更加有责任感地去做更多的事情，而不仅仅是简单地拿起课本、读课文或坐下看电影。教师期望学生培养和使用那些能提高所接收信息理解力的策略（如了解他们已经知道的、提问和回答问题、创造和改变心理图像）。

以下两种教学技术可在教学前、中、后使用：互惠教学和SQ3R方法（浏览、提问、阅读、复诵和复习）。

互惠教学

互惠教学是一种积极调动教师和学生使用先前知识的技术。下面是互惠教学策略的应用：

（1）概述。学生默读或朗读一小段课文后，一个学生担当教师的角色（小先生）概述这一段，其他学生在教师的指导下进行补充。如果学生总结不出来，教师应提供线索（重要的术语或者明显的主题句）来帮助学生进行概述。

（2）提问。由小先生问一些问题，其他同学回答。这些问题是专门设计来帮助学生识别课文中重要信息的。例如，小先生可以简要复习内容，对一些具体的信息提问，其他同学根据他们对信息的回忆来回答这些问题。

（3）澄清。小先生这一阶段的主要任务是明晰课文中的混淆点。他可以自己指出，也可以让别的同学指出。例如，他可能会说"狗跑进车里的那部分内容我搞不清楚，谁能解释一下"，或者让其他同学来问，另外的同学来澄清。这一过程可能需要对课文进行再阅读。

（4）猜测。这一过程小先生需要对课文的下部分内容进行猜测。猜测者可以把结果写在黑板上，或者所有的学生都参与猜测。带着疑问和猜测，全班默读或朗读下面的课文。重新选一名学生做小先生，重复这个过程。在接下来的概括过程中，新的小先生需要阐述上一轮已经做出的猜测。

SQ3R：浏览（Survy）、提问（Question）、阅读（Read）、复诵（Recite）和复习（Review）

SQ3R是一个五步骤的学习计划，帮助学生在阅读的同时建构意义。它含有提问、预测、设定阅读目标和监控混淆的成分，帮助学生理解和回忆他们所阅读的东西，具体来说有以下步骤：

（1）浏览

◇ 考虑："我知道什么""我希望知道什么"。

◇ 扫视标题或浏览一段的首句。

◇ 借助于图表和图解。

◇ 阅读第一段。

◇ 阅读最后一段或总结。

(2) 提问

◇ 把主题转换成问题。

◇ 写下浏览过程中脑海中出现的任何问题。

◇ 把标题转换成问题。

◇ 把副标题、图表和图解转换成问题。

◇ 写下不熟悉的词语,并弄懂它的意思。

(3) 阅读

◇ 在阅读的过程中寻找问题的答案。

◇ 回答问题,使用情境线索理解陌生单词。

◇ 通过提出另外的问题,对不清楚的段落、混淆的术语和有问题的陈述做出反应。

(4) 复诵

◇ 脱离答案和课本回忆读过的东西。

◇ 大声复诵问题的答案或者写下来。

◇ 重新阅读寻找没有回答问题的答案。

(5) 复习

◇ 回答主要的目标问题。

◇ 重新检查答案和章节的所有部分来组织信息。

◇ 通过画流程图、写总结、参与小组讨论或者为考试而学习,学会总结信息。

(二) 组织陈述性知识

除了建构意义,学习陈述性知识还涉及组织信息,也就是识别重要的信息,并把它们组织在一起,弄清楚这些信息之间可能的关系和模式。在本维度的引言中,我们解释了学生把握信息模式的重要性。我们还讨论了信息组织的方法。然而,即使你在计划中为学生进行了信息的组织,也不能确保学生因掌握了信息而认识模式。本章所提供的策略能帮助学生理解那些重要的模式,并当他们遇到大量信息时能认识模式。记住经常使用这些模式也能帮助学生对所学的信息建构意义和储存。

1. 帮助学生理解组织信息的重要性

当学生接收到大量的信息时，有时候会感到焦虑和无所适从。如果他们知道组织信息是学习的一个基本阶段，并且认识和使用模式能够减轻他们的焦虑以及促进学习过程，便可改变这一现状。在教授组织策略之前，要让学生明白策略的目的是帮助他们清楚什么是重要的以及认识各种信息之间的关系。如果他们认为这个组织过程将帮助他们理解、使用和保存信息，他们将更有可能使用策略。提高学生组织信息重要性的意识和理解力的方法包括下列活动：

◇ 让学生在周围环境中寻找模式，强调模式能帮助我们对所接收到的刺激进行分类和理解。

◇ 表演一些行为模式（如两个人见面、握手、离开；某人行走、开门、因恐惧而跳起来），让学生明白对他们来讲认识熟悉的行为模式并作出反应是非常容易的。

◇ 呈现一张隐藏熟悉物体轮廓的图画，让他们在图画中找出熟悉的物体。并指出当他们对物体的模式熟悉时，即使在复杂的环境中他们也能认识它。

◇ 呈现课文中的信息给学生，接着用图示组织方式呈现同样的信息。强调一旦学生熟悉了模式，他们能更好地认识课文中的信息。

所有这些方法都强调正如我们周围的模式能帮助我们应对这个世界一样，组织信息可以帮助我们理解、使用以及保存信息。

2. 运用图示组织方式来确定组织模式

大部分的陈述性信息都可以被组织成本章引言中所提到的六种模式中的其中一种：描述、时间序列、过程或因果、情节、概括原理和概念。这些组织模式的每一种都可以用图示组织方式来描述。在课堂教学中有两种使用方法：教师中心课堂和学生中心课堂。在教师中心的课堂中，教师在备课时把信息组织成一种模式，给学生提供恰当的信息组织方式，让学生部分或者完全填写。在学生中心课堂中，信息呈现给学生，教师要求学生自己选择信息组织方式。以下是六种常见的组织模式的图示表征。

（1）叙述模式

用于词语或事实。尤其是呈现那些由词语组织的信息。它还用来呈现那些描述具体人、地点、事物和事件的事实。信息组织的叙述模式不需要任何特定的顺序。例如有关帝国大厦或者术语"城镇"的信息可以被组织成一个简单的叙述模式。叙述模式可以借助图 2.3 方式呈现。

图 2.3　叙述模式图示

(2) 时间序列模式

按具体的年代顺序组织事件。例如埃德加·爱伦·坡（Edgar Allan Poe）自传中的信息就可以被组织成一个序列模式。该模式可以用图 2.4 来表示。

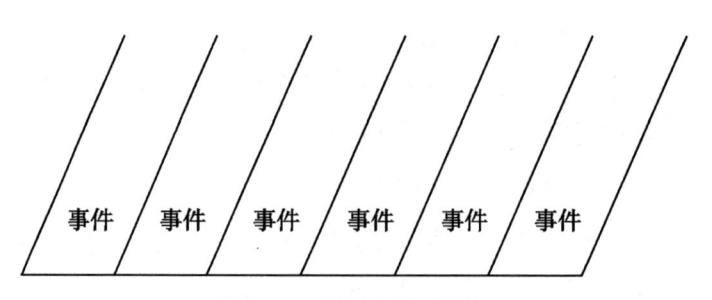

图 2.4　时间序列模式图示

(3) 过程或因果模式

该模式按照信息之间的因果关系进行组织，形成一种非正式的网络关系图；或者依据特定产品形成的步骤整理出一套序列。例如，有关食物消化过程的信息可以被组织成一个过程或因果模式，如图 2.5。

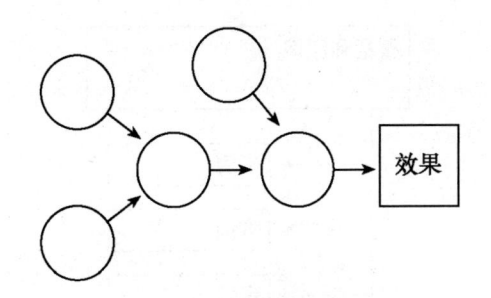

图 2.5 过程或因果模式图示

（4）情节模式

对具体事件的大量信息进行组织，包括：场景（时间和地点）、具体的人、具体持续分布情况、具体的事件顺序、具体的原因和结果。例如，关于水门事件的信息可以通过图 2.6 组织成情节模式。

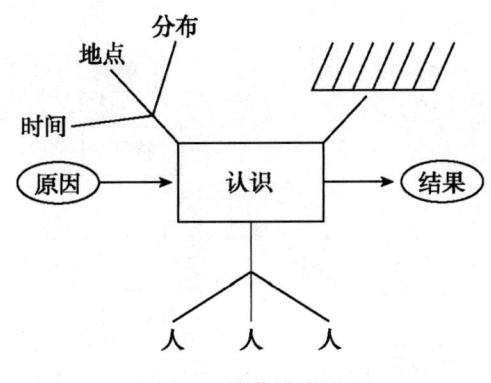

图 2.6 情节模式图示

（5）概括和原理模式

即在事例的支撑下把信息组织成一般性陈述。例如陈述"推理作品中经常运用伏笔技巧"，案例的提供和呈现方式可参考图 2.7。

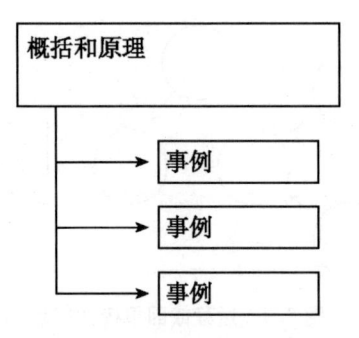

图 2.7 概括和原理模式图示

(6) 概念模式

这是所有模式中概括程度最高的，用来组织信息的单词或短语需要能够代表该领域人、地、物或事的全部级别和类型。概念的特征或属性，以及每个案例都应该被囊括在该模式之中。例如，"文化"这个概念能够用图 2.8 阐释。

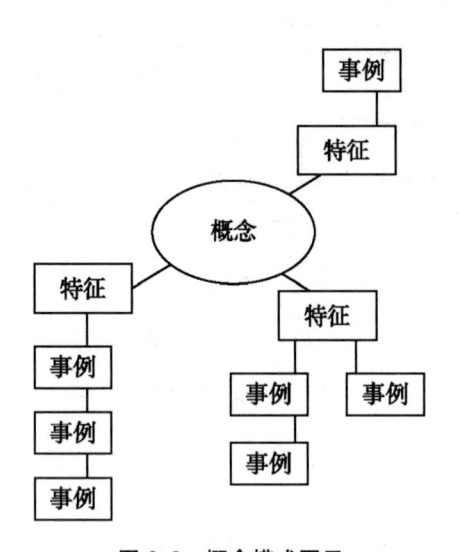

图 2.8 概念模式图示

在此重申，同样的信息经常可以利用不同的模式进行组织。表 2.2 是一篇有关独裁者的文章，还可以采用信息的不同组织方式（如概念模式、时间序列模式、概括和原理模式等）来加以表征。

表 2.2　独裁者掌权

并不是只有美国才经历过经济大萧条。欧洲当时也面临着巨大危机，且刚刚经历过一战，无疑是雪上加霜。

许多欧洲人在极度困苦中艰难生存。这时候如果某位领导人能够承诺致力重拾往日的富饶与强大，欧洲人民必定拥护至极。事实亦是如此。那些时代的领导者给乱世中的欧洲带来了翻天覆地的变化。同时，也包括由此引发的第二次世界大战。

独裁者掌权。在 20 世纪 20 到 30 年代，意大利和德国建立了独裁新政权。在独裁统治当中，某个领导者或者领导团体对所统治的人民享有完全控制，人民只能在领导者、独裁者给定的范围内享受权利。国家的决策权掌握在独裁者手中。正由于此，意大利和德国的独裁者发动了第二次世界大战。

墨索里尼执掌意大利。在一战后，许多意大利人想要重温祖国强大时的荣光。当时法西斯的创立者和领导者，贝尼托·墨索里尼，四处鼓吹他和他的法西斯党可以重振意大利昔日雄风。而为了尽早达成，法西斯党必须掌握国家经济、政府以及意大利生活的其他方面。

1922 年，法西斯控制了意大利政府，并且建立了以墨索里尼为首的独裁政权。反对者或被收押，或被驱逐出境。

墨索里尼妄图通过征服"弱国"来达到增强意大利国力和财富的目的。他将爪牙伸向了非洲，并在 1935 年进攻了埃塞俄比亚。到 1936 年初，意大利法西斯的足迹已经踏遍整个东非，扩大了其意大利王国的版图。

希特勒在德国当政。一战失败之后，德国依旧在 20 世纪 20 年代的经济困境中挣扎。种种绝望与艰难使得很多德国人纷纷投入纳粹党旗下。阿道夫·希特勒，当时纳粹党的领导人，乘势承诺要将德国变成世界最强国。纳粹党在 1933 年当政。希特勒成为德国的独裁者，并对所有反对者下了追缉令。

希特勒将怨恨的矛头对准了在德的犹太人，把所有灾难的缘由都不公地推卸给他们。在不断地宣传与煽动下，希特勒成功激起了德国人民对犹太种族的仇视。于是他当即剥夺了犹太人的所有民权和财产。接着四处围捕犹太人，不论男女老少，统统赶到集中营或投入监狱。

希特勒向民众许诺，他将扩大德国的版图，并在国内大规模地制造兵器和其他战争用品。1938 年，他首先选择进攻并吞并了奥地利。为此，他给的解释是，奥地利的大多数民众都是德国人。

3. 提供先行组织者设问

一个好的组织策略能够在学生接触新信息之前引发思考，特别是当你想在组织信息方面给学生提供充分的指导时。你可以围绕刚才描述的六种类型的组织模式来提出这些问题：

当你想强调关于具体人、地点、事物和事件的叙述模式时提出问题：

◇ 关于具体人的事实：描述哥伦布的重要特征。他的个性如何？他做了哪些重要的事情？为什么做？结果如何？

◇ 关于具体地点的事实：描述丹佛的重要特点。它在哪里？它有什么独特性？那里曾经发生过什么事情？

◇ 关于具体事物的事实：描述航天飞机的重要特点。它是什么样子的？它是做什么用的？为什么制造？它做了哪些重要的事情？

◇ 关于具体事件的事实：描述水门事件的重要特点。它发生在哪里？什么时间发生？谁参与其中？为什么发生？结果如何？

当你想强调具体的时间序列模式时提出问题：

◇ 贝多芬第九交响乐的乐章顺序是什么？

当你想强调过程或因果模式时提出问题：

◇ 制作蛋糕的顺序是什么？每一步骤同其他步骤有什么关系？

◇ 海湾战争的原因是什么？每一个原因同其他原因有什么联系？

当你想强调情节模式时提出问题：

◇ 1930年，英国温莎公爵退位的参与者是谁？事件是怎么发生的？产生了什么影响？

当你想强调概括和原理模式时提出问题：

◇ 哪三个例子说明了水超过了水平线？

当你想强调有案例和固定特点的概念时提出问题：

◇ 列举三个现代独裁者的例子？解释为什么？独裁者的典型特征是什么？

4. 运用图示表征的笔记策略

一个强调各种模式的有用的方法是引入笔记策略，如图2.9所示。把一张纸垂直折成两半，并在纸的底部留下空白，在纸的左侧，学生按自己所喜欢的方式来记录，间隔一段时间学生停下来在纸的右侧对他们的记录用图示进行表征。笔记方法虽然需要花费额外的时间，但会让学生多一些时间来思考信息。最后，也可以在这个过程中定期让学生在空白处对所学东西进行总结。

5. 让学生创编信息的物理表征和图示表征

创编信息的物理表征和图示表征是一个对许多学生都适用的组织策略。正如名字所暗示的，物理表征即信息的物理模型或者信息创生。例如，科学课学生通过使用乒乓球和稻草制作一个原子的三维模式来创编一个物理表征。信息的创生过程，也是学生对信息进行加工的过程。例如，小学生可以通过创造一个情景：让一个学生手持手电筒作为太阳站在教室的中心，其他同学代表行星围绕它运动，来模拟太阳系。

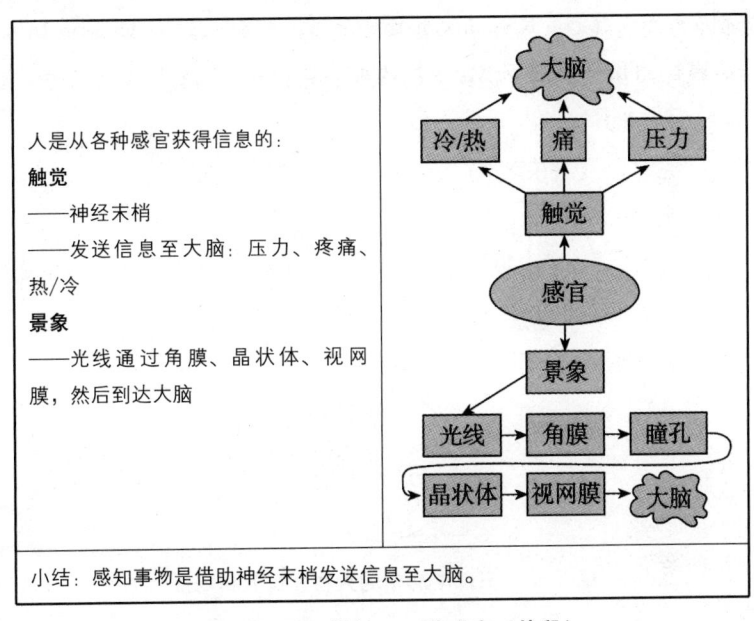

图 2.9　图示笔记：五种感官（片段）

学生也可以通过图示表征来组织信息。图示表征是一张图画，用符号或者具符号意义的图片来代表重要信息。例如，观看了关于美国科罗拉多州自然资源的电影后，学生可以使用如图 2.10 来组织信息。

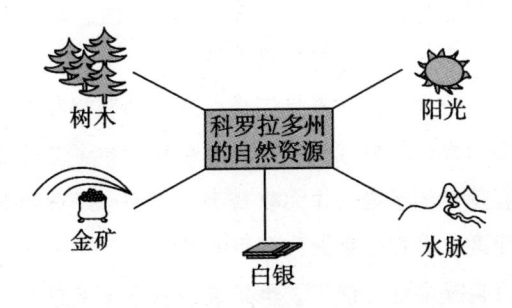

图 2.10　图示表征：科罗拉多的自然资源

6. 要求学生使用图表

量化信息一般被组织成图或表。虽然图表经常应用于数学，但是也可用于其他学科领域。例如，文学老师可以叫他的学生通过创编分别强调人物、情节和场景的饼状图，对三个小故事进行比较。在制作之前，需要让学生依次从人物性格、情节和场景出发进行区分。图 2.11 利用三幅饼状图描述了其中一位学生对于电影《告别有情天》(The Remians of the Day)、《碟中谍》(Mission Impossible) 和《音乐之声》(The Sound of Music) 的观后感。

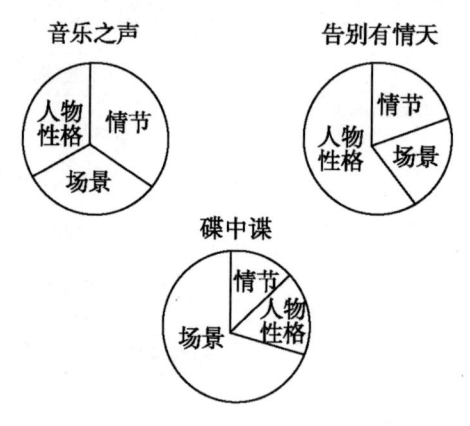

图 2.11　三部电影中的人物、情节和场景

（三）储存陈述性知识

为了便于获得和使用信息，我们经常必须有意识地把它储存在记忆里。建构意义和组织信息对记忆本身有积极影响，但有时候为了保存重要的信息我们需要使用储存策略。例如，尽管你对所阅读的东西创造了心理表象，并且对信息有一个大致的轮廓，但如果你想在以后回忆起来，你必须做一些事情帮助你来记忆。

一些教育者认为学习过程中不应该强调记忆，对学生来讲更重要的是理解信息，而不是记忆信息，应学会如何查找信息以及如何获得信息。虽然记忆不是大部分学习情境的主要目标，但是我们很容易罗列出课堂、工作室，甚至休闲活动的一些需要即时回忆信息的情境。作为教育者，我们必须谨慎制定期望学生回忆的内容，并为存储重要信息提供高效、有用的策略。

把信息重复好几遍是最经常使用、也是最没有效果的信息储存策略。最有效的记忆策略是使用"意象（imagery）"。例如，为了回忆信息我们可以：

◇ 想象信息的心理表象。

◇ 想象与信息有关的物理感觉。

◇ 想象与信息有关的情绪。

如果你在心里形成了华盛顿的形象，你首先可以想象华盛顿骑在马上（心理图片），接着你可以想象皮革马鞍的气味和骑在马上的感觉（物理感觉）。除了形象，"自言自语"也是帮助记忆的方法，例如"华盛顿是第一任总统，他率领部队在福吉谷集合"。最后，你可能会油然而生起一股爱国情感（情绪）。课程上很多策略的使用都涉及意象。

1. 帮助学生理解储存信息的过程

由于学生有时候会耗费大量不成比例的学习时间来记忆信息，对他们来讲在学习额外的记忆策略之前，理解两点非常重要。首先，学生应该花费更多的时间来建构意义和组织信息，不仅因为这些过程将促进他们对信息的理解，而且还因为使用这些过程将促进他们对信息的记忆。第二，当需要进行回忆的时候，有效使用储存策略能大大减少回忆的时间。为了帮学生掌握这两点的重要性，我们有必要来讨论储存的过程，并且提供经验帮助他们决定什么时候以及如何使用策略来储存信息。这些经验包括：

◇ 为了帮助学生理解意义建构是如何影响储存的，提供两组信息：一组学生将使用建构意义和组织策略，另一组不使用。随即检验学生的回忆情况，过一段时间再重复检验。结果是使用策略的比不使用策略的回忆效果要好。

◇ 为了表明储存策略的效果，让学生使用重复来记忆一些信息，接着让他们使用储存策略来回忆相似的信息。立即检验他们的回忆，然后过一段时间再检验，比较学生对两组信息的回忆。

◇ 为了确保学生恰当地使用储存策略，当呈现陈述性知识时，需要明确记忆内容以及使用储存策略的必要性。

2. 使用象征和替代策略。

部分类型的信息很容易产生意象，但不是所有类型都如此。例如，人们能比较轻松地针对华盛顿的事实信息创造出意象，因为你能想象出他的形象、他的马、他的部队等等。但是对于抽象信息，如水的基本元素：两个氢原子和一个氧原子，我们采用什么方法呢？为了给这类信息创造意象，需要使用象征和替代。

象征可以是对尝试记忆的信息进行提示的任何东西（一件事情、一个人、一个地方或一个东西）。例如，潜水用的氧气瓶对你来说可能象征氧气。

替代是指某个听起来与你想记住的信息内容很接近的单词，并且容易画出来。当你不能想出一个象征物或者任何其他描绘信息的方法时，你可以使用替代。例如，单词"消防栓"（hydrant）听起来像"氢气"（hydrogen），并且也容易形成表象。

氧气（Oxygen）和氢气（hydrogen）各自有一个象征物和一个替代物，为了记住水由两个氢一个氧组成，你可以想象两个消防栓漂浮在水中平衡一个氧气罐。你也可以使用物理感觉、情绪以及自言自语，参见图2.12。

图2.12 象征和替代

3. 使用链接策略

链接策略总是与象征和替代一起出现，就是在一个系列或者一个故事中把一个形象与另一个联系起来。例如，假定学生想记住13个原始殖民地：佐治亚州、新泽西州等，因为单纯地在头脑中勾画这些州是非常困难的，所以学生可能会使用象征和替代。例如，泽西的乳牛听起来像新泽西；帝国大厦是纽约的象征；乔吉特的名字听起来像佐治亚州；圣诞节颂歌听起来像卡罗莱纳州，因此它们都可以作为替代。

学生也可以把由象征和替代形成的心理图片转换成一个连续的故事。例如，学生可以首先想象乔吉特Georgette（佐治亚州Georgia），一种泽西的奶牛Jersey cow（新泽西New Jersey），穿着一条黄色短裤underwear（听上去像特拉华州Delaware），站在帝国大厦Empire State Building（纽约New York）的顶部唱圣诞节颂歌 Christmas Carols（南北卡罗莱纳州 North and South Carolina）。她的左臂夹着一根弗吉尼亚火腿 Virginia ham（弗吉尼亚州 Virginia，新汉普郡州 New Hampshire），右手拿着一支钢笔 pen（宾夕法尼亚州 Pennsylvania）。乔吉特正拿着笔将一个个点 dots（听上去像康奈迪克州 Connecticut）连成线。这些线最后连成了一条公路 road（罗德岛州 Rhode Island）。马路上的玛丽莲·梦露 Marilyn Monroe（马里兰州 Maryland）正在赶去做弥撒 mass（马萨诸塞州 Massachusetts）。

4. 使用严密的结构化体系储存信息

有许多能够帮助学生储存信息的严密的结构化体系，下面介绍四种：

（1）押韵词法

对于那些能够或者已经被整理成列表形式的信息，我们可以使用押韵词法来帮助记忆。学生在运用该策略时首先需要熟悉下列押韵词：

1 is a bun	6 is a pile of sticks
2 is a shoe	7 is heaven
3 is a tree	8 is a gate
4 is a door	9 is a line
5 is a hive	10 is a hen

单词 bun、shoe、tree、door、hive、sticks、heaven、gate、line 和 hen 比较容易记忆，因为他们跟数字 1～10 后面的发音相同。如果学生想借助第一层（1 is a bun）来记忆信息，那么他创建的心理意象也应该包括第一词 bun（松鼠），因为 bun 是第一层的固定词。例如，假定学生想把下面的信息放入第一层来帮助记忆：

◇ He land in America in 1492.

◇ He sailed with three ships.

◇ The popular opinion was that he would sail off the end of the world.

为了形成包括固定词的心理意象，学生可以想象一只松鼠正穿越海峡，而哥伦布站在松鼠的头上。另外两只松鼠（船）也随之派出。接着他可以想象在世界的尽头，水像瀑布一样流淌。甚至能将年份 1492 也代入画面当中。学生还可以自言自语："哥伦布 1492 年发现美洲大陆，他率领了三艘船。"

同样，如果学生想要在第二层上记忆爵士音乐史上的著名音乐家，创造的相关信息的心理意象中必须包括 shoe（如路易斯·阿姆斯特朗和恰克·曼吉欧尼穿着红色的鞋子）。接着可以将十条不同的信息纳入押韵词系统中，每组信息包括一个固定词。要想回忆或使用这些信息时，学生只需从 1 数到 10。每个数字将带出相应的单词，而这些单词与需要记忆的信息的相关意象有密切关系。

一个共性问题是，学生能否有效地使用这种方法来记忆乘法表。答案是肯定的。例如，如果学生忘记了 7×8 的答案，他可以想象天堂（第七个固定词）的天使在门上（第八个固定词）荡秋千，数字 56 装饰在天堂门上。在他的画面中，大门发出的诡异声音听起来好似 56。

(2) 数字/关键词法

起初数字/关键词法会显得较为繁琐，但是它操作性很强，而且效果明显。在整个体系当中，0~9 分别对应一种独特的声音（通常是一个辅音的发音）。

数字	发音	原因
0	s	0（zero）以 z 开头，有点像倒放的 s。
1	t	T 也有一竖。
2	n	N 有两个竖。
3	m	M 有三个竖。
4	r	单词 4（four）以 r 结尾。
5	l	L 在罗马数字中表示 50。
6	j/ch	将 j 上下翻转一下有点类似数字 6，而 ch 和 j 的发音相近。
7	k	将 k 上下左右翻转一下，看上去好像一个 7。
8	f	手写体中的 f 跟 8 相近。
9	p	将 p 左右反过来跟 9 相近。

以上的字母/数字关联图可以用来创建多组便于记忆的关键词。例如，我们需要为三十组数字建立一个框架，每组为一个数字（1~30）。首先应为每组数字确定一个精确且具体的关键词，这时候便用到字母/数字关系图。例如 21 这一数字组合：21=NT。这两个数字依次与 N 音和 T 音相关，而 net 同样包含这两个音且顺序相同。因此为数字确定关键词的过程仅仅是寻找拥有相同发音且发音顺序一致的单词（例如，307=M-S-K=MASK）。

有了上述关系图，学生可以尽可能地为数字确定意义。但是有时关键词看上去比较难于确定。其实，当关键词和数字形成固定搭配时，学生只需回忆数字当中每一部分所对应的辅音发音，关键词自然就得到了。以下是为 1～30 制定的关键词搭配。教师和学生亦可以自行总结与整理。当然数字远远不止 30，其余需要不断扩充与练习。一般而言，100 以内的数字—辅音—关键词搭配已经足够我们记忆信息。

1＝T＝Tea
2＝N＝kNee
3＝M＝Maypole
4＝R＝Rug
5＝L＝Law
6＝J＝Jaw
7＝K＝Key
8＝F＝Free
9＝P＝Pie
10＝TS＝TosS
11＝TT＝TreaT
12＝TN＝ToN
13＝TM＝TiMe
14＝TR＝TRay
15＝TL＝TaLe
16＝TJ＝Taj Mahal
17＝TK＝TKo（Technical Knockout-boxing）
18＝TF＝Turf
19＝TP＝TeePee
20＝NS＝NoSe
21＝NT＝NeT
22＝NN＝NuN
23＝NM＝NaMe
24＝NR＝NeaR
25＝NL＝NaiL
26＝NCH＝NiCHe
27＝NK＝NecK
28＝NF＝kNiFe
29＝NP＝NiP
30＝MS＝MouSe

学生在确定了框架范围之后，可以仿照押韵词法进行使用：为每组词的关键词创建心理意象。例如，某位学生在利用数字/关键词法记忆美国历代总统的过程中，假设亚伯拉罕·林肯站在泰姬陵上，以此来记忆他是美国历史上第十六位总统。

(3) 数字/图片系列

和押韵词法类似，数字/图片的办法也可以鼓励学生将信息与数字联系起来（图 2.13）。该策略主要的出发点是，数字 0～9 和日常生活中熟悉且容易记忆的事物相似。

1=警察
2=天鹅
3=鸟
4=手挽腰的女孩
5=蛇

6=脚趾酸肿的老人
7=手杖或拐杖
8=雪人
9=大象
10=鸡蛋

图 2.13　数字/图片形象记忆法

和押韵词法中的松鼠（bun）、鞋（shoe）、树（tree）和门（door）一样，警察、天鹅、鸟等可以作为需要记忆的信息的追踪线索。数字/图片体系中共提供了十组。如果学生想要借助第一组关联处理信息，他需要就相关信息产生意象，且该意象需要包含一个警察作为线索。

（4）熟悉场景记忆法

熟悉场景记忆法是最为简单的记忆策略。首先，学生需要想象一个相当熟悉的地方或场所，如卧室。然后，在头脑中将房间逛一遍，按照出现的顺序逐个确定熟悉的物件。你也许会先关注房间的门，然后向右走，看到梳洗台上的镜子、椅子以及椅子旁边的植物、窗户、床等。在这样一个顺序中，你选择了与信息相关的六件物品：(1) 门，(2) 镜子，(3) 椅子，(4) 植物，(5) 窗户，(6) 床。当然你也可以继续在房间中游荡以发现与之相关的更多物件。

所罗列出的物品应该与你想要回忆起来的信息相关联。例如，当你想要记起有关古代哲学家的重要内容时，可以首先在头脑中想象你家的门厅。打开门，发现苏格拉底穿着带有多种颜色的菱形花纹的及膝袜，被众多穿着宽外袍的学生包围着。苏格拉底拿着一本书的复印版，你正好听到他在提问题。假设你第二个看到的是镜子，你可以想象苏格拉底站在一个窑洞当中，一个碟子在他头顶上不停地打转。运用熟悉场景记忆法的关键是将你所能想到的事物作为连接，使之与特定信息产生关联，以便于回忆。只要能将信息切割成有意义的片段，便能够将这些片段组织到记忆框架中。

可以通过改变想象路径（如驾车回家的路线）实现对熟悉场景的变换，以实现重复使用。为了强化关联，可以选择沿路一些熟悉的物品和地点：(1) 拐角的指示牌，(2) 学校在马路的左边，(3) 饭店，等等。

5. 帮助学生使用记忆术来记忆重要的内容

记忆术是通过提供线索来记住信息的一种方法。例如，光谱的颜色（red, orange, yellow, green, blue, indigo 和 violet），当学生意识到每种颜色的第一个字母可以写成一个名字 Roy. G. Biv 时，记忆就变得容易许多。同样的，五大湖泊可以只记住它们的首字母形成单词 homes。

针对各种不同类型的陈述性知识，教师应灵活地使用不同记忆术。

（四）课堂案例

一年级最受欢迎的单元是关于鸟的那一单元。学生阅读关于鸟的文章，听关于鸟的故事，学习鸟的种类和行为，观察鸟类，并编写了"班级鸟类名录"，撰写研究报告。虽然教师们也都很喜欢这个单元，但他们依然觉得不应仅仅让学生记住关于鸟类的陈述性知识。因此，教师开始列出期望学生掌握的鸟类知识，并使用一般的组织模式（如事实、概括、概念等）进行组织概括。这种教学计划能把众多繁杂信息置于一个主要的概念和概括之下，单元学习也变得更加有效：

在单元的结束时，学生应能够：

◇ 理解生物的特点（主要概念）。

◇ 理解正是生物的这些特点帮助他们生活于不同的环境之中（概括）。

教师使用这些组织模式重新构架鸟这一单元。在开展学生喜欢的各种活动的同时，确保每一活动都能增加学生对陈述性知识的理解。

葛老师（Mrs. Garron）在玛雅和阿芝台克的单元教学中设置的其中一个目标是帮助学生理解在整个历史过程中文明为什么以及如何兴起和衰落的。她决定用心理意象策略帮助学生发展他们的理解力。从课文和档案的基本材料出发，找出能帮助学生创建玛雅和阿芝台克文明形象的细节，接着在学生对新兴城市进行详细心理刻画的过程中给予指导。最后，通过提供文化衰落的细节帮助学生修改和完善心理意象。学生建立起人们为了黄金而打斗，对城市进行军事进攻，采伐过度的田地的画面。葛老师特别注意到学生在创建意象过程中的饱满精力以及浓厚兴趣，而他们开始问问题则表明学生已经开始理解信息。

在随后的一个单元，葛老师在呈现美国西部幽灵城市图片的同时，让学生回忆玛雅和阿芝台克文化消亡的画面，并利用所掌握的信息分析那些城市变成幽灵城市的可能原因。当学生能将学过的知识用来分析具体的有关美国历史的案例时，表明他们已经理解和记住了所学内容，葛老师为此非常高兴。

健康教育组的老师决定围绕几个主要概念和观点来组织教学内容。例如，期望学生明白几乎所有的关于健康的主题（运动、食物、血糖和血压）都可以从平衡的视角来研究。学生在学习过后应能说明各个主题中的平衡问题，并解释失去平衡时会出现的情况，同时描述人们恢复平衡的方法。为了帮助学生明白这一模式，他们使用了下列方法来进行信息组织和教学：

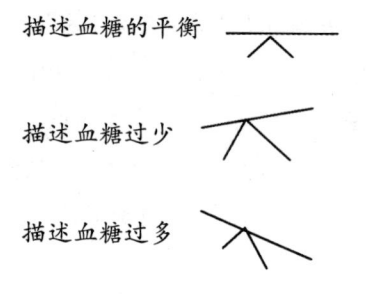

描述血糖的平衡

描述血糖过少

描述血糖过多

出于无奈，某高中一化学学习小组决定花时间记忆一些繁琐、易忘的化学符号。他们将在其他课上习得的记忆策略用在化学符号的学习上，结果功夫不负有心人。比如，铁元素 Fe，他们联想到《杰克与魔豆》中的巨人。一天巨人和妻子都在家，而巨人的妻子在帮他熨超大件的外套，同时还大声埋怨："Fe, Fi, Fe, 熨这些衣服实在是太无聊啦。"针对金元素 Au，他们则设想了这样一幅画面：一个窃贼偷走了一位采金老者的一大块金子。采矿人跟着小偷后面追，边追边吼："哎哟！哎哟！还我金子！"

三、维度二的单元计划：陈述性知识

陈述性知识的单元教学设计牵涉到下面一个问题：

如何帮助学生获取和整合陈述性知识？

解决这一问题共需四个基本步骤，而其中似乎只有一步与问题直接相关：

步骤 1：学生需要获取和整合哪些陈述性知识？在单元末，学生应能够知晓或理解哪些内容？

步骤 2：哪些经历或活动可以用来帮助学生获取和整合这类知识？

步骤 3：哪些策略可以用于意义建构、信息组织和/或知识储存？

步骤 4：描述计划内容。

在"维度二单元计划指导：陈述性知识"中，有一部分是用来记录单元设计中所遇到的问题反馈以及描述如何帮助学生获取和整合陈述性知识的。指导页上运用上述四个步骤已经就美国科罗拉多州的社会探究型学习单元给出了样例（选择这一主题作为示例是因为其经过些许调整，几乎可用于任何一州或者地区的单元学习，并且在不同学段的适用性明显。有关科罗拉多州的完全的单元设计指导可以参考第六章，当中还包含了总体的评价建议）。以下将对上述四个步骤进行逐一探讨，并给出设计过程中需要留意的地方以及参考建议。

（一）单元计划步骤 1：目标

确定陈述性知识目标往往是一个单元的设计中最难的部分。因为教师不仅要考虑到数量问题，还要确保体现知识的重要性。该部分主要帮助教师掌握甄别过程，同时通过提供工作表和图表，协助教师进行决策。教师在明确了重要的陈述性知识之后，可以将各部分知识移植到设计指导当中，并继续进行第 2、3、4 步（参考下面有关科罗拉多州的陈述性知识单元设计指导，完整的单元设计见第六章）。

第一个关键问题中还包含其他一些小问题。这些问题由于各个学校或地区的要求和理念不同而有所起伏。在确定学生需要掌握的知识方面，有些教师可能拥有高度的自主权，而另外一些教师则严格按照国家、地区或学校的标准和基准执行。标准陈述的是所有学生在毕业之前都必须掌握的知识和技能。基准根据标准内容，明确各级各类的学校学生在毕业或升学之前需要理解的各项知识和操作的各项技能。以下分别为上述两种情况提供了建议和示例：

(1) 确定单元题目或重心，可以是一个主题（如"生存"，"英雄"）；一个标题（如"科罗拉多州"，"内战"，"罗密欧与朱丽叶"）；一个概念（如"力"，"能量"，"革命"）；一条原理或概括（如"艺术来源于生活，并影响生活"）；或其他任何与单元内容相关且具有贯穿作用的观点。

(2) 发挥集体的智慧，整理出一张该单元的重要知识列表。这一步的目的是促使教师开始思考单元学习的重点内容。如果所在地区有标准和基准的话，可以依据基准确定教学内容。

(3) 确定并组织学生将要学习的陈述性知识。当教师从列表当中选择合适的信息内容时，需要思考："以下组织模式有哪些可以适用于该单元？"

◇ 概念　　　　　　　　　◇ 时间顺序
◇ 概括/原理　　　　　　　◇ 描述
◇ 独立事件　　　　　　　◇ 词语术语
◇ 过程/因果关系　　　　　◇ 描述具体人、地、事、物的事实

信息的确定与组织可以在一张陈述性知识的工作表中进行，然后再以图表的形式呈现。共有两个版本的工作表，每种都提供了相应的图表。可以用这两个版本进行对比，体会基于标准和基准的计划过程和非基于标准和基准的计划过程的不同。各个计划过程如下：

1. **非基于标准和基准（见工作表样例和单元设计图表：科罗拉多州）：**

◇ 确定对本单元学习有利的组织模式。

◇ 确定需要利用这些模式进行组织的陈述性知识。

◇ 必要的时候，明确能够为概括性的知识提供论据、示例或者进一步解释的其他或具体信息。

2. **基于标准和基准（见工作表样例和单元设计图表：科罗拉多州）：**

根据基准确定本单元的学习内容，然后按下列操作：

◇ 确定对本单元学习有利的组织模式。

◇ 针对各个基准的具体内容，确定需要利用上述模式进行组织的陈述性知识。

◇ 必要的时候，明确能够为概括性知识提供论据、示例或者进一步解释的其他或者具体信息。

在以上两种方法中，教师需要明确能够为概括性知识"提供论据、示例或者进一步解释的"具体信息。这说明在单元中许多组织成词语术语、事实、时间序列、过程/因果关系以及独立事件的具体信息都可以进行重新组织，用来支撑更为概括的概念或概括/原理。

表 2.3　工作表样例：科罗拉多州
非基于标准和基准的陈述性知识

步骤 1

学生需要在获取和整合知识阶段知晓或理解哪些程序性知识？在单元末，学生将能够了解或掌握……（可使用下表回答该问题）

确定对本单元来说是十分重要的组织模式。	确定将被纳入范式的重要的陈述性知识。必要时，明确能够为概括性知识提供论据、示例或者进一步解释的附加信息或具体信息。
概念？	地形、自然资源、气候、文化 ——为每种概念寻找当地实例
概括/原理？	地形、自然资源和气候对地区文化的影响 ——以科罗拉多州为例（如山地和积雪造就了该地区的冬季体育文化）
情节？ 过程/因果关系？ 时间序列？ 描述：事实，术语？	1859～1900 年间，科罗拉多州的淘金史 用事实说明 Molly Brown、Zebulon Pike 和 Alferd Packer 是如何适应环境的 术语：旅游、都市

72 培育智慧才能

概念
理解地形、自然资源、气候、文化
知道在科罗拉多州可以发现符合以上概念的事实
理解可再生的、不可再生的、流动的资源
知道化石形成的过程，知道科罗拉多州可再生（如木材）、不可再生（如金矿、石油）和流动的（如风力、阳光）资源

概括/原理
理解地形、自然资源和气候对一个地区文化的影响
知道科罗拉多州符合这一规律（如山地和积雪造就了该地区的冬季体育文化；阳光、河流和山脉导致了户外娱乐流行；平原带来了牧场遍地如林；等等。如此典型的西方文化）

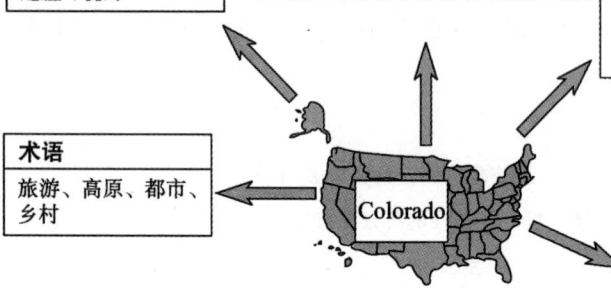

事实
用事实说明 Molly Brown、Zebulon Pike 和 Alferd Packer 是如何适应环境的

术语
旅游、高原、都市、乡村

时间序列
1859~1900年间，科罗拉多州的淘金史

图2.14 科罗拉多州：非基于标准和基准的陈述性知识单元计划图示

与基准无关的其他陈述性知识
知道1859~1900年间，科罗拉多州的淘金史

地理学标准1，基准2（D）：理解人与一个地区物理环境的互动
概念：理解地形、自然资源、气候、文化
　　知道在科罗拉多州可以发现符合以上概念的事实
概括/原理：理解地形、自然资源和气候影响着一个地区的文化
　　知道科罗拉多州符合这一规律（如山地和积雪造就了该地区的冬季体育文化）
事实：知道Molly Brown、Zebulon Pike 和Alferd Packer是如何适应环境的
术语：旅游、都市

地理学标准3，基准2（D）：理解可再生和不可再生资源的特征与分布
概念：理解可再生资源、不可再生资源和流动资源
　　知道化石形成的过程
　　知道科罗拉多州的可再生资源（如木材）、不可再生资源（如金矿和石油）和流动资源（如风力和阳光）

地理学标准2，基准5（D）：理解人在一个地区内外迁徙的理由
概括/原理：理解地形、自然资源和气候对定居模式的影响
　　知道科罗拉多州符合这一规律（如山地、金矿和流行体育对科罗拉多州活力的影响）

图2.15 科罗拉多州：基于标准和基准的陈述性知识单元计划图示

(二) 单元计划步骤2：活动

教师需要针对每一块主要信息，确定学生获取和整合知识的方式（步骤2、3和4可参考稍后本章说明科罗拉多州的单元计划指南）。学生将通过直接、主动的方式获得经验（如实地考察、模拟），还是间接的方式（如阅读文本、观看影片、听讲座或研讨），具体的活动和经验参考如下：

- ◇ 阅读文本
- ◇ 进行实地考察
- ◇ 操作实验
- ◇ 观察演示
- ◇ 参与讨论
- ◇ 观看影片
- ◇ 独立调查
- ◇ 参与模仿
- ◇ 采访信息源

(三) 单元计划步骤3：策略

教师都深有体会，丰富的经验和活动并不能保证学生学习目标的达成。所以要讲究活动策略，提高学生意义建构、组织和存储知识的可能性。请牢记，这三大学习陈述性知识的步骤是有重叠的（如帮助学生进行意义建构的策略同样可以帮助学生组织和储存信息）。但是，教师仍需要在每一阶段加强反思（参考稍后本章中所涉及的问题和策略总结）。

(四) 单元计划步骤4：实施

此时要做的是简要描述依据已经明确的学习活动和经验，如何实施教学策略。

如何帮助学生就这类信息进行意义建构？可能会用到下列策略：

1. 帮助学生了解什么是意义建构。
2. 运用"三分钟停顿"。
3. 运用多种感官来接收信息。
4. 领会词语的意思。
5. 使用K-W-L策略。
6. 提供机会让学生自己发现新知。

7. 在学习前、学习中和学习后运用各种有效的教学策略。

如何帮助学生组织这类信息？可能会用到以下策略：

1. 帮助学生理解组织信息的重要性。
2. 运用图示组织方式来确定组织模式。
3. 提供先行组织者设问。
4. 运用图示表征的笔记策略。
5. 让学生创编信息的物理表征和图示表征。
6. 要求学生使用图表。

如何帮助学生储存这类知识？可能会用到以下策略：

1. 帮助学生理解储存信息的过程。
2. 使用象征和替代策略。
3. 使用链接策略。
4. 使用严密的结构化体系储存信息。
5. 帮助学生使用记忆术来记忆重要的内容。

表 2.4 社会课《科罗拉多州》单元计划指南（维度二：陈述性知识）

步骤 1	步骤 2	步骤 3	步骤 4
学生需要"获取和整合"哪些"陈述性知识"？在单元学习后，学生应了解或理解……	哪些"体验或活动"可以用来帮助学生获取和整合这类知识？	哪些策略可以用于"意义建构、信息组织或知识储存"？	具体说明教师将做些什么。
概念：地形地貌 ——自然和人工特色，包括地貌、河流、道路、桥梁等。 可以借用科罗拉多州的落基山脉、沙丘、河流、平原、高原和山谷等实例。	教材第 8～10 页 电影：《阳光海岸》 阅读地图 自学：地形"拼图"	K-W-L 表 物理表征或图解	根据 K-W-L 图表，我们将完成与地形相关的 K 和 W 部分。接着通过阅读文本、观看影片和阅读地图的方式开展教学，完成 L 部分。我们将根据 K-W-L 的信息内容着手建立一个班级地形图解。 每位学生都会自主选择一定的地形作为描述对象。

			学生将独立搜索信息。学生完成自身的任务之后，我们将充实班级图解。
概念：**自然资源** ——自然生成的、有用、必要的或者怡人的资源。 　　可参考科罗拉多州的雪地、金矿、土壤、阳光、森林、石油和山川等实例。	电影：《阳光海岸》 阅读自然资源图 实地考察：Argo 金矿	三分钟停顿 运用多种感官 图示	在电影播放过程中，我将刻意停下来让学生识别某种地形。播放结束后，指导学生就所看到的自然资源实例尝试建立心理意象，并明确观影中的所见、所闻和所感。随后开始建立班级和个人的图示表征。通过阅读自然资源地图的方式丰富图解内容。 　　在实地考察过程中，学生可以通过观察为图示表征提供更多具体的实例。

四、帮助学生获取和整合程序性知识

获取和整合程序性知识要求学生发展执行和使用关键技能和过程的能力，包括物理技能和过程，如打字和解方程。帮助学生成功地获取不同层级的程序性知识尤其重要，因为学习复杂技能和过程经常依赖于简单技能和过程学习的情况。例如，如果学生没有掌握测量的技能，他们将不能学会设计建筑物。每个层级的程序性知识都很重要。学生需要掌握各个层级的程序性知识意味着，作为教育者我们必须知道获取和整合程序性知识的阶段——建构模式、固化和内化，并且能够建构经验确保学生能够成功。

（一）为程序性知识建构模式

学习一项技能或过程的第一个阶段是发展步骤的大致模式。例如，当你最初学习打高尔夫球，在你自己亲身练习之前，有人会向你展示应该做什么，老师会向你演示如何握柄、正确的姿势、如何调整身体重心等等。同样的，当你最初学习解乘除法时，有人可能会向你演示这个过程。总之，当我们学习一个新程序时,我们需要一个起点,需要一个模式。没有最初的模式,学习一项技能或过程可能是混乱且浪费时间的,因为它只是一个反复尝试的过程。如果想让学生有效且高效地学习程序性知识,帮助学生建构模式是必要的。

当帮助学生建构模式时,意识到这样一个事实非常重要,即虽然你能熟练使用过程和技能,但是对学生来讲却是新奇的。在帮助学生建构模式时,小心不要漏掉重要的步骤。

可以使用几种方法帮助学生建构模式。当帮助学生建构模式时,使用多种不同方法是有利的。这么做可以适用更多的学生,因为一项技术适合一个学生未必适合另一个学生。而且,通过使用多种策略,你将会有更多适合自己和学生风格的选择。

1. 帮助学生理解建构模式的重要性

对学生来讲,理解程序性知识的获取始于为技能或过程建构一个模式或者一系列步骤是有益的。像通过建构意义来获取陈述性知识一样,发展程序性知识要求学生通过观察他人执行技能或过程,阅读教学手册或者通过自己摸索,在头脑中建构步骤。仅仅通过观察他人执行技能或过程来模仿,将导致无效的学习。帮助学生理解建构模式的重要性在于:

◇ 解释建构模式的过程,并且根据自身的学习经验提供具体的例子。

◇ 当学生学习一套具体的步骤时,帮助学生借用自己生活中的例子。

◇ 与学生一起做一项实验:先是在没有帮他们建构模式的情况下教授一项技能,然后在教授另一项技能时提供建构模式。让学生根据两次技能使用时的信心程度、技能掌握和维持的时间以及在不同环境中使用技能的能力来进行比较。

2. 使用"出声想"(think-aloud)来阐述一项新技能或过程

对于建立初始模式来说,这是一个简单而有效的方法。它要求教师在阐明技能或过程时说出心里想的东西。当然,应确保说出的想法包括技能或过程的所有重要方面。例如,教师使用"出声想"帮助学生掌握二位数加法的模式,他把问题写在板上并且说:

让我们来看一下,首先我们将所有数字加起来:2加3等于5,再加7等于12,1在十位数,2在个位数。那么就把2写在个位数,把1写在十位数。我认为我应该把1写在十位数的顶部,以免忘记了。

3. 与学生一起建构所学知识的书面或图示表征

对一些学生来说，仅仅通过观察老师对技能或过程的建模，还不足于独立建构清晰、正确的模式，他们还需要一个书面或图示表征来描述或者说明每一个步骤。基于不同的技能或过程，大致有下列几种表征形式：一套书面步骤、一个流程图或者一组图示或表征（参见图 2.16、2.17 和 2.18）。

---

1. 阅读图表的标题，猜想图表中可能包含的信息。
2. 观看图表下方的水平线，确定测量内容。
3. 观看图表左边的垂直线，确定测量内容。同时明确计量单位。
4. 确定水平线上每个数据在垂直线上对应的"高度"数据，理解该"高度"的含义。
5. 对条形图的关键信息进行总结陈述。

图 2.16　阅读条形图的书面步骤

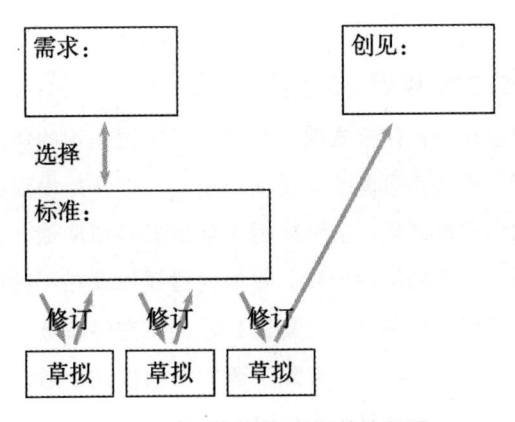

图 2.17　"创见"过程的流程图

图 2.18　网球发球的图示

4. **帮助学生明白正在学习的技能或过程同其他技能或过程的异同**

这一步很重要，它涉及向学生说明正在学习的一些步骤同其他以前学过的技能或过程的步骤的异同点，以帮助学生学习新技能或过程。你也可指出先前学习的技能和现在学习的技能看起来相似，但实质上是不同的。例如，为了教授学生学习打棒球，教师可以先回顾一下以前学过的打高尔夫球的步骤，目的是强调相似的步骤，也解释不同的步骤，并且指出一个项目中的技能用于其他技能之中可能会出错（如把打高尔夫球的技能用于打棒球有可能会出错）。

5. **指导学生把技能或过程的步骤进行心理预演**

一项技能或过程的模式可以通过心理预演来得到强化，也就是仅仅在头脑中复习一下步骤而不是真正去执行。例如，你可以在头脑中预演打高尔夫球的步骤，并且想象自己正在做每一个步骤。事实上，心理预演是能帮助强化技能或过程的基本模式，这个策略家喻户晓且被运动员广泛使用。

（二）固化程序性知识

为新技能或过程建构初始模式仅仅是学习程序性知识的第一步。一旦真正使用这些技能或过程，你将有可能改变最初的模式。你开始发现哪些起作用、哪些不起作用，随之做出一些调整，甚至依据实际情况有所增删。在使用时，你也能意识到不同的变量、潜在的问题领域、普遍的错误以及在不同的情境下——如在潮湿的公路上和在干燥的公路上，在高速公路上和在停车场。如何使用过程或技能，这就叫做固化技能。例如，为乘除法建构初始模式之后，你可能会发现一些捷径或诀窍使之做得更好。同样，当你第一次学习如何使用文字处理软件来写作时，你开始思考有效使用文字处理软件的方法。

固化新技能或过程的重要性是不言而喻的，然而，它经常被敷衍了事，甚至被完全忽视。固化是学习新技能或过程的最重要的部分，否则错误会悄悄蔓延甚至被学生内化，很难再改正。而且在这个阶段学生对技能或过程要有概念性的理解，而不仅仅是学习一系列步骤。忽视这一点是学生无法有效使用基本技能或过程的主要原因。课堂活动对于程序性知识的固化是必不可少的，以下策略和技术能帮助学生固化程序性知识。

1. 帮助学生理解固化程序性知识的重要性

就像刚才所讨论的，对教师来讲理解固化的重要性是非常必要的。同样的，如果学生在获取程序性知识过程中理解了这个阶段的重要性，那么精心设计的鼓励固化的任务也将会更有价值。固化就是把技能或过程变成你自己的东西的过程，以下方法可以促进这种理解：

◇ 向学生解释固化的过程。

◇ 与学生分享你个人固化技能或过程的经验，并鼓励他们识别及分享各自的经验。

◇ 问学生：当他们以错误的方式来练习一项技能时会发生什么。

◇ 鼓励学生提出促进或改造技能和过程的建议，解释为什么说这是班级文化中非常重要的一部分。

◇ 鼓励学生寻找现实生活中人们固化技能或过程的例子，促进他们固化技能的使用。

2. 提供机会让学生练习使用技能或过程的重要变量

每一技能或过程都有变量，理解这一点对于技能或过程的成功运用是非常重要的。例如，熟练运算三位数加法，你必须理解这个过程的一些变量：个位向十位数进位的时候做什么、不进位的时候做什么等等，如果数字以水平方式而不是竖排方式呈现的时候做什么。帮助学生固化一项技能或过程要求说明这些重要的变量。例如，为了固化三位数加法这个过程，教师可能使用同一个问题，而不断改变它的变量。为了强调变量，教师可能问以下问题："如果把 4 换成 7 将会有什么情况？有几个个位数，有几个十位数？假设个位数向十位数进 2，将会发生什么？"

除了完成一个或两个例子，并且问"如果……将会……"这种问题，教师应该为学生创造机会练习使用所有的变量，然后再让学生完成有多种变量的问题。

3. 指出普遍存在的问题和缺陷

在学习的早期阶段，错误很容易滋生。如果在固化过程中没有发现和纠正这些错误，那么以后将很难纠正。不管目标技能是使用车床（错误将导致伤害），还是写作技能（错误将导致沟通受挫），帮助学生发现和纠正错误都是非常重要的。在固化过程中需要做到以下几点：

◇ 鉴别和示范一些普遍的错误，示范错误的过程和纠正错误的过程。

◇ 示范技能过程，呈现明显和微小的错误，让学生仔细观察，尽力认识和描述这些错误，让他们建议正确的方法。

◇ 当学生操作的时候，教师提供反馈，这将帮助他们意识到自己的错误，并改正错误。

◇ 让学生观察已经掌握技能或过程的人，强调他们应该认真观察经常出错的地方，以便能避免这样的缺陷。

◇ 鼓励学生与同伴一起分享他们很难完成的部分，并征求同伴的建议避免错误。

◇ 如果有必要，帮助学生对他们经常出错的部分重新建模。

4. 帮助学生发展对概念的理解

固化过程的一部分就是帮助学生理解技能或过程，也就是知道它的各种用法和理解与技能或过程有关的任何重要概念。从技术上讲，这就意味着确保学生拥有使用程序性知识所需要的陈述性知识是很重要的。例如，如果学生在统计学中学习做变量分析，但却不知道变量的概念，那么技能相对来讲是没有用的。同样的，如果学生学习在地图上找出某一点的位置，但却不理解地图的各种用法，那么他们获取的技能对他们来讲价值不大。为了确保学生理解使用技能的条件，教师可参考如下建议：

（1）描述学生能使用一项具体技能或过程的各种条件或情境

教师能帮助学生知道大部分的技能或过程会随着条件或情境的变化而变化。例如，在潮湿的公路上和在干燥的公路上开车所使用的技能是不一样的；为丝织的裤子卷边要求某些步骤要有轻微的变化；阅读地图的技能可能需要随着地图类型的改变而改变。

在固化的过程中，如果给学生提供使用技能的不同的条件或情境，那么学生将会更熟练地使用技能。还要提示他们注意在每个场景中发生了什么变化，并随时作出调整。

（2）检验学生对与技能或过程有关的重要概念和原理的理解水平

在开始计划程序性知识时，教师毫无疑问需要明确使用该技能或程序所要求掌握的陈述性知识。然而，即使教授了这些陈述性知识，在学生学习技能和过程时，仍需定期检查学生对重要概念的理解水平。练习一项没有意义的技能或过程简直是浪费学生的时间。在固化的过程中，应：

◇ 复习重要的概念，并让学生鉴别容易混淆的概念。

◇ 在他们开始练习技能和过程的时候，定期让学生给教师，或者同学之间彼此解释他们正在做什么以及为什么做。

◇ 倾听他们给出的解释，发现存在混淆、误解的地方或者缺失的重要知识。如果必要，应推迟练习技能或过程，提供额外机会让学生理解所学东西。

（三）内化程序性知识

学习一项新技能或过程的最后一步是内化。对于一些技能和过程，如果能不假思索地使用，这就叫做技能自动化。事实上，一些技能或过程必须达到自动化水平。例如，想象一下如果刹车技能没有做到自动化的话，开车将是多么不便；如果你总是想着何时以及如何使用刹车，驾车安全无从谈起。

你不可能对所有的技能和过程都达到自动化，但是至少可以熟练运用。例如，编辑过程从来都不是自动化的，但是优秀的编辑能够熟练运用编辑语言。虽然优秀的编辑必须思考他们正在做什么，但是内化了必要的技能以便使用起来相对容易。

要使技能或过程变得自动化或熟练，需要广泛的练习。因为学习程序性知识要花费大量时间。教师应该懂得哪些技能和过程真正需要学生内化，哪些技能或过程仅仅需要熟悉而已。大量的时间和努力应该花在需要学生内化的技能或过程上。学生在没有内化技能或过程的时候也能通过考试，理解这一点很重要。例如，如果某项技能或程序的内化对于学生来说十分重要，他们需要在六个月内持续使用，那么教师必须提供学生内化知识的时间和必要的经验。然而，现有的做法是教师经常给学生足够的时间练习掌握一个过程或技能，使之能够通过考试，但没有给学生足够的时间来内化知识。下面的内容侧重教师在帮助学生内化程序性知识方面的注意事项。

1. 帮助学生理解内化程序性知识的重要性

技能或过程达到自动化或熟练程度需要练习。对学生来讲，理解获取程序性知识的内化阶段颇有助益，可以调动其学习动机。

教师很容易从学生的现实生活中找出内化技能的例子（如骑自行车、打字和投篮），并强调他们因为练习而达到了内化水平。学生能够回忆起在学习一项技能，如骑自行车的过程中，起先必须全神贯注，慢慢地可以边骑边和朋友说话，还能同时欣赏周围的风景，因为骑自行车的技能已经被内化，他们可以腾出精力来同时做其他的事情。为了帮助学生了解在学校中他们需要获取大量的技能并熟练运用，提供以下建议：

◇ 解释内化，并提供学生自己实际生活中的例子。

◇ 教授学生一项技能，但不要求他们内化。先进行一次测验；一段时间之后告诉他们需要再进行一次测验。许多学生会抱怨说，虽然他们通过了考试，但是他们现在仍不能完成技能。与他们讨论内化一项技能的条件，即将来使用一项技能可能需要什么。

◇ 使用日常生活琐事、当前事件、电影或书籍中的例子示范内化过程。例如，在电影《空手道小子》中，教师让孩子内化具体的手部动作，确保学生能在日后应对更加复杂的空手道动作。

2. **帮助学生制定练习进度表**

当学生刚开始学习一项新技能或过程时，他们应该随后就集中练习。例如，在计算机技术课上，你可以让学生通过演示过程和制作流程图来为操作"电子表格"程序建构模式。学生固化过程之后，开始让他们集中练习。学生在电脑上利用尽可能多的时间来练习操作程序，第二天仍旧提供时间让学生来练习，只是练习的时间有所缩短。可以慢慢地增加练习时间的间隔，从开始一天一次，到两天一次，再到三天一次，等等。这叫做分散练习（间时练习），旨在延长两次练习之间的时间。通过这个过程，学生慢慢地内化了新技能。

总之，练习部分应该先紧后松。如图 2.19 表示集中练习和分散练习之间的关系。

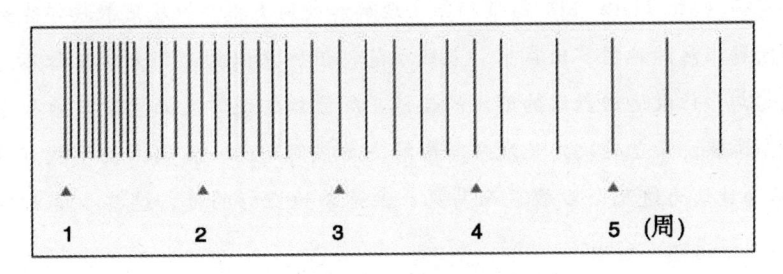

图 2.19 集中练习与分散练习的关系

3. 让学生记录并报告练习新技能或过程的速度和准确性

有些技能强调准确性，另一些技能强调准确性和速度。帮助学生发展新技能和过程的一个方法就是让他们在练习的同时记录自己的进步。例如，如果他们关注准确性，可以把一系列问题分成几个部分，并记录正确解决每一部分问题的次数。如果他们关注的是准确性和速度，可以记录在一定的时间内正确解决问题的次数，并且力争在下一阶段突破原来的成绩。如果速度提高而准确性下降的话，他们可以据此决定是否应该为提高准确性而放慢速度。

在学生记录速度和准确性时，教师应该提醒他们正在进行的操作便是内化技能。也就是说，正是因为不断练习，技能才变得持久而熟练。

（四）课堂案例

以下提供几则课堂实例，为教师模拟和运用本节所涉及的维度二中程序性知识提供参考。

傅老师（Mrs. Fox）正在教授"百分比"这一单元，她发现学生能计算不同类型的百分比问题。于是决定让学生做一些较难的问题巩固新技能。让她失望的是大部分学生成绩不理想。通过与几个学生交谈，她意识到自己没有教授与计算百分比程序相关的陈述性知识，结果学生不知道什么时候该使用哪种类型的计算，也不知道问题是什么意思。例如，当问原来价格和销售价格百分比时，大部分学生不知道使用哪个步骤、公式或计算。于是她决定先识别与百分比相关的重要概念和信息，然后再教学生如何计算百分比。

韩老师（Ms. Hallfield）想帮助学生理解和使用类推。她决定教授学生如何解决类推问题。虽然她用"出声想"来做示范，但她意识到大部分学生跟不上。她忽然想起与一位做运动教练的朋友的谈话，那位教练说学生必须清楚地知道过程的每一个步骤。于是她决定呈现给学生解决类推问题的一系列书面步骤（参见下文）。尽管她认为这几个步骤显而易见，但是令她惊讶的是，这些步骤对学生帮助不小。

1. 描述第一组中两种元素之间的关系。将第一个步骤用言语表达出来，强调描述关系的短语。例如："A 与 B 相似"，"A 与 B 相反"或者"A 导致 B"。

2. 根据第一步的关系词思考第二组中的空白元素。例如，第一步："A 导致 B"；第二步："C 导致……"

3. 使用与给定元素相关的元素完成第二组填白。

艾教练（Elway）是体育老师，他让小先生负责教授足球的传球。小先生凯文示范了如何传吊球，接着让同学利用课余的时间来练习。结果，同学们这个动作完成的不是很理想，所以凯文请来艾教练给予指导。艾教练告诉凯文应该花费较多的时间让学生熟悉传吊球过程的每一步骤，并且在练习之前帮助他们规划该过程。

雪莉（Shirley）的父亲对钢琴老师说："为什么孩子必须反复练习同样的技术？孩子没有耐心，家里其他人也感到郁闷，只能哄她这是最后一次了。"钢琴老师笑答到："伟大的音乐家每天都要练很多小时，雪莉只有掌握了最基本的东西之后才能弹她喜欢弹的曲子。她必须练习、练习、再练习。"

五、维度二的单元计划：程序性知识

完成程序性知识的教学计划需要回答以下问题：**如何帮助学生获取和整合程序性知识？**

这一问题包含三个基本步骤，其中只有一步直接回答了该问题。

步骤一：学生需要获取和整合哪些程序性知识？在单元末，学生应能够做什么？

步骤二：哪些策略能够帮助学生为这类知识建构模型以及固化和内化知识？

步骤三：描述计划内容。

在"维度二的单元计划指导：程序性知识"中，有一部分记录的是上述相关问题的反馈以及有关如何帮助学生获取和整合程序性知识的内容。这个单元计划指导已经根据上述三个步骤所提出的问题，就一个有关科罗拉多州的社会探究型学习单元进行了完善（选择这一主题作为示例是因为其经过些许调整，几乎可用于任何一州或者地区的单元学习，并且在不同学段的适用性明显。有关科罗拉多州的完整的单元设计指导可以参考第六章，当中还包含了总体的评价建议）。为了更好地帮助读者使用程序性知识的设计过程，以下内容将帮助您逐一了解每一步的具体内容并提供适当建议以及注意事项。

（一）单元计划步骤1：目标

学生需要获取和整合哪些程序性知识？在单元末，学生应能够做什么？第一个问题当中还包括其他一些小问题。这些问题会根据教师所在的学校和地区的具体的规定和理念而有所不同。在确定学生需要掌握的知识方面，有些教师可能拥有高度的自主权，而另外一些教师则严格按照国家、地区或学校的标准和基准执行。以下分别为上述两种情况提供了建议和示例。

教师可以将学生需要掌握的技能或程序记录在一张程序性知识单元计划工作表上，然后再以图表的形式呈现。共有两个版本的工作表，每种都提供了相应的图表。可以用这两个版本进行对比，体会基于标准和基准的计划过程和非基于标准和基准的计划过程的不同。各个计划过程如下：

1. **非基于标准和基准**（参见工作表样例和单元设计表：科罗拉多州单元）：

◇ 确定重要的程序性知识（技能和程序）。

◇ 必要的时候，明确具体技能，为更为概括性的过程掌握提供支撑。

2. **基于标准和基准**（参见工作表样例和单元设计表：科罗拉多州单元）：

根据基准的具体要求确定单元学习重心，再按如下操作：

◇ 根据各项基准，确定关键的程序性知识（技能和程序）。

◇ 必要的时候，明确具体技能，为更为概括性的过程掌握提供支撑。

无论是基于标准和基准的单元设计还是非基于标准和基准的单元设计，其目的都是明确学生需要学习和掌握的内容。尤其是那些基于基准的教师，需要明白基准是在一个较为宽泛和抽象的层面提出的要求，而教师确定的技能和程序需要非常具体。如果教师圈定的程序性知识过于宽泛，比如"学生应能够知道如何参与调查过程"，学生将无从生成单个模型或者完整的操作步骤。最为概括的过程或程序包含许多支撑性的具体技能和过程，其中每个都有其专门的一套操作步骤。因此，如果教师教学需要从概括性的程序或技能开始，必须同时提供足够具体的技能或程序，以供学生建构模型、固化和内化程序性知识时使用。

（二）单元计划步骤 2：活动

哪些策略能够帮助学生为这类知识建构模型以及固化和内化知识？在回答这个问题之前，教师首先需要确定学生在各项技能或程序方面需要达到的熟练程度。有时教师可能仅仅停留在"介绍"的层面，帮助学生建构模型以及固化技能或程序；有时教师可能需要帮助学生透彻理解某一程序性知识的各个阶段以促进其实现技能或程序内化。

你在设计程序性知识的学习过程中可能会用到本章中所涉及的策略（详见"步骤 4：实施"中的策略总结）。

（三）单元计划步骤 3：策略

此时要简要描述这些策略将如何帮助学生获取需要掌握的程序性知识。

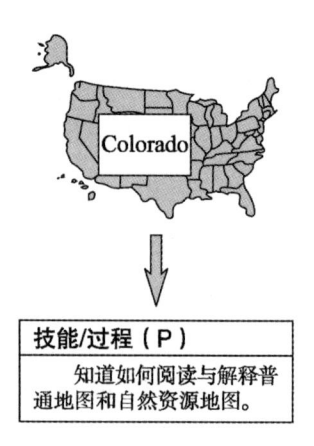

图 2.20　科罗拉多州：非基于标准和基准的程序性知识单元计划图示

图 2.21 科罗拉多州：基于标准和基准的程序性知识单元计划图示

（四）单元计划步骤 4：实施

哪些策略可以用于帮助学生为程序性知识建构模型？

1. 帮助学生理解建构模式的重要性。
2. 使用"出声想"来阐述一项新技能或过程。
3. 与学生一起建构所学知识的书面或图示表征。
4. 帮助学生明白正在学习的技能或过程同其他技能或过程的异同。
5. 指导学生把技能或过程的步骤进行心理预演。

哪些策略可以用于帮助学生固化程序性知识？

1. 帮助学生理解固化程序性知识的重要性。
2. 提供机会让学生练习使用技能或过程的重要变量。
3. 指出普遍存在的问题和缺陷。
4. 帮助学生发展对概念的理解。

哪些策略可以用于帮助学生内化程序性知识？

1. 帮助学生理解内化程序性知识的重要性。
2. 帮助学生制定练习进度表。
3. 让学生记录并报告练习新技能或过程的速度和准确性。

表 2.5　社会课《科罗拉多州》备课指南（维度二：程序性知识）

步骤 1	步骤 2	步骤 3
学生需要"**获取和整合**"哪些"**程序性知识**"？在单元学习后，学生应了解或理解……	哪些策略或方法可以用于帮助学生"**建构模型、固化或内化知识**"？	具体说明将做些什么。
阅读并理解普通地图。	注意：这些策略将用于两种类型地图的学习。	我将会详细讲述阅读地图的各个步骤，并展示各类地图的操作区分。我将为学生提供一套阅读普通地图的书面步骤。
阅读并理解自然资源地图。	"出声想"； 书面列出步骤； 各种变式迁移训练； 内化不是目的。	学生将以小组活动的方式面临几种不同形式（从不同文本中截取）的地图，既有普通地图的变式，也有自然资源地图的变式。每组分配一定的问题，小组成员通过解决问题的方式熟悉两类地图的不同呈现形式。上述安排的另外一个目的是强化地形和自然资源的概念学习。

第三章 维度三：扩展与精炼知识

一、引言

陈述性知识和程序性知识的学习不只是回忆信息或机械地执行某个程序。只有当学生深入理解重要知识时，学习才是最有效的，这样他们能够在学校和日常生活中运用这些知识。为了发展理解能力，学生需要扩展与精炼原初获得的知识。具体而言，学生要对知识和信息进行核查和分析，从而来帮助自己建立新的联系、发现或再次发现的意义、获得新的见解并澄清误解。

举个例子，学生首次学习"自由企业"这个概念，也许他们对此概念的理解已经做到了了解定义，并能举出一些例子。然而，要拓展理解并不单单限于背诵此概念的定义或举出一些例子，而是要求我们把自由企业与其他的经济组织相比较，或者能应用自由企业原则预测新的、具体情境中可能发生的事情。换句话说，拓展理解要求我们运用更复杂的推理过程来思考分析各种信息。所以我们有必要使用某些思维过程来重组知识，也就是扩展与精炼知识。

二、帮助学生发展复杂的推理过程

在第三个维度中提及的八种复杂的推理过程有助于教师帮助学生来扩展与精炼知识。仅要求学生运用这八种推理过程来回答某个问题或完成某项任务是不够的，教师需要直接教授这些推理技能。下面列出的这八种推理过程有助于学生加深对所学内容的理解。

◇ 比较：确定并说明各个项目的相似点和不同点；
◇ 分类：根据属性把事物分组成可定义的种类；
◇ 抽象：确定并揭示信息的基本主题或一般范型；
◇ 归纳推理：从信息或观察中推断出未知的概括或原理；
◇ 演绎推理：运用概括和原理来推测具体信息或情境的结论；
◇ 提供支持：提供某一主张的支持依据或证据；
◇ 分析错误：查明并揭示出思维中的错误；

◇ 分析观点：确定某个问题的多种观点，并考察每种观点背后的理由和合乎逻辑的程度。

每天人们不知不觉地会用到这八种推理过程，例如我们常常会比较事物、通过归纳来得出结论、分析他人的观点。然而，当教师要求学生使用这些推理过程作为扩展和精炼知识的工具时，就应该给学生传授每种推理过程的具体步骤，以便于他们能够更精确严密地加以使用。

在为传授这些推理技能制订教学计划时，教师应该谨记下列几条基本的实施原则：

◇ 尽管应该系统严密地传授这八种复杂的推理技能，但是我们不可能在一个学期或一学年中传授完所有的推理技能。如果要想让学生学习并内化这些技能，就需要足够的时间来掌握和实践。当学生初次学习这些推理过程的时候，教师应该每年只介绍三到四种新的推理技能。

◇ 所有年龄段的学生都有能力学习并使用这八种推理过程。当然，相对于高年级学生而言，低年级学生可能需要更多的指导和示范。此外，他们需要在恰当的学习内容中应用这些推理过程。实际上，高年级学生学习推理过程也是如此。在刚开始接触时，他们也需要一定的指导和示范，同时随着学习内容复杂程度增加，在实际应用这些推理过程时需要更多的指导。

◇ 如果所有年级、所有学科的教师都使用共同的教学语言、提供相似的经历、并为学生掌握特定推理能力制定预期目标，学生就很有可能增强使用这几种推理过程的能力。尽管在本维度中强调的推理过程并没有什么"奇幻"之处，但却是真正有助于学生发展自身推理能力的。

本章接下来的几个部分将具体涉及学习第三个维度中所提到的八种推理过程：

1. 帮助学生理解推理过程。这部分主要讨论如何向学生介绍推理过程以及如何帮助他们理解每种推理过程的目标和功能。

2. 向学生提供每种推理过程的模式，并为他们应用该推理过程创造机会。这部分主要介绍复杂的推理过程本身，包括每种推理过程的步骤，以及指导学生推理过程的具体方法。

3. 在学生学习和使用这些推理过程时，帮助他们关注推理过程的重要步骤和难点。这部分明确了推理过程的重要步骤和难点，以及具体实例和运用这些要素的建议。

4. 为学生提供图示组织者或模式表征来帮助他们理解和应用每种推理过程。图示组织者和模式表征可以用来帮助学生理解，让整个过程可视化；这部分当然还包括了图示组织者和模式表征的具体实例。

5. 运用教师构建和学生构建的任务。这部分强调对运用推理过程予以指导和示范的重要性。首先要将推理过程用于教师构建的任务中，并且还要对如何从教师构建的任务转变为学生构建的任务提出建议，使得学生能从结构良好的任务转向自我创建的任务，能更有效更自信地使用推理过程。

（一）比较及其课堂实例

> 比较（comparing）是一种确定并揭示每个项目（items）的相似点和不同点的过程。简而言之，比较是指描述事物存在着什么异同的过程。

日常生活中，我们会对事物进行比较，例如上课、读书、食物和各种经验等。事实上，比较几乎无时不在，无时不有。日常比较的效果在于我们能不同地看待事物、获得深刻的见解与改变观点。例如，直到听说你的朋友某天过得更糟时，你才觉得自己这一天并不是那么差劲。你可能会这样想："和她相比，我过得还算幸运。"如果你阅读一位作者撰写的两本书，并相互比较，你可能会发现在首次阅读时所遗漏的内容。比较能影响我们对世界的看法。有些人认为，"比较"仅指揭示相同点；而"对比"（contrast）则是指揭示不同点。

课堂中进行比较的作用也是如此，是为了获得深刻的见解、发现差异与改变观点。当学生要求对内容知识进行比较时，他们需要学习比较的过程和方法，以此确保强化学习效果。以下我们将讨论哪些教学活动将有助于学生理解和充分掌握比较的过程。

1. 帮助学生理解比较的过程

尽管比较过程相当普通，但是我们仍然有必要向学生，尤其是向低年级学生介绍基本概念。教师可以具体通过展示运用不同方法进行比较的实例来作介绍。例如，教师可以描述一下自己比较同名电影和书籍的情形，从而获得对该书新的认识；然后让学生进行比较（例如，比较他们所上的两堂课，或者比较他们参观的某个地方和自己的家）；最后，帮助学生意识到在日常生活中"比较"这种推理过程无时不有、无处不在。比如，你可能要求学生倾听各种各样的新闻，从而注意到新闻广播过程中会对各种人物、最新事件或庆典进行频繁的比较。

2. 向学生提供比较过程的模式，并为他们应用该过程创造机会

（1）向学生提供比较过程的模式

即使学生理解了比较，但是在对内容知识进行比较时，为他们提供可以遵循的步骤显得非常重要。下面是在作出比较时所建议的步骤：

> 1. 选择想要比较的项目；
> 2. 选择进行比较所依据的项目特征；
> 3. 根据选定的特征，解释这些项目的相同点和不同点。

我们可以用更简单的语言来向低年级学生表述比较的过程：

> 1. 我想要比较什么？
> 2. 我想要比较的东西怎么样？
> 3. 它们的相同点和不同点又是什么？

（2）为学生应用比较过程创造机会

向学生解释并展示比较过程的每个步骤。具体你可以这样作出示范：

让我想想看，我想比较苹果和桔子，这是比较的第一步；下一步是选择我要进行比较的特征，我想我应该选择大小、形状、味道和营养成分；第三步是说明苹果和桔子之间有什么异同。

当教师示范了这些步骤后，应该在黑板或纸上列出来，让学生一目了然。然后为学生提供一些生活中的主题中应用这些步骤的机会，帮助他们熟悉比较过程。

3. 在学生学习和使用比较过程时，帮助他们关注重要的步骤和难点

在学生学习并参与比较的过程中，教师应该提供集中教学和练习的机会，帮

助学生避免共同的错误。下面列出了几点常见的问题，以及如何解决或避免这些问题的建议。

(1) 防止过度使用比较

比较在中小学的课堂中是最常见的推理过程之一。它是帮助学生辨别重要知识内容关键属性的有效方法，而且学生能相对较快掌握并熟悉比较过程的三个步骤。虽然比较这种推理过程非常有用，且使用简便，但是常常会应用过度。因此我们在设计过程中应该谨慎考虑一下这些问题：为什么学生要进行比较？所做比较的项目是不是教学内容的重点？比较是不是帮助学生扩展和精炼知识的最有效方法？

(2) 确定有趣且有意义的特征

比较的关键之一在于确定有趣而有意义的特征。例如，比较不同战争中所使用的战马，尽管这样的比较很有趣，但是对于学生的学习没有任何帮助。相反，把"战争中各个国家的矛盾程度"以及"引起战争的经济因素"作为比较所依据的特征，则有助于强化学生的理解。

学生想要熟练地确定有趣且有意义的特征，在具体实践中还需要有丰富的样例和及时反馈。教师可以用不同的方式提供以下两种支持：

◇ 集体讨论比较的特征。尤其当学生刚刚接触比较任务或任务特别困难时，教师可以采用多种方法来确定需要比较的特征。然后再要求学生从讨论得到的特征中进行选择或者自己想出另外合理的特征。

◇ 应用扩展的比较。这是指使用比较矩阵。首先应该由教师提供一些特征，然后要求学生通过增加有趣且有意义的特征来扩展这个矩阵。向学生提供合理的初始特征，并对学生自己增加的特征进行反馈，这也是相当重要的。

(3) 务必让学生了解在课堂中应用比较的目的在于扩展和精炼知识

为了强调这一点，在学生完成比较任务后，应该问一些与他们所学内容相关的问题，例如"通过学习，你有什么新的见解？""你觉得新学的知识与其他原有知识有何联系？""通过比较，你有什么发现？"

4. 为学生提供图示组织者或模式表征实例来帮助他们理解和应用比较过程

帮助学生理解比较过程的有效方法之一就是用图示来展示比较的思维过程。图 3.1 和 3.2 呈现了对信息进行比较的方式。

当我们想强调两个需要比较的事物具有某些共同的特征时，采用维恩图最有效（共同点位于两个圆圈的交叉部分）。当比较多个特征时，我们则需要多个相应的维恩图。例如，图 3.1 教师要求学生以假期和庆典、食物为特征来比较美国与英国之间的文化差异。图 3.2 是一个矩阵，帮助学生在比较过程中有效地组织信息。

假期和庆典

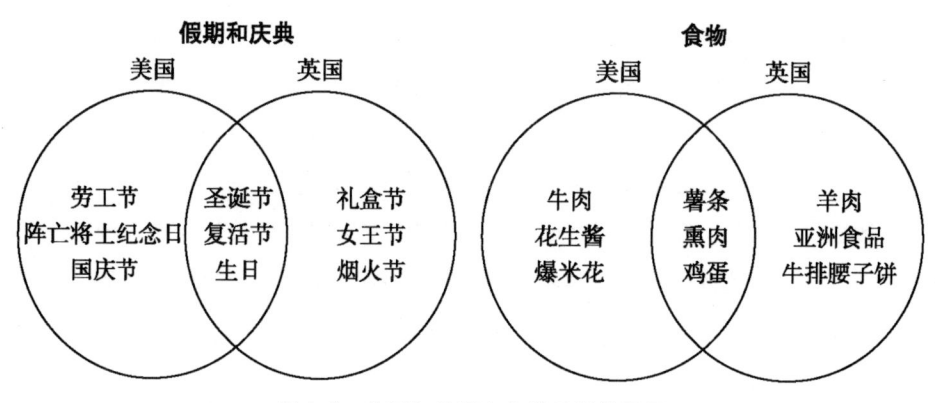

美国 / 英国
- 劳工节
- 阵亡将士纪念日
- 国庆节

（交叉部分）
- 圣诞节
- 复活节
- 生日

- 礼盒节
- 女王节
- 烟火节

食物

美国 / 英国
- 牛肉
- 花生酱
- 爆米花

（交叉部分）
- 薯条
- 熏肉
- 鸡蛋

- 羊肉
- 亚洲食品
- 牛排腰子饼

图 3.1 美国与英国文化差异的维恩图

需要比较的项目

特征	#1	#2	#3	
1.				相似点
				不同点
2.				相似点
				不同点
3.				相似点
				不同点
4.				相似点
				不同点

图 3.2 比较矩阵

5. 使用教师构建和学生构建的任务

学生刚开始运用比较技能，教师可以先为学生提供相对结构化的比较任务（structured tasks）。在这种任务中，教师不仅指明了需要比较的项目，还确定了比较的特征，学生只需要根据给定的特征，说明这些项目的异同点。比较完后，学生还需总结他们通过比较学到了什么。例如，教师向学生提供一张城市的列表，包括学生所在城市，然后要求他们根据城市的大小、就业机会、文化背景、犯罪率和空气质量来比较这些城市。这种结构化的过程有助于学生理解不同类型社区的特征。

当学生熟练掌握了比较技能时，教师可以让他们自己构建一个任务。教师可以要求学生创建需要比较的项目和确定比较依据的特征。学生或者独立找出比较项目的异同点，或者通过小组讨论得出。当然教师还是需要监控整个过程，以确保学生有效地运用比较，从而强化学生所学的重要知识。

6. 课堂实例

这里我们介绍几个课堂实例，以供教师课堂教学实践参考。

杨老师（Mr. Johanssen）班上的孩子正在学习生物的生长和变化。为了深化他们对不同动物随着生长不断变化的理解，杨老师要求学生比较几种动物幼年期和成年期的异同。例如，区别青蛙与蝌蚪、蝴蝶与毛毛虫、鲸鱼与小鲸鱼、马与小马之间的异同点。比较的特征包括：大小、颜色、皮肤和体形。学生会惊奇地发现很多动物随着个体的生长不断发生变化。

华老师（Mrs. Wasson）发现学生在地理课上很乐意使用地图，但是不愿意使用陌生的地图。她让全班同学讨论不同类型的地图以及它们的功能。为了拓展和精炼学生的理解，华老师布置了一项任务，要求学生确定地图投影制作法的有用特点，然后选择三种不同类型的地图投影制作法（例如，墨卡托圆柱投影法、鲁宾逊投影法和摩尔魏特投影法）。在学生比较完所选地图的这些特征后，华老师要求学生根据所选特征来解释不同地图投影制作法的异同点，这样就加深了学生对不同地图投影制作法的理解。

本学年的第一学期，诺老师（Ms. Norford）计划让健康教育课的学生理解个体、家庭和社区对社会、经济和政治的影响。她设计了一项任务以加强学生的理解以及运用比较过程的能力。她要求学生比较 Typhoid Mary（一位厨师，她在 1900 年至 1907 年传染了 22 位或许更多的纽约市民）和 Ryan White（一个在 20 世纪 80 年代感染了 HIV 病毒的小孩）这两个人。要求学生选择疾病的各种要素（如症状和治疗方法）、受感染社区的情况（如公众对这种疾病的态度）以及人们患上这种疾病后的应对措施情况（如他们对疾病的接受程度、是否寻求治疗、是否告诉他人）进行比较。

（二）分类及其课堂实例

> 分类（classifying）是指根据属性把事物分组成可定义的种类的过程。简而言之，就是把相似的事物归为一组的过程。

日常生活中，我们经常运用分类来组织各种事物。例如，在厨房中我们根据使用的频率、大小、储藏要求等属性来对各种食物、烹调器具、餐具分门别类。商店、学校、图书馆，乃至家中的各种物品都是按照某种方式进行归类的。尽管我们对这些分类系统不以为然，但它们着实影响了我们的观点和行为。想象一下如果改变学校学生、杂货店食品、图书馆藏书的分类方式将会如何。可以说，改变分类系统将直接改变我们的世界。

像分类会影响我们的日常生活一样，在课堂中分类也能影响学生对知识的理解。事实上，分类之所以是一种有效地扩展和精炼知识的方法乃在于有意识地归类能够影响我们对事物的认识。当一个圆形、紫色的物体与其他圆形物体归为一类，你会注意到它是圆形的。因为分类的过程能促使学生把注意力集中在所学内容的不同属性上，所以属于扩展和精炼知识的过程。

如果教师要让分类起到扩展和精炼知识的效果，不能只是简单地要求学生把某些信息归类。作为扩展和精炼知识的行为，分类常常是一个富有挑战性的过程，教师需要仔细引导学生来透彻掌握分类技能。我们建议教师采用下列这些活动，先帮助学生理解分类的过程，然后再不断地探究和发展其分类技能。

1. **帮助学生理解分类的过程**

尽管分类是人类天生具备的行为,但我们仍然需要向学生介绍分类的概念以便于他们理解这个过程,并认识到有意识地归类能够影响他们的学习。我们可以从确定多种分类方式和分类所带来的好处开始。例如,和学生讨论家中抽屉内物品的有序分类如何有助于快速找到所需物品。

为了让学生充分了解分类影响自身观点和行为的程度,我们可以让学生试着想象如果分类系统发生变化,他们的观点和行为将发生怎样的变化(例如,杂货店的食品只按价格分为三类,或者百货商店的衣服只根据大小分类)。让学生选择一个事物(如老虎),并把它放在几个不同的类中(一组猫、一组野生动物以及另一组其他斑纹动物),要求学生注意当这个事物置于不同的类组中,他们看到该事物有什么不同的属性。

2. **向学生提供分类过程的模式,并为他们应用该过程创造机会**

(1)向学生提供分类过程的模式

尽管有时我们可以随意进行分类,但是学生需要学习一组分类的具体步骤。下面列出了学生可以运用的一组分类过程步骤。

---

1. 确定需要分类的项目;
2. 选择重要项目,描述它的关键属性,并辨别其他具有相同属性的项目;
3. 通过详细说明类组成员必须具备的属性来创建第一分组;
4. 选择另外一个项目,描述它的关键属性,并辨别其他具有相同属性的项目;
5. 通过详细说明类组成员必须具备的属性来创建第二分组;
6. 重复前两个步骤,直至分类完所有的项目,并且确定每组成员应具备的属性;
7. 如果有必要,组合类组或者把它们拆分成更小的类组,并详细说明决定类组成员的属性。

我们可以用更简单的语言来向低年级学生表述分类过程：

> 1. 我想分类哪些事物？
> 2. 哪些事物是相似的，可以归为一组？
> 3. 这些事物相似在哪里？
> 4. 我还可以分哪些组？每组中事物又有哪些相似之处？
> 5. 现在是不是所有的事物都已分配到相应的分组中了？
> 6. 是不是把某些分组再细分或组合会更好？

（2）为学生应用分类过程创造机会

当我们在呈现这些分类过程的步骤时，应该示范解释每一步，最好采用"出声想"的方式。例如，在示范分类过程时，你可以说：

我要把 50 个州进行分类。我想我应该从纽约开始。其他哪些州与纽约相似，为什么？

只要学生熟悉了这些步骤，教师就可以让他们练习分类的过程，将身边的事物（例如，教室中的书本、设备、课桌里的物件）进行分类或重新分类。每次都要求学生解释描述分类的标准以及把每个项目放置到某个具体分组中的原因。

3. **在学生学习和使用分类过程时，帮助他们关注重要步骤和难点**

学生在学习如何分类时，如果是旨在帮助学生扩展和精炼知识，则过程的有些部分可能需要教师予以特别关注或集中教学。我们在帮助学生学习分类过程时，应该遵行下列几点：

（1）依据属性差异作出分类

分类过程的第二步时，应要求学生根据具体属性把项目分组。同时，在实施第四步时，应创建另外分组，并再次依据具体属性作出划分。为了强化分类过程，第二种属性以及后续几种属性应该与第一种相关联。例如，如果学生正在分类美国的 50 个州，第一个属性是"气候温暖"，那么第二个属性应该是"气候寒冷"或者"气候冷暖适宜"。如果直接转到诸如"人口稠密"之类的属性容易产生混乱，还会阻碍学生对这些项目及其属性的理解。

（2）关注最重要的属性

分类是根据事物的属性把它们归入相应的分组中的过程。分类过程的第二步要求学生选择重要的项目，并辨别其他具有相同属性的项目。学生刚接触分类技能时，要特别关注那些最重要、最有意义的属性。选定的属性应该能激发学生去发现更多与该事物相关的信息，并能在各种事物之间建立联系。如果选择的属性不重要或令人不感兴趣，学生也许能正确地把各个项目分到对应的分组中，但对他们的学习没有任何积极的作用。

(3) 充分理解各种属性特点

为了更合理地对各个项目进行分组，学生应该充分理解所有分组的属性。有时候分类的理由非常明显，比如根据颜色这个属性来分类。但是当分类的内容变得更复杂时，解释如此分类的理由也会变得非常困难。所以，教师必须要求学生解释分类依据的理由。比方说，下面是高中历史课期末开卷考试中的一道题目：

下面列出的是大家本学期学过的所有战争和武装冲突。请创建一个分类系统，至少三个类组。解释每个类组的属性特征，然后把每次战争归入相应的类组中，并解释每次战争的属性与相应类组的属性匹配程度如何。

    法国大革命   美西战争
    美国独立革命   第一次世界大战
    法印战争   第二次世界大战
    越南战争   沙漠风暴（海湾战争）

(4) 尝试多次分类

先让学生进行一次分类，然后请他们再次重新分类，因为重新分类能帮助学生注意到他们首次分类时遗漏的各个项目的独有特征。如果教师能为不同的分类提供不同的情境，对学生也是非常有帮助的。例如，教师要求学生以园丁的身份对列表上的植物进行分类，然后再以专门治疗过敏症的医生的身份对植物进行分类。

4. 为学生提供图示组织者或模式表征来帮助他们理解和应用分类过程

对大部分的学生而言，图示组织者可以帮助他们更好的理解和应用分类过程。图 3.3 描绘了可供学生使用的两个实例。

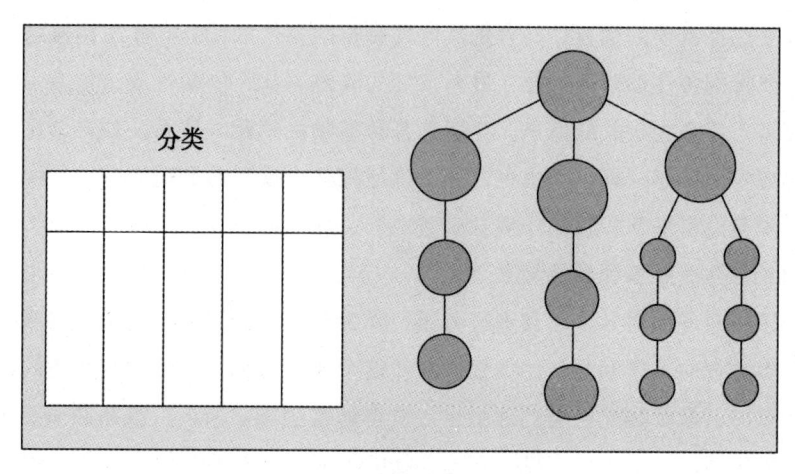

图 3.3　分类过程的图示组织者

5. 使用教师构建和学生构建的任务

即使已经认识了分类过程，并了解了该过程涉及的步骤，学生仍然不敢确信自己是否真正理解并能熟练地应用分类。一开始，应该先由教师向学生提供已经构建好的任务，这种任务是由教师决定分类的项目和类组。然后，在此基础上要求学生把给定的项目放入相应的类组中，以此强化学生对所学内容的理解。例如，在文学欣赏课中教师为学生列出一张书目，要求他们根据"主要冲突"这一属性来进行分类，分为三类：（1）人与人之间的冲突；（2）人与社会的冲突；（3）人与自身的冲突。这种任务的主要目的在于深化学生对文学作品中存在的各种冲突的理解，并使他们的学习集中在具体的主题上。

当学生熟悉了分类的过程后，教师可以让学生自己构建分类任务。教师可以为学生提供需要分类的项目列表，但要求学生自己来确定类组，并解释形成这些类组的标准。教师也可以要求学生自定分类项目和类组。在学生构建分类任务时，教师应该要求他们说明在分类过程中所学到的东西，这一点尤为重要。

6. 课堂实例

这里我们介绍几个课堂实例，以供教师课堂教学实践参考：

马老师（Mrs. Martinez）班上的小学生正在学习描述和分类物体的不同方式。为了能扩展和精炼理解，马老师要求学生从教室里的箱柜中挑选 12 种物品，然后把相似的物品组合在一起。学生选择的物品包括：纽扣、石头、纸夹、磁铁、橡皮球等。马老师让学生对这些物品先后根据大小、形状、质地等属性进行多次分类。

施老师（Ms. Shreiber）为班上的学生列出了一组地理术语（如海湾、盆地、峡谷、三角洲、冰河、海港、高原、苔原和山谷）。为了扩展和精炼学生对地球物理特征的理解，她要求学生把这些术语进行分类。学生把这些术语归入与其相对应的课本中学过的类组中，例如侵蚀形成的地形、地球板块运动形成的地形、冰河作用形成的地形。施老师认为这项任务只需要简单的信息记忆，所以她要求学生进行再次分类。

楼老师（Mr. Rory）班上的学生正在学习作家在作品中描述人物的不同方式。为了扩展和精炼学生的知识，他从几部文学作品中列出了30位人物，然后要求学生对这些人物进行分类，并解释分类的依据。他对学生的理解程度以及分类结果相当满意。比如有些学生根据"人物缺点的类型"进行分类；有些则依据"随着故事情节的发展人物发生的变化（如身体上、情感上和心理上的变化）"进行分类。

胡老师（Ms. Hussey）的自然课中学生正在学习物质的基本特性，尤其是那些构成生命物质和非生命物质的元素：氢、氦、锂、铍、硼、碳、氮、氧、氟、钠、钾、汞、锶、碘、氯、镭、铬、铁、氖和铅。胡老师要求学生把这些元素分类（假设这些元素处于常温），分成固体、液体、气体三类。学生完成这项任务时没有任何困难。为了扩展和精炼学生关于元素的知识，胡老师还要求学生对这些元素再次进行分类，她对学生各种各样的分类想法（如"有经济价值"对"无经济价值"，"可再生"对"不可再生"等）以及在这些元素之间建立的新联系感到非常满意。

蓝老师（Mrs. Ranahan）想让她的学生在数学课中理解实数集及其子集的基本特性。为了实现这个教学目标，她已经区分出下列这几类数：自然数、整数、实数、有理数。她认为学生应该很好地理解了这几类数，为了进一步扩展和精炼学生对这些数的理解：

◇ 给学生列出一组数（0，2，11，15，1/2，−7，0.75，$\sqrt{48}$，π）；
◇ 学生往上述这组数中增加代表各类数的例子，使其包含 30 个数字；
◇ 要求学生把这 30 个数字分成五类。

然后，蓝老师要求学生运用他们自己的标准对这些数字重新分类。

（三）抽象及其课堂实例

> 抽象（abstracting）是确定并揭示信息的基本主题或一般范型。简而言之，是寻找并解释存在于具体的信息或情境中的一般范型。

抽象的过程是建立在日常生活所必需的某种能力之上，就是识别范型的能力。我们必须识别并运用存在于各类组织结构、设计、行为和自然现象中的范型，来更好地理解和应对复杂的世界。同样，不管在学校教学或日常生活中，辨别出大量信息的一般范型，便于我们更轻松地组织和利用这些信息。更重要的是，通过抽象我们能从具体的信息中识别出不太明显的一般范型，然后利用这个范型来发现原本看似不同的信息块之间的相同之处。因为抽象的过程是一种比字面解释更深入的分析过程，所以运用抽象可以提高我们对信息的理解水平。提高理解水平不论对于在课堂中学习的学生，还是对日常生活中希望理解信息内在意义的任何人来说都是受益匪浅的。

和比较、分类一样，抽象能够帮助学生分析学习内容的异同点，尤其在理解不熟悉的信息时非常有效，因为这些信息与那些学生所熟悉的信息之间存在类似的范型。比如，学生学习古希腊的某场战争，如果他们能按照自身所熟悉的神话故事的范型来认识这场战争，那么理解就会更深刻。反过来，学生也可以通过分析从不熟悉的内容中抽取的一般范型来获得对原有知识的新见解。比如，通过把熟悉的风俗习惯和宗教仪式与从不熟悉的文化中抽象得到的一般范型相联系，能够帮助学生获得对自己文化的更深刻见解。

抽象还是暗含"比喻"（metaphor）和"类比"（analogy）的推理过程。我们创建比喻就是一种抽象的过程，比如把玫瑰比作爱，即用"玫瑰"这个具体的事物来解释"爱"这个抽象的概念。同样，我们进行类比也是一种抽象的过程，例如把地球绕太阳转动类比为电子绕原子核转动。因此，理解并熟练运用抽象能够帮助学生理解并创建比喻和类比。

通过抽象我们可以发现看似不同的事物是如何相互联系的，所以抽象自然是成为学生扩展与精炼知识的有力工具。教师可以通过下面这些课堂教学活动来发展学生的抽象技能。

1. 帮助学生理解抽象的过程

因为抽象的过程非常复杂，教师首先应结合学生所熟悉的知识来介绍抽象过程。例如，教师可以解释抽象过程如何帮助我们来辨别一些寓言故事的一般范型，例如《蚂蚱和蚂蚁》或《皇帝的新装》，并把这个范型与时事或其他发生在学校中的事件相联系。然后教师可以逐渐增加故事的复杂程度或直接从某个事件开始并示范如何建立联系，要求学生通过确定两个故事或两种情境的类似点来完成同样的推理过程。教师要让学生在两个极不相似的情境之间建立联系。

当学生学习并创建了一些抽象的实例后，教师可以接着介绍抽象的主要功能：提取信息，把它转化成最基本的形式，然后与那些看似没有联系的信息建立关系，或者生成一些遵循此范型的新信息。尽管学生在处理简单信息时不需要具体的步骤就能进行抽象，但是在学术性很强的情境中，需要分析的信息往往更多、更复杂而且更陌生，此时具体步骤就能提供有力的帮助。此外，解释抽象的步骤还有助于学生对信息的理解，发现更微妙更容易被忽略的联系。

最后，如果学生理解了抽象过程适用的各种情形，他们将会获得对该过程更深入的理解。教师应该和学生讨论这些情形，并鼓励他们寻找校内外的相关实例。作家有时通过对历史和文学作品的抽象创作了电影和戏剧。例如，电影《窈窕淑女》（My Fair Lady）就是套用了《卖花女》（Pygmalion）故事的基本范型，而音乐剧《西城故事》（West Side Story）则是根据《罗密欧和朱丽叶》改编的。

2. 向学生提供抽象过程的模式，并为他们应用该过程创造机会

（1）向学生提供抽象过程的模式

为学生提供抽象过程的模式是帮助学生熟悉该过程的有效办法。作出抽象的步骤有：

> 1. 确定什么是重要的信息或基本的情境。
> 2. 用较为一般的方式表述基本的信息：
> ◇ 用较概括的词来取代较具体的词；
> ◇ 尽可能地对信息做出概括。
> 3. 寻找可以应用该一般范型的新信息或新情境。

我们可以用更简单的语言来向低年级学生表述这些过程：

> 1. 这里什么是重要的？
> 2. 我如何用更一般的方式来表述信息？
> 3. 还有没有其他的信息具有相同的一般范型？

（2）为学生应用抽象过程创造机会

教师应该向学生示范抽象的整个步骤，最好边示范边解释。注意应为学生提供具体信息，让他们观察教师的思维过程。教师可以向学生讲述下面这则故事：

两个部落分别生活在河的两岸。几年后他们开始贸易来往，一个部落用粮食换回牲口。随着交易量增长，彼此之间的往来越来越多。在交往过程中，就防止河水枯竭问题上双方持有不同的看法。即使河流干涸的概率很小，但是因为彼此的观点针锋相对导致两个部落相互敌对。意见的分歧最终也阻碍了贸易继续往来，双方逐渐冷淡起来直至中止贸易，最终引发了战争。

讲完故事后，教师应该示范确定故事字面信息的过程，这些信息包括：

◇ 两个部落；

◇ 生活在河的两岸；

◇ 用粮食换回牲口；

◇ 增加社会交往；

◇ 在防止河水枯竭问题上双方持有不同的看法；

◇ 两个部落开始互相敌对；

◇ 中止贸易，并最终引发战争。

接着，教师向学生展示如何将这些字面信息转换成更抽象的形式，并解释创建该一般范型的过程。转换后的信息包括：

◇ 两个群体生活在相对较近的地方，但是以某种方式被隔离；

◇ 这两个群体开始交往，由于交往，他们产生了某些冲突；

◇ 最后他们的联系比以前还更少，甚至相互更敌对。

然后把这个一般范型与其他看似不同的情境相联系。例如，教师可以帮助学生发现两个部落的抽象模型和人与人之间的关系十分类似；这种范型也适用于自然界中两种生命有机体之间的互动类型。

最后，为学生提供一段故事，让他们练习抽象过程的每个步骤，并提供必要的反馈，要求他们把这个一般范型与其他更有趣、更具体的信息相联系。在把抽象过程应用于学术性内容之前，尽量为学生提供足量的练习机会。

3. 在学生学习和使用抽象过程时，帮助学生关注该过程的重要步骤和难点

"抽象"这个词对那些偏好形象思维的学生来说是一个难题。但是，如能正确使用这些步骤，学生就会觉得抽象过程并非那么晦涩难懂，还能不断提高自身创建和使用抽象关系的能力。教师在帮助学生理解和运用抽象过程时，可以借鉴下面几点建议：

（1）迈好第一步

对许多学生而言，最具挑战性的是抽象过程的第一步。这一步中学生会屡屡出错，要么遗漏字面信息的关键部分，要么认为所有的字面信息都是重要的。学生能否成功完成这一步取决于信息的复杂程度，以及自身的经验水平高低。因此教师要强化学生这一步的练习，提出反馈意见，并给予必要的指导来确保他们正确完成这个步骤。

（2）作出适当的概括

学生在把字面信息转化成抽象形式时，常常会有诸如"语言的概括程度应该做到什么程度"之类的问题，不幸的是我们没有能清楚回答这个问题的答案。我们依据的标准是概括程度足以在看似不同的信息建立联系，但是也不能概括过度以至于所有的信息之间都有联系。下面是一个概括过度的例子：

字面信息	抽象信息
殖民地居民通过组织茶党（Boston Tea Party）来抗议不当的赋税制度。	某些人对另外一些人做了一些事情。

而下面这个例子则能帮助学生建立更深刻的关系:

字面信息	抽象信息
殖民地居民通过组织茶党（Boston Tea Party）来抗议不当的赋税制度。	一小群人反抗统治当局的压迫。

一般来说我们需要丰富的经验和常识来指导抽象概括的程度，进而来扩展和精炼知识。

（3）应用一般范型

当学生在新的具体的信息或情境中应用一般范型时，首先出现的是最明显的关系。为了扩大抽象过程对于扩展和精炼知识的作用，教师要鼓励学生发现更微妙的关系。学生需要严格地应用一般范型，尤其在跨学科知识之间建立联系时更是如此。例如，如果学生发现生产商和消费者之间的关系在本质上与经济学中所讲的生产和消费之间的关系相同，他们就能更好地理解这些内容。

4. **为学生提供图示组织者或图像实例来帮助他们理解和应用抽象过程**

对于很多学生而言，运用图示组织者有利于他们理解抽象过程，并指导他们完成抽象过程的各个步骤。图3.4说明了抽象过程中可以利用的图示。这个由三部分组成的图示允许学生记录字面信息以及抽象模式。两种相互联系的字面信息位于图示的两端，而抽象模式则位于中间。向学生介绍这个图示时，可以把这三个部分分别写上标签"具体、一般、具体"。

5. **使用教师构建和学生构建的任务**

当学生刚开始使用抽象过程，教师需要为学生选择需要抽象的信息，并引导他们创建抽象模型，然后要求学生找出该范型适用的其他情境。

当学生熟悉了抽象过程，可以开始让他们自己构建任务。教师一开始可以为学生提供原始信息，但是需要学生独立完成抽象过程的每一步。尽管教师此时还需要监控学生的完成情况，但是目标在于让学生更高效而自信地使用抽象过程。这样，不同的学生创建不同的一般范型，更有可能建立不同的联系。最后，学生应该学会判断何时运用抽象过程能够扩展和精炼所学的知识。

| 字面信息 → 抽象信息 → 字面信息 |

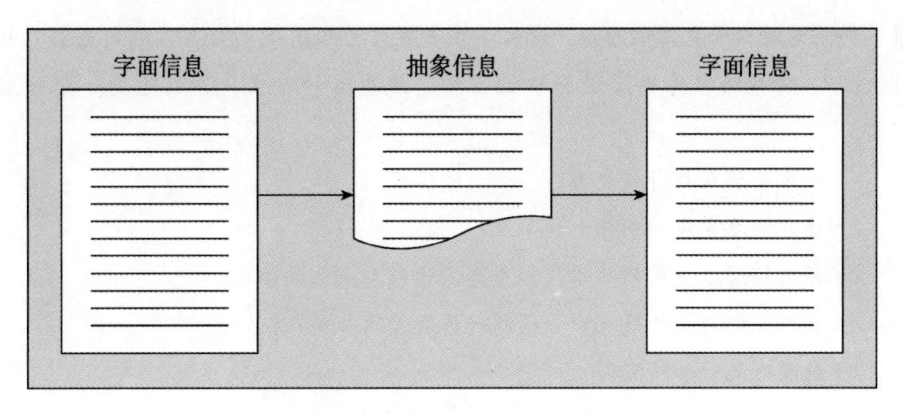

图 3.4　抽象过程的图示组织者

6. 课堂实例

柯老师（Mrs. Cleaver）首次教抽象过程时，她认为对一年级学生来说是不适合的。然而，有一次上课时她发现自己无意中运用了抽象过程。她试图让学生理解数字代表物品，就如字母代表发音一样。她通过向学生展示看似不同的事物如何相互联系，进而扩展并精炼了学生对符号系统的理解。

第二个星期，柯老师通过使用神话故事来教学生运用抽象过程的方法。从那以后，她会定期给学生布置任务去寻找一般范型。她对学生观察得到的结果非常吃惊。一位学生发现把阿拉伯数字组合在一起形成新的数字，这和把字母组合在一起形成新的单词一样。在柯老师的提示下，学生注意到如果改变一些单词的字母顺序，他们的意思就会发生变化，例如，tap 变成 pat。同样，如果改变某个数字的组合顺序也会产生新的意义，例如 453 变为 354。

柯老师把学生们发现的结果列在公告板上，包括具体的例子。她会定期增加一些一般范型让学生在具体情境中运用。例如，"如果你把事物按照奇怪的方式组合，不会得到太多的意义；但如果按照有序的方式组合，事物才有意义。"她希望学生看到单词若以随机的方式组合没有什么意义，但是以有序的方式组合，就会形成一个句子；随机方式组合的数字没有任何意义，若按照某种范型组合，才会有意义。柯老师承认学生开始发现各种各样的联系，有些是她从未注意到的。

鲁老师（Mr. Lucas）的语文课中，学生开始学习抽象过程。为了帮助学生扩展和精炼对神话和史诗的理解，他给学生布置了一项有趣的任务。利用电影《星球大战》，他帮助学生确定电影中最重要、最基本的要素，并创建了一个一般范型：

◇ 一个年轻人拥有超能力；

◇ 他注定要完成一项伟大的事业；

◇ 他必须通过一系列的体能和意志测验来形成他的品质；

◇ 在一次邪与正的战斗中，得到一位智者的帮助；

◇ 他接近死亡和毁灭；

◇ 他克服了困难；

◇ 他成为胜利者。

鲁老师然后要求学生把这个范型应用到《奥德赛》和先前学过的史诗、神话故事、传说中（如当地美国文学作品或古代神话传说）。

谢老师（Mr. Hillman）向学生解释"计算机病毒"这个名称的由来是因为有些人注意到这种现象若从抽象水平看，同自然界中的病毒可以相提并论。他要求学生运用抽象过程来追踪形成"计算机病毒"这个名称的思维过程。

（四）归纳推理及其课堂实例

> 归纳推理（inductive reasoning）是从信息或观察中推断出未知的概念或原理的过程。简而言之，就是从具体的信息或观察中推断得到一般的结论。

大部分人在日常生活中都会用到归纳推理过程。例如，我们通过观察超市收银员与顾客打招呼以及收款的方式，来判断他的态度是否友好；在面试中我们也在运用归纳推理来推断出雇主总是希望找到坚定自信的应聘者。在这两种情境中，归纳得到的结论能够帮助我们理解所处的情境并做出合理的反应。

我们当然也经历过因为不正确的归纳推断带来的不良结果。例如，我们可能会错误地释义证据，结果就会不恰当地将人定罪。我们可能还会看错非言语的暗示，错误地把某种行为和评论归因于某种动机。归纳推理过程对学生来说非常重要，因为它能帮助学生发现那些并非显而易见的内容。然而，归纳推理也有其局限性，不管我们如何仔细地运用该过程，所得到的结论未必都是真实的。

有些人认为归纳推理不一定得到真实结论的特征也就是学生要理解并学会使用该过程的理由。有时我们还应该谨慎使用归纳得出的结论。所以，在得出结论前我们应该引证大量的资料，以确保结论的有效性。例如，如果人们认识到自己经常会误将从少量的信息或观察中得到的结论作为依据，他们就不太会局限于某种固定的观点。当有人担任陪审团的职责时，他需要通过归纳推理来得出最终的判决，如果他熟悉归纳推理，在得出结论之前，就会更仔细地分析所有可以利用的信息。这类情形也告诉我们学生理解并学会使用归纳推理是非常重要的。

在课堂教学中，教师通过提示学生运用归纳推理来辨别含糊不清的内容，或解释文字背后的意义。不管在课堂学习还是日常生活中，学生学习并正确使用归纳推理过程有助于他们发现隐晦的内容，得出有效而正确的结论。

下面这些建议将帮助学生学习归纳推理过程，发展使用该过程的能力。

1. **帮助学生理解归纳推理的过程**

归纳是一种常用的推理过程，而且容易被误解，所以教师需要介绍其意味着什么。举例说明是最好的方法。教师可以利用下面这个例子：走进教室，砰地关上门，把课本扔在讲台上，在胸前交叉双臂。几分钟后，要求学生回答根据观察得到的结论，然后解释他们当时所用的思维过程就是归纳推理，即通过具体观察来得出一般结论。为了强调得到的结论未必真实，教师还应该要求学生辨别其他可能的解释。

接着，教师让学生举出其他归纳推理的例子。例如，要求学生观察一则新闻，并辨析播音员做出了什么样的归纳。还可以要求学生讨论日常生活中归纳推理的应用情况和必要性（例如，"如果不能进行归纳，我们的生活将会怎样"）。

最后，向学生解释归纳推理能够帮助他们建立各种联系，发现课堂教学及日常生活中得到的信息范型，进而扩展和精炼知识。

2. **向学生提供归纳推理过程的模式，并为他们应用该过程创造机会**

（1）向学生提供归纳推理过程的模式

尽管归纳是人生来就有的思维过程，仍有必要向学生提供一个过程模式，让

他们更好地应用归纳推理过程。这个模式的步骤包括:

> 1. 特别关注具体的信息和观察到的东西,不要匆忙得出结论;
> 2. 在已经确定的信息中寻找范型或联系;
> 3. 对已经观察到的范型或联系作出一般说明;
> 4. 作出更多的观察,查明所作出的概括或原理是否合理,必要时予以调整。

我们可以用更简单的语言来向低年级学生表述这些过程:

> 1. 我有什么样的具体信息?
> 2. 我能发现什么样的联系和范型?
> 3. 我能得出什么样的结论?
> 4. 当我获得更多的信息时,我需要调整自己原有的结论吗?

(2) 为学生应用归纳推理过程创造机会

教师在向学生呈现这个模式时,采用边示范边解释的方式来介绍这些步骤。例如,你可以说:

现在我看到窗户外面有一个男人在草坪上除草。现在是正午,这个男人看上去有六七十岁。我经常看到他待在家里。现在我们把所有这些信息组合在一起,我们可以得知:他可能退休了。我还看到了什么?什么能支持或驳倒上述结论?

教师可以把这些步骤贴在墙上,方便学生参照。

另外一种提供学生实践机会的方法是让学生走出课堂,在校园里或附近其他地方进行实地观察(比如,"转角处那栋房子的仓库和后院里有很多运动器材")。然后,学生根据这些观察进行归纳(如,"住在这栋房子里的人可能非常喜欢运动")。接着,学生汇报归纳得出的结论,并描述他们的观察以及得出结论的推理过程。教师还要为学生提供更多的观察和归纳结论的机会。

3. **在学生学习和使用归纳推理过程时,帮助学生关注重要步骤和难点**

在学习和使用归纳推理时,学生需要特别关注这个过程模式中的几个部分。教师可以遵循下列几点内容来帮助学生深化对归纳推理的理解以及提高使用该过程的能力。

（1）学会发现真实的结论

有时候学生归纳得出的综述并非是在现有信息和观察到的东西中发现联系或范型基础上得到的结论。很多情况下，尤其在学生刚开始学习归纳，他们的"结论"实际上是：

原始信息的陈述（"我推断得出这些人很生气，因为他们声称他们疯了"）；

对观察到的东西的描述（"我推断得出盐能够融化冰"）；

观点（"我推断得出这些人进行抗议是错误的"）。

学生需要更多的机会来练习得出的结论，这些结论是建立在现有信息或观察所得的联系或范型基础之上。同时，还需要在练习过程中予以示范和提供反馈意见。

（2）依据实际情况得出结论

学生练习归纳推理时，要确保根据实际观察和信息而不是假设或观点来得出结论。当然，这就要求学生理解观察与假设或观点之间的不同之处。例如，一个学生推断得出诗人爱伦·坡（Edgar Allan Poe）可能对死亡感到困惑，如果这个结论是在"爱伦·坡的诗非常神秘"这种"观察"基础上得到的，那么我们可以确定这个学生的结论是根据某个观点得到的，而不是纯粹的观察所得。

进行纯粹的观察很困难，因为客观的观察不能受观点、假设和偏见的影响。有时候我们的观点、假设和偏见相当明显，因此能够小心回避来得出结论。然而，很多时候它们并不明显，致使我们的观察被观点、假设和偏见所困扰。学生需要反复练习客观的观察，教师给予及时的反馈意见。

（3）重复进行观察和分析

一个好的归纳推理要求在多次观察和分析大量具体信息的基础上得出结论。尽管我们不能确保结论的真实性，但是如果这个结论得到支持的力度强，那就在一定程度上确保了其可靠性。教师要让学生查询更多的信息并进行多次观察来支持他们最初的结论。

4. 为学生提供图示组织者或模式表征来帮助他们理解和应用归纳推理过程

对于很多学生而言，运用图示组织者有利于他们理解归纳推理过程，并指导他们完成该过程的各个步骤。图3.5强调学生在得出结论之前要进行多次观察：

```
          ┌─────┐  ┌─────┐  ┌─────┐  ┌─────┐
          │ 观察 │  │ 观察 │  │ 观察 │  │ 观察 │
          └──┬──┘  └──┬──┘  └──┬──┘  └──┬──┘
             └────────┼────┬───┼────────┘
                      ↓    ↓   ↓
                   ┌────────────┐
                   │    结论    │
                   └────────────┘
```

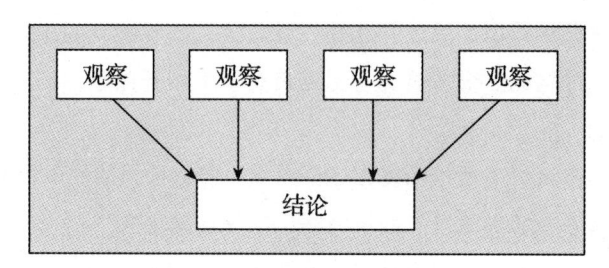

图 3.5　归纳推理的图示组织者

图 3.6 是归纳推理矩阵图，是通过组织大块信息来促进归纳的一种方法。归纳最常应用于概念学习。归纳矩阵图中的横栏包含了需要考虑的概念，一般来说这些概念应该属于同一类（例如政府类别）。矩阵图的竖列包含了与每个概念相关的问题。我们从横栏和竖列中都可以得出结论。当学生回答完竖列中的与每类政府（例如民主政体）相关的所有问题后（例如"谁执政"），他们就能够得出关于管理、决策和政府早期形式（竖列结论）的结论。最后，他们通过整合横栏和竖列结论的要素来作出总结性的结论。

	谁执政	如何决策	早期形式	结论
民主政体				
共和政体				
君主政体				
独裁政体				
结论				总结性结论

图 3.6　归纳推理矩阵图

5. 使用教师构建和学生构建的任务

当学生初次学习归纳推理过程或归纳内容相对复杂的时，教师要为学生提供归纳的任务并密切监控学生的整个推理过程。学生最初在进行观察或选择重要信息时需要教师的指导，发现联系和范型，并从这些范型中得出合乎逻辑的结论。例如，组织学生去当地某个池塘实地考察旅行，要求学生得出有关池塘周围生命体的结论，对具体现象进行观察，并在学习日志中记录对这些现象的描述。回到学校后，组织学生讨论观察所得的内容，指导他们得出结论。

当学生熟悉归纳推理之后，可以让学生自己构建任务。事实上，教学生归纳推理的目标之一就是帮助他们发现学习内容中微妙的联系和范型，甚至在教师没有明确要求时学生也会这么做。例如，下次去野外实地考察时，教师只需简单鼓励学生观察，然后看他们从观察中得出什么结论。

6. 课堂实例

孔老师（Ms. Krueger）给五年级的学生布置了下面这个任务：

"化石"能告诉我们相关动植物的信息以及当时生存的环境情况。我现在向同学们提供一系列中生代动植物化石的照片、图表和其他图片（例如，肺鱼、蜥蜴、恐龙、昆虫、海藻和陆地植物）。请你们观察这些化石的特征（如是否脊椎动物、用于行走的腿的数量、是否有翅膀、皮肤），并考虑这些特征是否能帮助古代动植物在特定的环境中生存。找出已确定信息的范型或联系，这些范型告诉我们这些动植物存在于什么样的环境中（例如，海洋还是陆地、来自其他生物的威胁、季节变化的数量）。

在文学欣赏课中，施老师（Mrs. Smith）要求学生从自己最喜欢的文学作品中选择出最喜欢的人物，然后寻找人物行为、态度和关系之间的范型和联系。最后，她要求学生使用这个范型和联系来得出有关人物个性的结论，并用作品中的信息再来支持得出的结论。最后，要求学生把这些结论和支持信息写成文章。

高中文学欣赏课中，学生阅读《格列佛游记》作为政治讽刺文学作品欣赏的一部分。朱老师（Ms. Chung）会定期要求学生推断在故事发生的年代里英国可能发生了什么？

欧老师（Mrs. ORiley）设计了一个有关健康素养的单元教学。教学目标是学生应该理解多种消费者影响源以及对于健康资源、产品和服务，这些影响源对决策产生什么样的作用。学生意识到广告商通过突出产品的健康品质来试图影响消费者的购买意愿。为了增加学生对广告商是如何影响消费者的购买意愿的了解，欧老师给学生布置了下面这一任务：

生活周围到处充斥着各类图片和信息，告诉我们如何变得更健康、更强壮，如何跑得更快、跳得更高、活得更长。谁是这些图片和信息创造者的目标人群？广告商认为目标人群需要什么？愿意相信什么？

选择一个声称自己的产品能够以某种方式改善人们健康的广告（例如，一则来自运动杂志的超级运动饮料广告，一则来自健康杂志的维生素广告，一则介绍运动器材的电视商业广告片）。仔细研究这则广告，关注其各个方面，例如对健康的改善程度、价格以及包装。根据你的观察，得出一个关于此广告商的结论。你如何看待广告商关于"为了健康需要……"的观点？广告商认为人们相信什么能够帮助他们实现健康的目标（例如，"广告商必须相信……"）？利用这则广告的信息和观察所得来支持你的结论。

（五）演绎推理及其课堂实例

> 演绎推理（deductive reasoning）是一种运用概括和原理来推测未曾言明的具体信息或情境的过程。简而言之，就是运用概括来得出关于具体信息或情境的结论。

在日常生活中我们运用演绎推理来理解周围的世界，还可以通过演绎推理在新的情境中应用原理来理解情境。例如，我们告诉自己不要吃巧克力，以免增加体重。其实这就是一种演绎推理过程。我们可以通过演绎推理出我们乘坐的飞机上备有灭火器，因为这架飞机属于商用机，我们已经知道所有的商用机都带有灭火器。这两个例子都强调了日常生活中我们常常需要应用演绎推理来应对新的情境。

非常有意思的是，很多人害怕进行演绎推理，原因之一是他们把演绎推理和形式逻辑相联系，而形式逻辑在很多人看来挺烦人，令人敬而远之。尽管演绎推理是形式逻辑的一部分，但是我们并非只有在形式逻辑课中才能学习演绎推理。所有学生都应该发展运用演绎推理的能力，因为这种推理过程对日常生活和学习来说都是极其重要的。

演绎推理是实现主要学习目标的一个关键，即学生能把知识迁移到新的情境中去。当学生学习如何把原理应用到新的具体情境中时，他们也在学习如何进行知识迁移。比如，如果学生在植物单元中学习了生命体的特征，那么他们应该能够通过演绎推理把所学知识迁移到动物的学习中；又如学生掌握了运动和力的基本原理，他们就能预测应用这些原理的实验中可能会发生什么。当然，知识迁移是建立在对这些基本原理理解的基础上的，同时迁移还需要学生具备演绎推理的能力，在新的情境中应用这些基本原理。

与其他的推理过程一样，理解和操练演绎推理过程有助于我们在日常生活或学习任务中有效地应用该推理过程。尽管演绎推理的学习内容包括形式逻辑的各类论据和规则，下面部分的内容主要局限在两个方面：

(1) 提供整体上使用演绎推理的多种策略，就是通过如何将基本原理应用于新的具体情境来增加对新信息的理解，并对新的情境做出合理的预测。如果学生有这方面的经验，他们应该已经认识到演绎推理能够帮助自己的日常生活和学习。

(2) 希望为教师提供了更多的资源——直言三段论（categorical syllogisms），以满足学生对特定演绎推理类型作深入理解的需要，后文会有论及。

1. 帮助学生理解演绎推理的过程

让所有学生对演绎推理有个整体性的把握是相当重要的。让他们理解演绎推理的过程就是要利用一般的信息来得出关于新的具体情境的结论，并进行合理的预测。教师可以通过举出实际生活中运用演绎推理的例子来说明什么是演绎推理。比如，学生已经知道了杂货店的一般特征，那么他去某家杂货店时，就能够猜测出这家店里都有哪些东西。同样，如果测验中的内容是学生所不熟悉的，那么他们就能预测到在本次测验中无法取得好的成绩。

当学生理解了生活实例中应用演绎推理过程的方式，教师还需继续加强他们对该推理过程的理解，以便于更好地在知识学习中应用演绎推理过程。在演绎推理和归纳推理之间存在很多容易混淆之处，教师可以让学生直接比较这两种推理过程。具体做法是：

(1) 先解释它们的定义：演绎推理是利用一般的信息得出与具体信息和情境相关的结论；归纳推理则是利用具体的信息来得出一般的结论。

（2）然后为学生提供每种推理过程的具体实例。例如，向学生解释当你利用关于重力的基本原理来预测从屋顶上掉落下来将会怎样，这就是一种应用演绎推理的过程。同样，如果理解了运动和力的基本原理，并具备有关乒乓球打法的知识，你就能够预测乒乓球的运动轨迹。

（3）再举例对比这两种推理过程。例如，侦探通过检查犯罪现场的线索进行归纳推理，进而得出结论，说这个盗贼很有可能是受害者认识的。侦探可能根据下面的这些观察结果得出结论：

◇ 没有破门而入的痕迹；
◇ 只有那些放置贵重物品的地方被弄乱了；
◇ 在盗窃期间，狗并没有吠叫。

虽然我们还可以从上述这些观察结果中得到其他结论，但是运用归纳推理可以得出侦探如上的结论。一个好的侦探，或者擅长归纳推理的人，还会寻找其他信息来决定这个结论是否站得住脚。

教师还需要多次呈现其他类似上面的实例来说明归纳和演绎推理之间的区别。尽量选择相关而有意义的例子。一段时间后，要求学生辨别实例中的结论是通过归纳推理还是演绎推理得到的。

2. 向学生提供演绎推理过程的模式，并为他们应用该过程创造机会

（1）向学生提供演绎推理过程的模式

我们可以利用下面这几个步骤，在大部分情境中运用演绎推理过程：

---
1. 确定需要学习的具体情境；
2. 确定哪些原理或概括能够应用于你所指向的情境；
3. 确保这些具体情境符合概念或原理适用的条件；
4. 如果条件符合，还要进一步确定依据该原理或概括能够得出怎样的结论或作出怎样的预测。

我们可以用更简单的语言来向年幼的学生表述这些过程：

---
1. 我正在研习的具体主题（specific topic）是什么？
2. 我已经拥有的哪些一般信息有助于理解这一具体主题？
3. 我确信这些一般的信息能够应用于正在研习的具体主题吗？
4. 如果是的话，这些一般信息又是怎样有助于我理解具体主题的呢？

（2）为学生应用演绎推理过程创造机会

在学生实际应用演绎推理过程前，教师可以边示范边解释。教师可以这样说：

我是一个天气预报员，我从雷达上发现了龙卷风。我问自己："我了解哪些与龙卷风相关的信息？"我回忆所有与龙卷风相关的基本原理，来决定正在观察的龙卷风是否具备这些基本原理适用的特征。如果这个龙卷风拥有这些特征，我可以预测出龙卷风的动向，最后决定是否需要发出大风警报。

或者，

我正试图根据已知的两条边长来确定三角形的另一条边长。我已经知道直角三角形斜边长的平方等于另外两条边长的平方和。首先我需要决定这个三角形是不是直角三角形，如果是，我就能够应用这个原理来计算未知的边长。

当学生熟悉了演绎推理的过程后，教师可以要求他们结成对子，采用边推理边解释的方式来应用这些具体步骤。学生可以在各类学科内容（例如，数学和自然科学）或从日常生活情境中得到的各类概念（例如，"如果我在母亲下班回家之前把房间打扫干净，那么，整个晚上就会非常愉快"）中应用演绎推理规则。

3. 在学生学习和使用演绎推理过程时，帮助学生关注重要步骤和难点

为了让学生高效地应用演绎推理，教师需要帮助学生理解该过程的关键步骤，进而促进他们学科内容的学习。教师可以根据下面几点来帮助学生积累丰富的演绎推理经验：

（1）将学习的重点置于理解重要概念和原理上

演绎推理是应用概念和原理等概括性信息于具体情境的过程。显而易见，学生要运用该推理过程，就必须学习重要内容的概念和原理。但是实际上，学生把他们大部分的时间花在记忆事实性的信息上，难以发展对概念和原理的深入理解。如果学生要掌握演绎推理过程，课堂教学的重点就必须放在对重要概念和原理的理解上。

（2）注意把握演绎推理适用的条件

演绎推理任务的第三步要求学生确保这些具体情境符合概念或原理适用的条件。所以，有必要让学生了解很多时候概念和原理并不适用所有的情境。这也就意味着学生需要重述这些概念和原理，以清晰地说明它们的约束条件。例如，学生运用某条原理("如果两块磁铁距离比较近,它们会被推开")时,他必须增加适用条件("两块磁铁的相同磁极放在一起时")。

(3) 直接教授重要原理并重视实际应用

某些教育工作者认为直接教给学生重要概念和原理的效果不如引导学生自己去发现效果更为理想。事实上,先直接教授重要知识,然后要求学生实际应用,并非不如发现教学法。学生若要利用演绎推理来应用这些知识,不仅要理解原理的意义,还要了解该原理适用的条件,而且理解的程度要足以帮助他们决定这条原理是否适用于新的情境。如果要求学生在极其复杂而多样化的情境中应用他们的理解时,其理解水平至少应该与发现教学法的效果相同,甚至超越发现教学法。

4. 为学生提供图示组织者或模式表征来帮助他们理解和应用演绎推理过程

下面这两幅图示能帮助学生理解演绎推理的具体步骤,还有助于学生组织信息。图 3.7 提供了描述具体情境、概念或原理、必要的条件以及得出的结论或预测的框架结构。这个图示强调目标在于确定具体情境与概念或原理是否相互匹配。

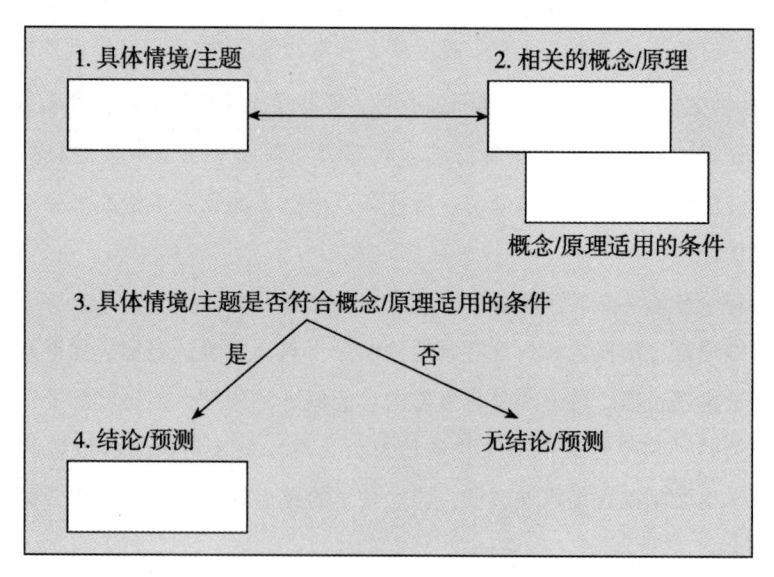

图 3.7　演绎推理的图示组织者

图 3.8 是一个矩阵图，竖列是演绎推理过程的各个步骤。它考虑了在单个具体的情境中应用多条原理、预测并得到多种结论的情况。

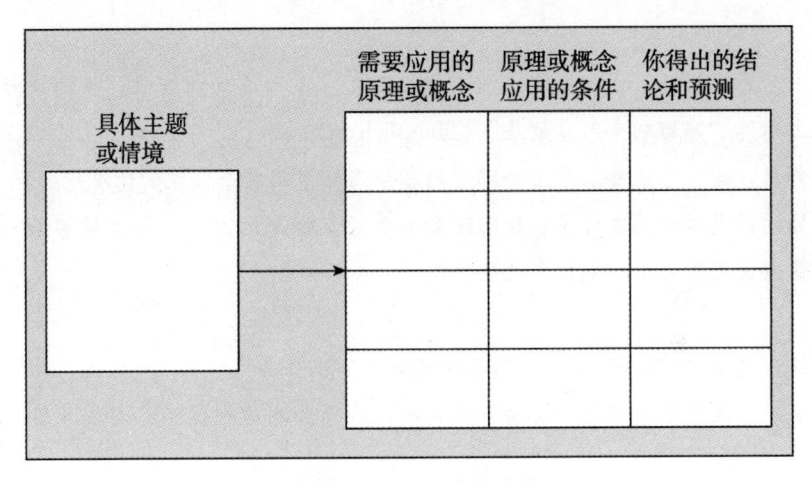

图 3.8 演绎推理矩阵图

5. 使用教师构建和学生构建的任务

当学生刚开始接触演绎推理过程或当教师希望加深学生对具体学术知识的理解时，可以为学生提供具体的情境、应用的概念或原理，以及适用条件的细节。例如，在自然科学课中，教师希望学生理解"水往低处流"这个原理，他可以设置几个实验，要求学生解释这个原理是否适用，并解释原因；如果适用，做出合理的预测。

当学生能熟练地应用演绎推理时，他可以自己构建推理任务。为了鼓励学生，教师不需要指出应该应用哪条原理，而只是提供一些建议。例如，社会课学生学习东欧国家，教师可能会要求学生通过运用所学的与经济、社会、公民、自然科学相关的原理来预测具体国家未来的发展趋势。经过一段时间后，学生能深入理解演绎推理的作用，并在理解或预测新情境时能独立地应用该推理过程。

6. 课堂实例

以下介绍几个课堂实例，以供教师课堂教学实践参考：

艾老师（Ms. Isaacs）幼儿班的小朋友学习植物单元中关于植物生存的要素以及它们获取所需要素的不同方法。经过几节课的学习，艾老师把三组绿色植物放在窗边的架子上：其中一组放在中间，另外两组放在两边，并盖上盒子。她解释将给所有三组植物浇灌等量的水。然后，艾老师要求学生预测一个星期后每组植物的生长状况，并用图描绘预测的结果。

卡老师（Mr. Caraveo）班上的小学生正在学习人类如何呼吸。教师请专家在课堂上示范"海姆利克氏急救法"（Heimlich maneuver）。了解到学生已经了解了呼吸作用，这位专家要求学生将所学内容应用到下面这个假设的情境中：

你的朋友咳嗽病发作了，你问他要不要紧，但是他因为咳得太厉害而不能回答。你应该采取海姆利克氏急救法吗？

魏老师（Ms. Williamson）为学生布置了如下任务：

如果东欧某个国家采用自由市场制度，请你预测这个国家将会发生什么样的变化？

陶老师（Ms. Touchett）上高中物理课，学生学习"动量"这一概念。他们已经学习了牛顿第一定律及其在汽车碰撞中的应用，而且刚刚讨论完非弹性碰撞的动量守恒定律。陶老师给学生布置的下面这个任务来帮助他们扩展和精炼有关动量的知识：

在汽车碰撞中，车子本身的破坏程度和乘客的伤亡情况都与车速有关。当一辆大卡车和小轿车迎面相撞时，由于大卡车的动量大，所以撞击的方向便是大卡车行驶的方向。卡车减速的幅度小，但是小轿车的方向和速率大小都改变了，而且速率大小改变的幅度要大于大卡车。这也是为什么卡车在碰撞中往往破坏程度低于小轿车的原因。在汽车碰撞中，大卡车的质量保护了驾驶员，但是严重损伤了小轿车驾驶员。

理解这个原理，或其他物理学中的基本原理，对于理解生活中许多行为来说是很重要的。一位奥运会跨栏选手曾经解释说他用一种非传统的方式跨栏。他虽然没有采用传统的跨栏技术，却没有违反物理学的基本原理。显而易见，自然科学帮助他理解了自己的运动项目。动量守恒原理不仅可以解释车辆碰撞事件，而且还能解释体育运动项目（例如，足球、篮球、拳击和网球）。你的解释应该包括：发生了什么？为什么会发生？因为发生的事情而采用何种设备？物理学的原理不仅可以帮助汽车制造商设计研发新的驾驶员保护方法，还能为体育运动提供新的设备器材。

7. 直言三段论

有一类演绎推理是以直言三段论的形式呈现的。这部分内容主要采用一些具体的解释来增加学生对该类演绎推理的理解，并提供一些教学建议。

我们从假设中得出结论，实际上就是采用了直言三段论这类演绎推理。例如，当你按照下面这个模式进行思考时，你进行的是直言推理：

a. 所有商用机都有一个灭火器；

b. 我乘坐的飞机是商用机；

c. 因此这架飞机上有一个灭火器。

这类论据被称为"三段推论法"（syllogism）。语句 a 和 b 是前提假设，语句 c 是结论。三段推论法总是有两个前提假设和一个结论。在日常推理中，这种直言三段论的形式被隐蔽了。在下面的例子中，论据是以隐蔽的直言三段论为基础的：我知道这架飞机有一个灭火器，因为它是一架商用机。在这个语句的背后隐藏了假设 a 和 b 以及结论 c。我们确信结论是真实的。所有演绎推理的定义特征是：如果假设是真的，那么结论必定是真的。在课堂教学中有四种强有力的方法来使用直言三段论，而且常常结合使用这四种方法。

（1）帮助学生发现推理过程中隐藏的直言三段论

学生应该意识到人们经常在推理过程中不自觉地应用了直言三段论。教师可以通过要求学生把得出的结论转化成直言三段论的形式（两个前提假设和一个结论）来强化意识，这种过程被称为"论据标准化"。尽管不必要这样做，但是教师可能想让学生学会直言三段论的一些形式规则。其中一条规则我们已经在前面提及：即有两个前提假设和一个结论。此外，这两个前提假设只有三个要素。引用上述例子，这三个要素分别是：商用飞机、带有灭火器、说话者乘坐的飞机。

此外，三个要素中的一个在另外两个要素之间转移。在上述例子中，要素"带有灭火器"从要素"商用机"转移到要素"我所乘坐的飞机"上。最后，利用诸如"所有""一些""一个也不"等术语对这些要素进行修改。

当学生了解直言三段论的基本规则后，他们通常能发现基于该推论法的语句，并将其标准化，即把它们重新组织为直言三段论的格式。

（2）为学生提供描绘三段推论法的图示

直言三段论非常抽象，有些人在推理过程中会有困难。"欧拉图"（Euler

diagrams) 利用圆圈来表示集合的关系，它能让这种推论法变得更直观。在欧拉图中，直言三段论的三个要素通过圆圈来表述，几个圆圈的位置根据它们的关系或分离、或包含、或相交。我们用下面这个例子来解释：

所有哺乳动物需要氧气来呼吸；

所有鲸都是哺乳动物；

因此，所有鲸都需要氧气来呼吸。

这个例子的三段推论法的三个要素是：

A＝哺乳动物

B＝呼吸氧气

C＝鲸

如果我们用欧拉图来表示这三个要素，第一个前提假设表述如下图：

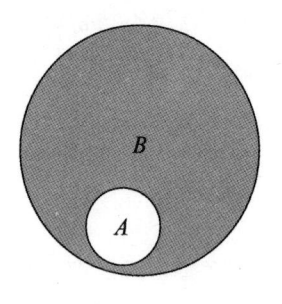

第二个假设告诉我们代表 C（鲸）的圆圈位于代表 A（哺乳动物）的圆圈内。因此这个直言三段论可以表述如下：

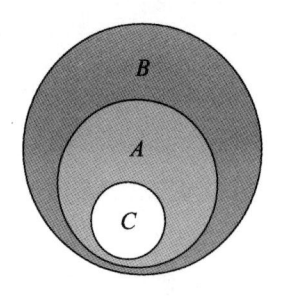

当学生把这些语句转化为标准化的三段推论格式后，他们可以使用欧拉图来促进自己的理解，并检测三段推论法推理结果的有效性。

（3）为学生提供有效和无效的直言三段推论法的多种形式

尽管直言三段推论有多种形式，但只有一些形式能够得出有效的结论。例如，下面这种形式的直言三段论得到的结论是无效的：

所有 A 都是 B；

所有 C 都是 B；

因此，_____。

欧拉图可以帮助学生看到多种可能性结论：

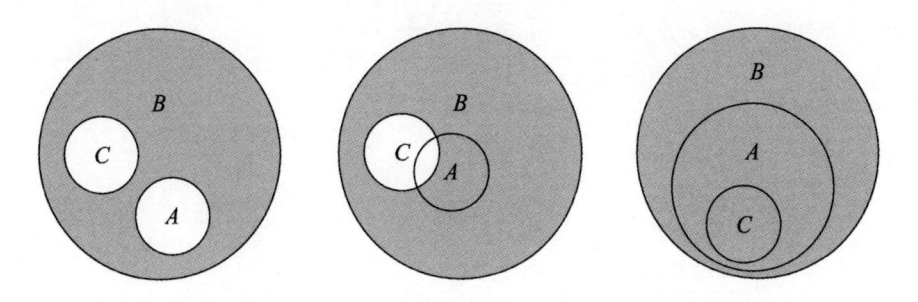

因为上述三种结果都有可能，我们也就不能得出一个明确的结论。图 3.9 列出了所有能够得到有效结论的直言三段论的形式。

	第一个假设			
第二个假设	A 属于 B	部分 A 属于 B	B 不包含 A	部分 A 不属于 B
B 属于 C	A 属于 C	部分 A 属于 C 部分 C 属于 A	部分 C 不属于 A	
部分 B 属于 C			部分 C 不属于 A	
C 不包含 B	C 不包含 A A 不包含 C	部分 A 不属于 C		
部分 B 不属于 C				
C 属于 B			C 不包含 A A 不包含 C	部分 A 不属于 C
部分 C 属于 B			部分 C 不属于 A	
B 不包含 C	A 不包含 C C 不包含 A	部分 A 不属于 C		
部分 C 不属于 B	部分 C 不属于 A			

	第一个假设			
第二个假设	B 属于 A	部分 B 属于 A	A 不包含 B	部分 B 不属于 A
B 属于 C	部分 A 属于 C 部分 C 属于 A	部分 A 属于 C 部分 C 属于 A	部分 C 不属于 A	部分 C 不属于 A
部分 B 属于 C	部分 A 属于 C 部分 C 属于 A		部分 C 不属于 A	
C 不包含 B	部分 A 不属于 C	部分 A 不属于 C		
部分 B 不属于 C	部分 A 不属于 C			
C 属于 B	C 属于 A		A 不包含 C C 不包含 A	
部分 C 属于 B	部分 C 属于 A 部分 A 属于 C		部分 C 不属于 A	
B 不包含 C	部分 A 不属于 C	部分 A 不属于 C		
部分 C 不属于 B				

图 3.9 直言三段论得出的有效结论

图 3.9 列出的 64 种直言三段论形式，只有 27 种能得出有效结论。当学生意识到这一点后，他们就能更好地辨别无效论据。

（4）让学生验证直言三段论结论的真实性

直言三段论可能在逻辑上是真实的，但实际上未必真实。因为三段论的形式虽然有效，但是如果前提假设不真实或者不被接受的话，结论就不一定真实。例如，下面的三段论在逻辑上是有效的：

所有偷窃犯都是入室行窃；

比尔是小偷；

所以，他也是入室行窃。

我们说三段论在逻辑上有效是指能从前提假设得出唯一的结论。然而，我们首先要验证前提假设本身的真实性。在上述这个例子中，第一个假设"所有偷窃犯都是入室行窃"是不真实的，因此结论就不一定真实。直言三段论的一个重要特征就是在逻辑上有效，但并不真实。我们根据逻辑来分析结论的有效性，根据前提假设来判断结论的有效性，学生必须注意到这一点。

（六）提供支持及其课堂实例

> 提供支持（constructing support）是提供某一主张的支持依据或证据的过程。简而言之，是为某种观点提供支持。

在日常生活中，我们有时候对某些事物感觉特别强烈，并采取行动。这种行动包括试图通过提供支持性论据来影响或说服其他人赞成某个观点，然后以口头或书面的形式来表达这些论点。成功地提供支持有两个要求：理解并能熟练应用说服技能；理解论证有力所需的信息。理解并能成功地运用说服技能对学生的生活和学习都是非常有用的。为了发展提供支持的能力，学生必须加强自身对作为论据的信息的理解。学生学习如何提供支持，并不仅仅因为它是一种生活技能，主要在于这种推理方式能够帮助他们扩展和精炼知识。

学习如何提供支持的双重好处告诉我们：这类推理技能并不单单适用于讲授或课堂讨论。尽管课堂能提供学生培育与说服相关的知识和技能的机会，但是许多学生并没在课堂上积极发言，参与讨论。几乎在所有的知识领域中，学生都会有自己的立场，并为自己的观点提供支持。如果教师在学科教学中合理利用提供支持的推理过程，将会有更多学生发展在不同内容情境中运用该过程的能力。

在课堂中运用提供支持这个过程的另外一个好处是：学生对某个问题持某种观点有利于提高他们参与教学活动的积极性，尤其当教师给出一些可供选择的观点，并要求给予支持性论据时，效果更佳。教师有时会抱怨学生对课堂教学提不起兴趣，学生无所用心的现象很常见。部分原因在于学生只是简单地接受外部信息，完全处于被动的状态。当教师提出要求，在学习与具体问题相关的知识时能对别人所持有的不同看法进行讨论，然后提出自己的观点并给予必要的辩解，这样学生才会感兴趣，才会有学习的动力。正是因为给课堂教学注入了活力与热情，提供支持才起到了强化学生学习的作用。

如果要在跨学科运用提供支持这一推理技能，那就需要在如何定义和如何应用上都要保持一致性。下面的定义和建议有助于教师发展学生理解和应用该推理过程的能力。

1. 帮助学生理解提供支持的过程

通过呈现设计良好的与某些问题相关的论据来介绍什么是提供支持，能够引起学生的兴趣，例如"学生在校必须穿校服"。在呈现论据之前你向学生解释：你将试图说服他们，让他们认为你的想法很好；然后要求他们寻找你在说服过程中运用的具体策略；在陈述结束时，要求学生把自己的观察结果列在黑板上；然后解释提供支持包括了设计论据以及运用类似黑板上所列内容的策略。当学生稍微熟悉该过程后，要求他们增加其他的技巧和策略。

当学生开始理解提供支持实际上是一个先计划后实践的过程后，教师还要帮助他们了解该推理过程在社会生活中使用的频繁程度。鼓励学生观察个体在日常生活、新闻报道、与同学互动或知识学习中如何试图说服或影响他人，并判断他们成功的程度。定期要求学生与其他同学分享各种例子，围绕着下面这些问题进行课堂讨论："为什么说服或影响他人对于个体来说是很重要的？""说服成功了会有什么样的结果？""如果不成功又会怎样？"提供支持的能力不仅对个体，而且对整个社会都是非常重要的。

2. 向学生提供支持过程的模式，并为他们应用该过程创造机会

（1）向学生呈现提供支持推理过程的模式

提供支持的策略不止一种，下面表格列出了一组具体的过程步骤便于学生应对需要运用提供支持这一推理过程的情境。

---
1. 明确你正在陈述的是事实还是个人意见；
2. 如果你正在陈述的是个人意见，那么要确定情境是否提供证据支持；
3. 如果情境提供了证据支持，那就要利用不同的方式（例如事实、证据、实例、魅力等）来提供支持性论据。

我们可以用更简单的语言来向低年级学生表述这些过程：

---
1. 我是在陈述事实还是个人意见？
2. 如果在陈述个人意见，我需要提供证据支持吗？
3. 当我提供支持论据时将包含哪些证据（事实、实例、证据或魅力）？

---

(2) 为学生应用提供支持过程创造机会

在要求学生实际应用这些步骤之前，教师应该边示范边解释过程的具体步骤。例如，教师可以向学生展示如何为自己的观点（"建议延长学制"）提供支持，确保涉及过程的完整步骤是：

我的观点是"建议延长学制"。是否值得进一步支持？是的，我认为这对学生来说是一个非常重要的问题。我最好能提供一个好的论据，包括影响学生学业成就和家长反应的事实。另外我想还需要提醒听众优先发展教育一直以来是本国的传统，并向他们说明延长学制是符合这一优良传统的。

让学生在他们感兴趣的问题中练习提供支持的过程。教师可以要求学生与他人结对，或在小组中边展示边解释这些步骤。一开始问题本身应该比较简单一些，不妨主要涉及学生在日常生活中关心的问题（例如，运用提供支持过程来说服父母给自己买宠物或游戏机）。然后，逐渐提高问题的复杂程度以及查找信息来支持自己论点的要求。

3. 在学生学习和使用提供支持过程时，帮助学生关注重要步骤和难点

论据的说服力不仅受学生对所持观点的理解程度的影响，而且还取决于他们对提供支持推理过程的概念理解的程度。学生可以根据下面的建议来发展对该过程的理解，指导实际应用。

(1) 区分事实与个人观点的差异

为什么要区分事实与个人观点的差异？有两个原因。一是提供支持对个人观点来说是必需的，而事实则不需要；二是我们在支持某个观点时，事实可以用来增强论据的说服力。根据致力于知识本质研究的专家意见，学生需要认识到事实是能够被核实的，而观点则反映了某人的信仰以及持这种信仰的原因。例如，"五月份的降雨量一般来说要多于四月份"是一个事实，不存在同意还是不同意，我们可以根据气象服务的记录来证实或反驳这个事实。而"某人将成为最好的管理者"是个人观点，人们可能同意也有可能反对，这个陈述（statement）不能被证实，需要证据的支持。

在学生学会区分事实与个人观点之后，我们还需要强调两点：第一，尽管事实这个词语被用来表示真实的东西，但是从专业角度来看，事实就是能证实的陈述，但不一定真实。事实有可能也是假的。"月亮是凹凸不平的"是一个事实，可以被证实。教师在要求学生辨别事实前首先要确保学生明确"事实"的定义。

第二，并不是所有的陈述都可以归入事实或观点这两大类。其实，事实和观点可以被视为连续统一体，一端是可以被证实的事实（例如，"去年10名定罪的犯人被处以极刑"），另一端是纯粹的观点（例如，"执行死刑是错的"）。如果某个陈述处于该连续统一体的中间时，学生最容易混淆（例如，"执行死刑用来抑制犯罪"）。

为了帮助学生理解事实与观点之间的区别，你需要分别举出各自的实例，以及介于两者之间的实例。教师让学生讨论事实和观点之间的特征，尤其突出上面提及的内容，并把它们写在黑板上。然后，要求学生在阅读过的或听到过的信息中辨别哪些是事实，哪些是观点。观点可以成为学生学习提供支持过程的主题。

（2）挑选出正确的方法来形成说服力强的论据

提供支持的最后一步要求我们挑选出正确的方法来形成说服力强的论据：事实、证据、实例、魅力等。对学生来说，前三种方法他们比较熟悉，而第四种相对而言比较陌生，它涉及早期希腊人使用的正规劝说艺术，包含四种基本的劝说技巧：展示个性、传统、雄辩术与推理，故我们称之为四种兴趣吸引法。学校通常会强调"推理"这种基本劝说技巧，但是学生还应该了解其他劝说形式，以便于更好地为自己的观点提供论据支持。下面，我们来具体解释这四种基本类型的兴趣吸引劝说技巧。

展示个性（personality）。如果演讲者或作者试图通过魅力来吸引他人，他正是希望通过以此来让别人喜欢他。为了达到这个目标，他可能会利用很多个人叙事或表现出对你的兴趣。另外，亲和力是这种劝说技巧中一个常见的要素。

传统或公认的信仰（tradition or accepted beliefs）。通过传统或公认的信仰来吸引他人的兴趣可被归结为"做正确的事情"。这个论据的效力来自于某种具有公认的信仰和价值的事实。例如，当展示自己的观点从20世纪初以来就一直被美国人所接受时，你所运用的"兴趣吸引法"就是属于这种基本说服技巧。

雄辩术（rhetoric）。这种说服技巧的目的在于通过优美的语言来说服某人。主要运用感人的语言、成语甚至手势。论据的效力则来自于强有力的语言组织。

推理（reason）。推理技巧属于逻辑法。推理者首先提出某种观点，然后为此观点系统提供证据。

利用清晰的实例向学生解释这四类基本的劝说技巧，这些实例只能运用一种基本劝说技能（当然，这会有一定难度，因为人们一般同时使用几种技巧来让论据更具说服力）。此外，还要求学生为每种基本劝说技巧寻找实例。最后，要求学生辨别各类用于支持的说服性的论据。

（3）善用推理

尽管这四种基本说服技巧都会频繁使用，但是推理却是最常用的一种。推理的方式不是单一的，它有一些共同的成分，例如：

证据（evidence）。即得出观点的信息。例如，"昨晚两个街区发生了五起案件"。

断言（claim）。认为某事物是真实的主张。例如，"我市的犯罪率显著增加"。

例证（elaboration）。与观点相关的例子或解释。例如，"我们通过检查市区过去 20 年的犯罪率来证实其显著上升了"。

限定（qualifier）。对观点的某种限定或者与观点相反的证据。例如，"然而，在一些地区，犯罪率一直保持稳定"。

正如上述例子所解释的一样，推理这种基本技巧首先要呈现能得出结论的"证据"，如事件、数据等。如果这些证据非常有力，而且被很好地利用，就能为论点提供支持。然后进一步"断言"，对观点提供进一步的支持。再通过"例证"详细说明观点，来提供有关术语的定义、具体例子以及其他证据。最后"限定"则指出了观点的某种限制，具体说明了此观点不适用的情境，或观点潜在的假设。

为了确保学生理解推理技巧的不同成分，教师要呈现清晰的例子，然后让他们辨别自己听到、看到了哪些信息（社论或新闻报道）。最后，让学生运用推理技巧来为某个观点创建支持性论据。

4. **为学生提供图示组织者或模式表征来帮助他们理解和应用提供支持的过程**

利用图示组织者有利于学生学习提供支持该推理过程。我们可以利用图 3.10 来建议学生如何选择提供支持的方法。该图式主要强调了"兴趣吸引法"中的推理技巧。

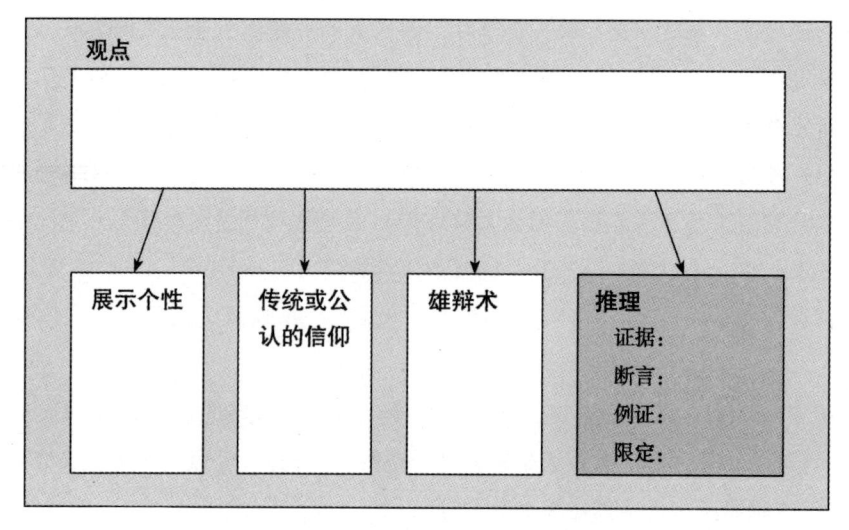

图 3.10 提供支持的图示组织者

5. 使用教师构建和学生构建的任务

一般来说，提供支持的任务，尤其在学生刚开始学习提供支持这一推理过程或让学生关注具体问题来实现特定学习目标时，最好由教师提供组织好的任务。教师要对问题进行描述，甚至可以包括需要支持的某种观点，以及几种可供利用的提供支持的方法。然而，提供支持还包括学会决定哪些观点需要提供证据支持，学生尽量参与任务的构建过程。如果由学生设计任务，他们需要选择问题，决定需要支持的观点，并选择提供支持的方法。

6. 课堂实例

善老师（Mr. Santiago）的历史课中，学生正在学习美国 20 世纪的外交政策。为了扩展和精炼学生对历史事件的理解，善老师把学生分成两组，并给每个小组布置了一项任务：

小组 1：美国总统伍德罗·威尔逊要求你们给出关于美国是否应该支持联合国的观点。作为无党派的外交政策提议者，你会认识到无论是美国支持联合国还是坚持单边政策的观点都是极端的。总统要求你们在下次外交政策会议中进行演讲来陈述自己的观点。你的演讲内容需要讨论 20 世纪早期美国在世界事务中的作用。

小组2：现在是1999年。新的国务卿反对美国采取单边政策。总统想听听你们的观点。做出你们的选择，是支持还是反对单边政策？并清晰陈述理由。

季老师（Ms. Girardi）在生活技能课中，帮助学生学习高中毕业后所需要的各类职业技能。作为学习的一部分，学生正在研究相关职业所需的技能准备和培训经历，以及可以利用的教育机会。季老师要求学生就"传统的大学教育对人们在未来的工作中获得成功是否具有重要作用"提出自己的观点，展开讨论。

当席老师（Mrs. Cimino）讲解多位数除法时，学生提出了抱怨，认为这是浪费时间，不是大家都有计算器了嘛。有些学生还补充说明因为同样的原因，他们也不需要再掌握乘法。看到这个主题让学生如此感兴趣，于是席老师决定让学生就"支持还是反对学习四则运算"提出自己的观点，采用各种提供支持的方法来陈述他们的理由。

在法语课上，希老师（Mr. Hill）要求学生确定法国文化中存在的某个问题，然后要求他们对这个问题发表自己的看法，并用法语向全班同学陈述自己的支持性论据。

（七）分析错误及其课堂实例

> 分析错误（analyzing errors）是查明并揭示思维中的错误的过程。简而言之，即发现并描述思维中的错误。

在日常生活中，分析错误的过程对我们而言是非常有用的，因为现在有各种数不清的信息试图让人们相信某事，或以特定的方式来行动。电视、广播和新闻报纸上的广告试图让我们购买某种产品；政治家试图让人相信其政策纲领可以提供更好的条件和服务；市场机构试图说服我们做出决定来回应各类邮件和电话请求。作为潜在的用户，人们可能会注意到信息中的曲解之处、发现错误的地方，但有时人们会相信这些信息，并以某种方式行动，事后又会为这种行动感到后悔。作为消费者和市民，我们有必要发展辨别和分析与他人的交流中以及接收到的各式各样的信息中存在错误的能力。

我们受到错误的信息或观点的影响，一般情况下后果是无关紧要的（比如，我们可能会买某个牌子的麦片），但有时候则可能会影响我们的生活质量甚至危及生命。分析错误信息的精确程度取决于它带给我们影响的严重程度。程度越高，分析错误信息的精确性要求就越高。识别那些会带来严重影响的情境，并提高分析错误信息的水平有助于我们降低遭受负面影响的可能性。

学生在课堂中学习并使用分析错误的推理过程，有助于发展注意并分析信息的能力，并能更好地理解人们常犯的错误类型。而且还能让学生熟练地发现那些推理过程中更微妙更隐蔽的错误。达到这种水平的理解并掌握发现错误的技能让学生不仅在真实生活中受益，而且也利于其学术上的发展，因为分析信息中的错误能让学生更仔细地观察信息，从而来扩展和精炼知识。

1. 帮助学生理解分析错误的过程

学生首先要理解分析错误这种推理过程对当今信息社会来讲为何重要的原因。教师可以向学生讲述市民的一天生活，并列出他在一天之内必须处理的信息类型。在每个项目前做一个记号，以此代表他应该停下来检查思维过程中潜在错误的时间。

为了帮助学生意识到发现思维过程中潜在错误的重要性，应定期向他们呈现信息实例，这些信息不仅要包含明显的错误，还需包含隐蔽的错误。各式各样的广告是这类实例的丰富来源，也是最常用的实例来源；当然还有其他的来源，如社论、演讲、出版的文章和各类电子媒体。教师可以录制或购买广播和电视谈话节目来向学生解释人们在讨论感兴趣的问题时所犯的错误。除此之外，教师还可以提供日常生活的例子（例如，一位同学说道："每个人都在做……"）。利用这些实例来讨论人们在思维过程中犯错误的原因，以及人们没有意识到这些错误可能产生的后果。

2. 向学生提供分析错误过程的模式，并为他们应用该过程创造机会

（1）向学生提供分析错误推理过程的模式

分析错误的过程看似简单，实际上要掌握它却是一项很有挑战性的任务，因为它要求学生理解各种错误的类型。这个过程包括以下这些步骤：

> 1. 确定所呈现的信息是否在用不同方式影响着你，这些信息是否在说服你或改变你的行为；
> 2. 如果这一信息试图在影响你，请查明哪些地方言过其实或不太可信；
> 3. 在已经确定的不太可信的地方查找毛病；
> 4. 如果找到了错误，请求给予澄清或寻找更准确的信息。

我们可以用更简单的语言来向低年级学生表述这些过程：

> 1. 我获得的信息重要吗？它是否试图影响我的思维和行为？
> 2. 这些信息中是不是存在错误之处？
> 3. 什么是错误的？
> 4. 我怎样才能获得更多或更好的信息？

（2）为学生应用分析错误过程创造机会

如有可能，应尽量为学生提供应用分析错误过程的机会，边示范边解释。教师可以这样说：等一下。这个信息想让我相信……这里有些事情很蹊跷。这不像我以前所听说过的。我需要寻找其他的理由来……

教师在完成这些步骤时，可以通过幻灯片或者把这些步骤张贴在比较显眼的地方，让学生关注这些步骤。

每次按照这些步骤来分析错误时，教师要尽量包括不同类型的错误。这样做有助于学生对各种类型错误的理解，从而更好地发现信息中的错误。

3. 在学生学习和使用分析错误过程时，帮助学生关注重要步骤和难点

学生分析错误的成功程度取决于他们的知识水平和能力高低。他们必须能够识别分析错误过程适用的情境，理解思维过程中普遍存在的错误类型，以及具备分析信息的愿望。

为了帮助学生发展分析错误的能力，这里主要提供两部分内容：（1）教师资源部分，定义和举例思维中存在的四种错误类型；（2）教师可以按照下面几点为课堂教学或全校性实施该过程制订计划。

（1）强化学生所作出的努力

教师为学生分析错误过程提供反馈意见时，要确保强化学生分析错误信息所作的努力，即使他们并不确定错误属于哪一类，教师也要这么做。确定错误类型并不像确定存在错误那样重要，如果学生具备了在获取信息时查找错误的能力，就极有可能理解各种错误的类型。

（2）帮助学生了解错误类型

深入了解思维过程中的错误（如逻辑混乱、故意非难、论据不足与信息误导）通常是形式逻辑课的内容，但是很少有学生愿意选修这种逻辑课，所以这方面的知识就比较欠缺。然而，当学生分析错误时，如果他们理解了错误的各种类型，就能增强识别错误并对错误作出合理反应的能力。例如，当学生理解逻辑混乱的具体类型（假性因果或丐词错误），他们就更有可能识别这些错误，摒弃那些包含这类错误的论据；同时还能在没有得到更相关更确切的论据之前拒绝得出任何结论或执行某种行为。

为了帮助学生区分各类错误，教师首先要向他们展示一系列的实例，并提供能帮助学生识别错误类型的资源（如文章、图书和术语表）。定期选择，或要求学生自己选择某个具体类型的错误让学生学习，并要求他们寻找或创建类似的例子。如果教师在不同年级和不同学科中都传授这类技能，学生就能逐渐发展他们分析错误的能力。

（3）知道在什么时候需要分析错误

有时，教育工作者会回避传授分析错误这类推理技能，因为他们更关注让学生学会挑战所有接收到的信息。但是，帮助学生认识到熟练地识别何时使用分析错误的过程与熟练地运用该过程同样重要。

4. 为学生提供图示组织者或模式表征来帮助他们理解和应用分析错误过程

图3.11展示了分析错误过程的具体步骤，它有助于学生理解这些步骤的相互作用，让学生更好地应用这些步骤来分析错误。

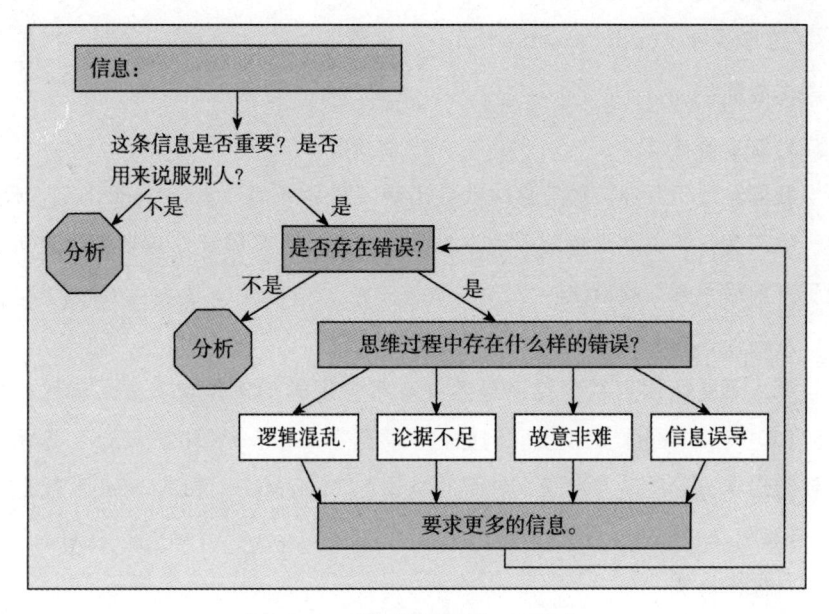

图 3.11　分析错误的图示组织者

5. 使用教师构建和学生构建的任务

学生初次学习分析错误过程时,教师应该为他们提供构建好的任务,有助于学生集中学习错误的具体类型。教师可以提供信息,并要求学生找出某类错误,然后让学生对这个错误作出合理的反应(如,要求澄清或请求额外的信息)。例如,在能源学习单元中,教师可能向学生朗读一篇关于社会能源利用问题的社论,要求学生发现反映误解或偏见的错误之处(具体可以参见后面的错误类型部分)。

渐渐地,学生应该在没有提示的情况下能够识别错误。教师可以限制自己的指导,要求学生寻找思维中存在的会影响本单元或主题学习的错误。学生最好能在没有目标的情况下辨别出思维过程中存在的各类错误。

6. 思维过程中存在的错误类型

下面四个部分简要地描述了思维过程中存在的错误类型:

◇ 逻辑混乱(faulty logic);

◇ 故意非难(attacks);

◇ 论据不足（weak references）；

◇ 信息误导（misinformation）。

逻辑混乱

（1）前后矛盾

当我们呈现相互冲突的信息时就会出现"前后矛盾"（contradiction）。例如，如果一位政客开始说她支持某个税收政策，没多久她又说反对这项税收政策，她就犯了"前后矛盾"的错误。

（2）例外当真

当某人不能认识到某个论点是建立在某个规则的例外情况之上，就会发生"例外当真"（accident）的情况。例如，在看到"neighbor"和"weigh"这两个单词后就得出字母 e 总是在字母 i 前面的结论，"neighbor"和"weigh"就是一种"例外当真"。

（3）假性因果

当某人把某个时间顺序的事件看成因果事件，或者过分简化某个复杂的因果关系时，就会犯"假性因果"（false cause）的错误。例如，如果某人得出关于决定把人类送上月球的原因在于美国人未能发送人造卫星的结论，实际上他错误地把时间顺序的事件看成因果事件。当然，这并不是说时间顺序的事件并没有因果关系，而在于先前事件并非是引起后续事件的唯一原因。同样，如果某人认为引起美国内战的原因只有简单的一两个，那么他就犯了假性因果的错误，因为美国内战的原因是多方面的，也是非常复杂的。

（4）丐词错误

"丐词错误"（begging the question）是指先提出某个观点，然后仅简单地利用原始观点的等价物来解释它。例如，如果你提出"那个产品没用"的观点，然后通过"你不能利用它来做任何事情"或"它看上去没有用武之地"来支持自己的观点。这时你就犯了丐词错误。

（5）规避问题

"规避问题"（evading the issue）就是通过转换话题来回避问题。例如，如果问及他在与外国的军械贸易中的参与情况，他把话题转到武器的必要性，这时他就在规避问题。

(6) 无知争辩

"无知争辩"（arguing from ignorance）指仅仅因为某个观点的反面不成立来说明这个观点的真实性。例如，因为我们不能证实地球之外还存在生命体，就认为除了地球上的人类之外不存在其他生命体，这就是一种无知争辩。

(7) 合分失策

"合成失策"（composition）是指如果某物的部分真实，那么该事物整体也是真的；"分解失策"（Division）则是指如果某物整体真实，那么该事物的部分也是真的。例如，如果因为某个家庭成员是聪明的来猜测全体家庭成员都是聪明的（如，因为Robert很聪明，所以所有Ewy家庭成员都是聪明的），我们就犯了合成失策的错误。如果因为整个华盛顿州多雨就推出华盛顿州的某个具体城市雨水多，我们就犯了分解失策的错误。

故意非难

(1) 欲加之罪

"欲加之罪"（poisoning the well）是指反对所有与自己观点相反的事物。这类非难一般不太在具体信息中提及，毕竟人们都不愿意听到或考虑任何与自己观点相抵触的事物。

(2) 人身攻击

通过贬损这个观点提出者的行为（真实或所谓的）来拒绝某个观点被称为"人身攻击"（arguing against the person）。例如，一位政客通过攻击对方的声誉来拒绝对方关于核裁军的观点，他就是在进行人身攻击。

(3) 施加压力

"施加压力"（appealing to force）就是通过威胁来建立某个观点的有效性。例如，跟某人说如果他不站在你这边，你就不再喜欢他，就是一种施加压力。

论据不足

(1) 资源不当

"资源不当"（using sources that reflect habitual and confirmatory biases）是指有时候因为存在某种明显或不明显的偏见，往往只在选定的资源中寻找信息。一般来说，偏见有两类：即习惯性偏见和已证实的偏见。"习惯性偏见"经常在无意中进入我们的思维过程，适用于特定人群、地点、事物和事件。例如，我们可能会对拒绝来自某个具体谈话节目主持人的观点或者接受来自某个具体杂志的观点存有偏见。当我们只接受那些支持我们想法的信息，并拒绝与我们观点相抵触的信息时，就表现出明显的"已证实偏见"。例如，我们可能会收到关于某个政客的正面信息，但是由于我们已经决定不喜欢他，所以就忽略了这些信息。

（2）资源失信

与某个主题或问题相关的信息可能是源于"资源失信"（using sources that lack credibility）。尽管资源可信性的确定本身是主观的，但是确实存在那些能破坏信息可信性的特征（例如带有偏见、存在虚假的信息、或与主体不相关）。

（3）搬弄权威

"搬弄权威"（appealing to authority）是指关于某个问题的定论引用权威的话。例如，某人断言某事是真的（或是假的），仅仅因为某个权威人士也这么说过。这就是一种论据不充分的表现形式，因为权威未必知道某事物是真是假。

（4）迎合舆论

"迎合舆论"（appealing to people）是指试图根据观点的流行程度来证明其合理性。例如，通过说明"每位在校学生都熬夜"来支持"熬夜不会影响学业"这个观点。

（5）情感共鸣

"情感共鸣"（appealing to emotion）一般是指利用某个富有感情的故事，作为支持某个观点的证据。例如，演讲者通过讲述某位政治候选人家人在某次悲惨的事故中丧生的故事，说服人们为该政治候选人投票。

信息误导

（1）混淆事实

"混淆事实"（confusing the facts）人们经常会用到那些看似真实的信息，但实际上已经被歪曲或修改，不再精确。例如，某些事件的描述缺少顺序，或者遗漏了重要的事实。

（2）概念误用

当我们"概念误用"（misapplying a concept）时就会产生错误，因此也就不恰当地运用某个概念来解释某个情境或支持某个观点。例如，如果某人声称应该逮捕城市抗议团体的成员，因为他们犯了叛国罪，可见他没有理解"叛国罪"这个概念。

7. 课堂实例

哈老师（Mr. Hagadorn）二年级的健康教育课上，学生正在学习如何防止受伤和保证生命安全。当他们学习各种拒绝技巧（例如拒绝上陌生人的车，不能屈服于同龄人的威胁）时，哈老师为学生布置了一项任务来帮助他们扩展和精炼有关思维中存在的各种错误类型知识（例如，逻辑混乱、故意非难和信息误导）。他还为学生创建了可能需要采取保护措施或拒绝技巧的情境。

哈老师要求学生把这些情景付诸行动，并分析思维过程中存在错误的情境。例如，在一个情境中，一群孩子试图让另外一个学生山姆吃蚯蚓。学生认识到了其中存在的错误类型。当这群孩子用"当你吃下蚯蚓，就是一个酷哥"来支持"蚯蚓对你有好处"时，他们就犯了"丐词错误"。当他们威胁山姆说如果不吃下这条蚯蚓，谁也不会理睬你，他们采用了"故意非难"中的"施加压力"。当他们说每个人都吃蚯蚓因为高中足球队的队长吃过蚯蚓时，他们犯了"搬弄权威"以及"资源失信"的错误。学生在练习拒绝技能的同时，也学会了如何辨认思维过程中存在的错误。

卜老师（Mrs. Browning）六年级艺术课上，学生正在学习有关艺术作品市场价值的影响因素。为了扩展学生的理解程度，她给学生布置了一项任务，要求学生调查当地某个技术机构的广告活动。这个机构的广告声称电脑生成的艺术作品同个体创作的艺术品同样有价值。卜老师要求学生用课堂上学到的东西来分析这种观点，并发现该机构在提供论据支持的思维过程中存在的错误（例如，搬弄权威和丐词错误）。

科老师和麦老师（Mrs. Kominami and Mr. McColl）合作设计了一个单元的科学和语言整合课。本单元教学目的是让学生了解人们在何种程度上利用科学信息和有效推理过程来理解周围世界，以及人们在何种程度上根据虚假信息、错误概念或不周全的推理得出有关世界的结论。年初的时候，科学家已经公布来自一块陨石的证据表明在30亿年前火星上可能存在生命体。这也就促使科老师和麦老师合作设计了下面这个任务作为单元学习的总结性活动：

你是否相信在火星上曾有生命体存在，或者现在还存在？你是否相信在其他的星球上存在生命体？你为什么这么认为？你的理由是什么，并试图分析理由，进行推理。此外，采访其他人来调查他们对于其他星球是否存在生命体的看法，并检查他们的理由和推理过程。在你的分析中，试着决定你与他人的观点在何种程度上利用了科学的信息、可信的资源以及有效的推理过程；这些观点又在何种程度上暴露了推理错误、论据不足和信息误导等问题。例如，如果你只想关注那些能够支持你的观点的信息，那么你就存在"已证实的偏见"。如果某个人告诉你他相信火星上有生命体存在，原因在于科学家并没有证明那里没有生命体，那么他就犯了"无知争辩"的错误。

请得出一些关于哪些观点得到科学信息、强有力的资源以及有效推理的支持的结论。用尽量多的具体实例来支持自己的结论。

（八）分析观点及其课堂实例

> 分析观点（analyzing perspectives）是确定某个问题的多种观点，并考察其理由及是否合乎逻辑的过程。简而言之，即为不同观点澄清理由的过程。

一种最有效的思维过程就是分析自己的观点，思考自己对某个问题的观点并理解这些观点所依据的理由。要想理解看问题不同方式的论据和逻辑，就离不开分析其他的观点。如果你对某个问题持有某种强烈的感受，那么在分析其他观点（不管是自己的还是他人的观点）时就会有困难。例如在讨论中，我们要采用一些方法或技巧停止争辩，客观地分析、理解自己或他人的观点，这是一件不容易的事情。这就是为什么学生在课堂中通过学业检查（这些问题不受个人情感的控制）来发展这种能力的原因。这样的课堂教学不仅能够扩展和精炼学生对知识内容的理解，同时又能发展在高度情感化的情境中分析各种观点的能力。

教师在教学过程中，要强调分析观点的目标在于发现观点中基本的论据和逻辑，而不是接受、欣赏或同意相反的观点，也不是改变自己的观点。尽管你可能会转变自己的观点，也可能因为更好地理解了自身观点或清晰地理解为什么反对他人观点的理由，从而巩固了自己的观点。

分析观点成功的标准在于分析之后你能否陈述并解释各类观点背后的论据和逻辑。为了达到这样的要求，我们需要更深入地挖掘信息，找到更多的资源和采访他人。这些活动都能够增加学生对内容的理解，进而发展重要的获得信息和处理信息能力。教师在教学生如何利用这些方法来分析观点进而扩展和精炼学生的知识时，可以参考下列这些建议：

1. 帮助学生理解分析观点的过程

定期与学生分享人们运用分析观点过程的情境实例，可以加强他们对分析观点的理解，并认识到该过程的积极意义。让学生讨论理解他人观点所依据的理由会如何影响这些情形。试着举出与学生实际生活相关的例子，这样学生才有可能发表自己的观点，例如学生在学校中穿校服、固定的熄灯时间以及参与体育活动的要求。

甚至在学生进行其他推理过程中，也要寻找机会指出人们运用分析观点过程的例子，或因人们理解他人观点而受益的情形。教师可以从文学作品中举出这类例子，这些文学作品中的人物通过理解各种不同的观点来加强关系；也可以把新闻报道作为实例，比如两个国家之间发生冲突的原因可以追溯到对观点的误解，而不是因为某个问题上的意见分歧。

2. 向学生提供分析观点过程的模式，并为他们应用该过程创造机会

（1）向学生提供分析观点推理过程的模式

尽管分析观点的推理过程不仅仅要求学生了解具体步骤，但是有了这些步骤的指导，学生才更有可能发展该推理过程。下面这个模式包括以下几个步骤：

---

1. 在你检查别人的见解对错时，先要确定你自己的观点是什么；
2. 一旦你确定了自己的观点，要想方设法查明其背后的理由；
3. 接着再确定另一种不同的观点；
4. 努力说明这一不同观点背后的理由和逻辑。

我们可以用更简单的语言来向低年级学生表述这些过程：

---

1. 其中一个观点是什么？
2. 这个观点的理由是什么？
3. 另外的观点怎样？
4. 这个观点的可能性理由是什么？

---

(2) 为学生应用分析观点过程创造机会

为了让学生更好地应用分析观点过程，教师可以创设一个假设的情境和角色扮演任务，边示范边解释。在解释过程中，注意突出每个步骤。

等一下。在我继续与朋友争论前，我需要考虑一下为什么我相信……我的原因包括……但是他强烈认为……肯定是因为……

教师示范完后，可以把这些步骤张贴在教室里，要求学生组队，利用自己的生活实际或假设的情境来运用分析观点过程的具体步骤，也可以边做边解释。

3. 在学生学习和使用分析观点过程时，帮助学生关注重要步骤和难点

分析观点看起来是一种比较简单的推理过程。然而，当教师帮助学生理解和运用该过程时还是需要注意下面几个要点：

(1) 重视分析观点的理由

尽管教师要强化学生认同和尊重不同的观点，然而分析观点的过程对学生的要求不止这些。学生在分析观点时，不仅要理解并清晰地陈述观点所依据的明显理由和逻辑，还得理解更复杂更隐蔽的理由，这样才能够扩展和精炼知识。

(2) 区分理由和逻辑的差异

运用该模式来分析观点，要求学生识别并探究用来解释某个观点的理由和逻辑。帮助学生理解理由和逻辑这两个概念：理由（reasons）是指用来支持某个观点的证据。一个常见的错误就是把识别理由看成是复述观点，可能会注入更多的情感（例如，"我认为座椅安全带法是一个非常好的建议，因为它真的很有用"），而不是提供具体的理由。逻辑（logic）是指把所有的证据组合后该论据（argument）所具有的效力。一个常见的错误就是提供了证据却不能有效地组织它们来形成一个连贯的论据。为了减少这类错误，并增加对这些概念的理解，学生应该有更多的机会来接触大量实例（包括正例和反例），检查各种观点所依据的理由和逻辑。

(3) 并非只有两种观点

让学生认识到大部分的问题可以有多种观点是非常重要的。学生很容易就会产生一种错误的印象：问题只有两种观点，即他们自身的观点和与之相反的观点。无论何时，当学生分析观点时，教师都应该鼓励他们去发现多于两种的观

点。确定并分析那些不明显的观点可以加深学生对问题本身以及分析观点过程的理解。

(4) 重在分析过程本身的收获

最后,学生还需要理解分析观点过程的目标并非在于接受、欣赏或赞成不同的观点。学生要把注意力集中在如何分析观点上,而不是改变人们的观点。教师最好让学生在学科内容领域里应用该过程,因为这类内容不易受情感的控制。

4. 为学生提供图示组织者或模式表征来帮助他们理解和应用分析观点过程

在学习分析观点过程中,下面这两张矩阵图有助于学生有效组织自己的想法。图 3.12 是观点检验矩阵图(perspective examination matrix),有助于学生为他们自己的观点提供理由和逻辑支持。图 3.13 是冲突澄清矩阵图(conflict clarification matrix),有助于学生在检验某个包含了自身观点的问题时,更好地组织自己的想法。运用矩阵图可以引导学生记录他们在每一步中做出的反应,这样就为他们在完成整个过程后再次检验自己的观点提供方便。

观点或概念	价 值	理由或逻辑
每小时 75 英里的时速限制	我认为这个主意好	
所有学生都必须穿校服的新规定	我认为这个主意不好	

图 3.12　观点检验矩阵图

问　题	一种新的城市公共交通工具
个人观点	我认为这对于城市来说是个好建议
我的观点的理由和逻辑	公共交通工具是一个好的建议,因为……
不同的观点	有些人认为公共交通工具是个不好的建议

不同观点的理由和逻辑	他们的理由是……
结论	从这里我可以得出……

图 3.13 冲突澄清矩阵图

5. 使用教师构建和学生构建的任务

学生刚学习分析观点时，教师可以为学生提供构建好的任务，并确定好问题和观点，只要求学生确定每种观点的理由和逻辑。例如，在初中有关"西欧"的学习单元中，教师向学生呈现有关统一问题的两到三种具体的观点。这种任务的目的在于加深学生对文化传承与改变关系的理解。在"鲸鱼"单元的学习中，小学教师可能会关注鲸鱼的狩猎问题，要关注多种观点（包括鲸鱼捕猎者、家人、环保主义者以及科学家），并进行分析。

经过一段时间，学生可以开始自己构建分析观点的任务。他们可以根据自己的生活来确定问题，例如与各类音乐或体育运动相关主题的不同观点。然而从较理想的角度来看，学生应该首先在值得分析的学科内容领域中确定问题。例如，在健康教育课中，教师要帮助学生理解问题的复杂性，可以鼓励他们确定自己感兴趣的或是人们意见分歧的问题。然后，让学生描述和分析不同的观点。即使在学生确定问题和观点时，教师的作用只是引导学生严格遵循分析过程的标准。这样就能保证即使是学生自己创建的任务也能帮助他们扩展和精炼知识。

6. 课堂实例

皮老师和史老师（Mr. Pine and Ms. Shikes）共同为学生设计了一个跨学科的任务（涉及自然科学和社会科学）。学生收集有关黄石国家公园再次引入狼的资料，并找出与该话题有关的多种观点（例如，农民、动物权利提倡者、野生动物专家和公园管理者的观点），并描述每种观点的理由。皮老师和史老师要求学生另外选择他们感兴趣的问题加强训练。

施老师（Mrs. Snow）试图让六年级的学生积极参与到音乐课的学习中来，并加深他们对影响音乐质量标准（使用营造统一、紧张或放松的要素）和效果（富于表现力的影响）的理解。她知道学生积极参与的时间不会很长，所以就决定用学生熟悉的例子。她要求每个学生分析所有关于"说唱音乐"是否可以被当做一种艺术形式的观点。例如，有些人认为"说唱音乐"没有韵律，背景音乐中又掺杂了噪音；另外一些人则认为它是一种新的艺术形式。学生需要清晰地陈述两种观点，并提供相应的理由和逻辑，来反映自身对所学标准的理解。

温老师（Mr. Williams）在公民课上让学生分享了他在晚餐时与妻子讨论的有关英国是否该加入欧盟的话题。温老师夫妇俩来自英国，明确反对英国加入欧盟。温老师说当时一起共进晚餐的朋友梅林当时评论说："你们只是局限于过去，不能面对未来。你们应该认识到旧的生活方式已经不复存在了，如果不能面对现实，你们的未来就可想而知了。"温老师要求学生呈现至少两种关于英国该不该加入欧盟的观点来回应梅林的评论。最好要说服梅林相信这对英国夫妇的观点并不是完全感性的。还要求学生提供支持他们观点的理由和逻辑，以及至少一种其他相对的观点，然后在角色扮演中来呈现这些观点。

三、维度三的单元设计

第三个维度的设计要求提问并回答下列这些"主导性问题"（overarching question）——我们做什么来帮助学生扩展和精炼知识？

下面我们介绍设计过程的具体步骤来引导你回答这些问题。每个步骤都会问几个关键的问题或提供具体信息。设计指导模板还提供了空白处来记录哪些知识需要被扩展和精炼（步骤1）和描述计划好的教学活动（步骤3）。我们还提供了一个关于科罗拉多州社会单元学习的实例（选择这个主题是因为它适用于任何州或地区、任何发展水平的地区的单元学习，在第六章中，我们会把这个单元的所有维度整合起来）。

（一）单元计划步骤1：目标

步骤1是指哪些知识需要被扩展和精炼。具体而言，学生将扩展和精炼他们关于……的理解。当我们明确了学生需要扩展和精炼的知识后，必须牢记扩展和精炼知识的目的在于加深和拓宽学生对重要信息的理解。因此，这里要明确的知识是本单元中重要的陈述性知识。因为学生不太可能加深对具体事实的理解，那么他们扩展和精炼的知识很有可能是那些概括水平较高的概念、原理。

该设计指导模板过程每页有两个地方用于设计学习第三个维度的教学活动。当然这并不表示必须有两个活动。活动的数量取决于单元内容以及学生需要理解的重要知识的容量。

当我们在设计扩展和精炼活动时，还要考虑学生是否已经学过这些活动需要用到的推理过程。我们可能需要限制每个单元教学中新的推理过程的数量。

（二）单元计划步骤 2：活动

步骤 2 是指学生要用到何种推理过程。正确选择推理过程是很重要的，因为学生应用的推理类型将极大地影响他们所学的内容。有时候，教师很难决定哪种推理过程最适合学生需要扩展和精炼的知识。因此，这里我们提供一些问题，供教师设计参考：

比较

◇ 展示事物的异同点是否有用？

◇ 如果学生关注看似相同的事物存在哪些差异，以及看似不同的事物又存在哪些相似之处，这是否有用？

◇ 让学生描述所比较的事物如何影响他们对这些事物的认识，这是否有用？

分类

◇ 让学生把事物归类是否有用？

◇ 让学生设计多种把同类事物归组的方式是否有用？

抽象

◇ 是否有一个可以应用的抽象模式？

◇ 通过形成一个抽象模式并把它应用于简单或熟悉的内容来，是否有利于更好地理解那些复杂或不熟悉的内容？

◇ 那些看似不同的事物能否通过某个抽象模式相互联系？

归纳推理
◇ 能否通过观察结果或事实信息得到重要的未知结论？
◇ 是否存在可能得出某些结论的情境？
◇ 是否存在学生用来检验归纳推理的问题或情境？

演绎推理
◇ 是否存在用来得出结论或做出预测的概念、规则或原理？
◇ 是否存在学生用来检验演绎推理有效性的问题或情境？

提供支持
◇ 是否存在需要反驳或支持的重要观点？
◇ 检验用来支持或反驳某个观点的论据是否重要？

分析错误
◇ 是否存在某种情境，对它来说分析错误是有利的？

分析观点
◇ 明确并理解关于某个主题或问题的观点的理由或逻辑是否有用？
◇ 分析相反的观点是否有用？

（三）单元计划步骤 3：实施

步骤 3 是指描述应该做哪些事情。教师设计用于扩展和精炼知识的活动类型可以多种多样。可以使要求学生回答问题，组织一张矩阵图，得出某些结论，或收集信息等。教师要清晰地陈述学生应该做哪些事情，以及如何应用这些推理过程。

表 3.1　社会课《科罗拉多州》备课指南（维度三）

步骤 1	步骤 2	步骤 3
哪些知识需要被"扩展和精炼"？具体而言，学生将扩展和精炼他们关于……的理解。	学生要用到何种推理过程？	具体说明教师将做些什么。

地形、自然资源以及气候对当地定居模式的影响。	◇ 比较 ◆ 分类 ◇ 抽象 ◇ 归纳推理 ◇ 演绎推理 ◇ 提供支持 ◇ 分析错误 ◇ 分析观点 ◇ 其他＿＿＿＿	到目前为止，我们已经理解了地形、自然资源以及气候对当地定居模式的影响。现在，我们来检查这些因素如何影响定居模式。我会为你们提供一些人口先快速增长，然后消亡的实例（例如，Anasazi 印第安人、鬼城、恐龙以及"沙暴侵入区"），及其灭亡的原因。根据消亡的原因是否与地形、自然资源、气候相关来对这些描述进行分类。如果原因有多种，你可以根据多种分类方法进行分类。
哪些知识需要被**扩展和精炼**？具体而言，学生将扩展和精炼他们关于……的理解？	学生要用到何种推理过程？	描述应该做哪些事情。
地形、自然资源以及气候对当地文化的影响。	◇ 比较 ◇ 分类 ◇ 抽象 ◆ 归纳推理 ◇ 演绎推理 ◇ 提供支持 ◇ 分析错误 ◇ 分析观点 ◇ 其他＿＿＿＿	本单元学习中，我们将从"今日美国"中选择一篇文章，反映一个大家不太熟悉地区的文化。根据从文章中获得的内容（例如人们面对的问题，他们的庆典等），我们将归纳与当地的地形、自然资源和气候相关的具体事实。

◆ 表示这一条目标在本单元学习中需要予以特别关注。

第四章 维度四：有意义地运用知识

一、引言

获得知识的目的在于有意义地运用知识。例如，我们在决定购买哪种品牌的音响或电脑前，希望学习所有与音响或电脑有关的知识；如果我们想预测基因工程的研究会给未来带来什么样的影响，就需要学习基因学的知识；同样，如果我们想要设计一种新的退休制度，就需要学习大量的社会保障知识。简而言之，当我们能运用知识来应对我们所关心的具体问题时，我们才算真正掌握知识。学习的第四个维度强调的内容是*有意义地运用知识*的过程。

教师的任务就是要让学生在*他们认为*是有意义的情境中积极地运用知识。但在实际中，许多学生仅仅是因为分配到某项任务才去完成。但是当学生把任务看成是有意义的、与自己相关联的时候，就能激发他们去掌握必要的知识来完成任务。因此，他们就能获得更高的理解水平，更熟练地掌握知识。此外，当学生有意义地运用知识时，参与的积极性也会提升，他们就更有可能展示已学的知识。这样，要求学生有意义地运用知识的任务就成为一种评价学习的有效方法，可能也是更准确的方法。

不管学生是否把重要知识看成是有意义的，教师都可以帮助学生积极地参与学习任务。当学生所学知识明显有意义时，即学生能清晰地了解到哪些知识在生活中是必需的，教师就更容易构建有意义的任务。例如，数学和语文相对容易被设计成有意义的学习任务。当知识的重要性或与学生相关性不明显时，教师在构建任务时就得想方设法增加知识的意义和相关程度。例如，我们可以通过要求学生在真实情境或有趣的情境中运用知识，或让学生一起构建任务，来提高知识的意义和相关程度，以此来调动学生的积极性。

二、帮助学生发展复杂的推理技能

与扩展和精炼知识一样，有意义地运用知识要求学生展开必要的思维和推理，这与简单的回忆、复述、辨认、机械重复或知识再生不同。运用知识要求学生在完成长期的、有意义的任务时运用复杂的思维和推理过程。学习维度四有六种推理过程，它们分别是：

决策：提出或运用标准，从似有雷同的几种方案中作出选择；

解决问题：克服达成目标道路上的限制或障碍；

创见：形成原创性的产品或过程以满足具体需要；

实验探究：对所观察的现象提出解释并加以检验；

调研：明确并解决那些有争议或相互矛盾的问题；

系统分析：分析系统的各个部分以及相互之间的交互作用。

学生在各类任务中运用上述这些推理技能（决策、解决问题、创见、实验探究、调研与系统分析）时，他们还需要合理利用所学知识。教师在构建任务时，需要牢记下面几点内容。

(1) 每种推理过程没有学科边界（crosses content boundaries）。尽管有时候这些过程会针对具体内容（例如，在经济学中运用解决问题的推理过程），但是这些推理过程本身可以在多学科中运用。只有各学科的教师持续使用这些推理过程，学生才有可能对其更为熟悉，从而更好地在具体学科或跨学科任务中运用复杂的内容知识。

(2) 当学生运用**程序性知识**（例如技能或过程）时，某项任务可能只要求学生在有意义的情境中执行该程序，而不要求他们运用本维度中所提供的推理过程。然而，许多教师发现利用相关推理过程来关注此类任务，有助于提供展示程序性知识的有意义情境。例如，有些任务可能会要求学生运用程序性知识来决策、做实验或生成创意。学生不仅要展示他们能有效地运用具体学科的技能或过程，同时还要发展推理能力。

(3) 当学生运用**陈述性知识**时——即要运用并理解的知识是**概念**、**原理**或者**概括**等，他们就得运用某种推理过程作为应用知识完成任务的手段。在本章末尾的设计部分，我们提供了一些引导性问题，有利于教师具体选择合理的推理过程，以便学生展示是否真正理解了所学知识（例如，如果我们要澄清某种现象，那么实验探究法最合适；如要对某事物进行修改或创新，我们就需要运用创见）。如果学生熟悉完成任务所需要的推理过程，那么他们就会把精力放在理解陈述性知识上，而不是去**创造**一个看似要紧的产品。

(4) 在当今技术时代，一些教育工作者抱怨学生利用软件或网络资源，通过剪贴复制文本甚至下载完整的论文来完成研究报告或论文。尽管学术剽窃一直以来是人们关注的问题，但似乎有不断增加的趋势。因此，让学生**有意义地运用知识**显得尤为重要。一种打击这种滥用技术或任何形式剽窃的有效方法就是让学生掌握复杂的推理过程，并严密地利用收集到的信息。

（5）不同发展水平的学生都可以应用推理过程。低年级学生可能会需要多加指导，当然，内容本身也必须适应学生的发展水平。然而，即使是高年级学生，也需要时间操练这些推理过程，并且首先可以在简单的任务中练习。

本章接下来的几个部分将具体涉及学习维度四中所提到的这六种推理过程：

1. 帮助学生理解推理过程。这部分主要讨论如何向学生介绍推理过程以及如何帮助他们理解每种推理过程的目标和作用。

2. 向学生提供每种推理过程的模式，并为他们应用该推理过程创造机会。这部分主要介绍复杂推理过程本身，包括每种推理过程的步骤，以及指导学生应用在推理过程所涉及的具体思维方法。

3. 在学生学习和使用这些推理过程时，帮助他们关注推理过程的重要步骤和难点。这部分明确了推理过程的重要步骤和难点，以及具体实例和应对这些要素的建议。

4. 为学生提供图示组织者或模式表征来帮助他们理解和应用每种推理过程。图示组织者和模式表征能帮助学生理解，让整个过程可视化；这部分当然还包括了图示组织者的具体实例。

5. 运用教师构建和学生构建的任务。这部分强调在应用推理中进行示范和指导的重要性，首先应该通过教师构建的任务予以指导。此外，这部分还提供了一些建议，例如如何从教师构建的任务转变为学生构建的任务，把学生从结构性较强的任务转移到以便他们自行创建的任务能更有效更自信地使用推理过程。

需要注意的是，尽管在本维度中确定了六种推理过程，但是要求学生有意义地运用知识的任务也可以通过其他的推理过程来构建。例如，如果学生熟悉了维度三的八种复杂推理过程，教师就可以让他们完成"**组合任务**"。即这些任务不仅要求学生扩展和精炼知识，还得有意义地运用知识。下面这个组合任务就是要求学生应用两种维度三的两种推理过程来应用同新墨西哥的纳瓦霍人（Navajo）和西班牙文化相关的知识。

◇ 考虑两种文化的几个因素：

◇ 建造的住房类型；

◇ 饮食类型；

◇ 宗教信仰；

◇ 流动性；

◇ 家庭模式。

至少归纳出关于两种文化的一项概括，并解释用以得出结论的具体信息。最后确定和抽象一种文化模式，并确定另一种该模式适用的文化。

（一）决策及其课堂实例

> 决策（decision making）是指提出或运用标准，从似有雷同的几种方案中作出选择的过程。简而言之，即发展并运用标准，从看似相同的选项中做出选择。

每天我们都要做出决定，不管这些决定在生活中是否重要，都是根据一定的标准得出的。不管决定星期五晚上看什么电影还是上哪所大学，其本身取决于当时你认为哪些是重要的或有价值的。选择看哪部电影，你可能只是简单地描述标准，比如"喜剧片、悲剧片、恐怖片、还是想获得某些信息。"而在选择上哪所大学时，你可能就会写下所有相关的标准：学费、地理位置和学术排名等，然后仔细地把每项标准应用于所有选择项中。以上几个例子既有相似点又有不同之处。相似点在于决定都是根据一定的标准得出的，不同之处在于决定上哪所大学需要应用系统而严密的推理过程。学习如何决策就是要学会如何应用标准，如果决定比较重要，我们就得运用系统而严密的推理过程。

当学生学习使用决策过程并把它应用于日常决定中，他们很快就会发现这种过程还要求自己具备大量与标准以及决策情境的具体选项有关的知识。同样，学生只有具备广泛的知识，在学习中运用决策过程才能如愿以偿。就像对几所大学本身所知甚少，那就不太可能运用决策过程来作出最后的选择。所以，教师不仅要让学生了解决策过程的具体步骤，同时还要加强对知识内容的理解，在此基础上能灵活应用。

学生要完成某项决策任务，教师必须提供多种实践机会来帮助他们理解决策过程和培养应用能力。下面这些建议有利于教师为学生理解和应用决策过程提供机会。

1. 帮助学生理解决策过程

教师可以通过描述自己决策的经历来帮助学生理解决策过程是如何在各个选项中应用标准。让学生区别不太重要的决定（周末我们去哪里玩）与要求严密决策过程的重要决定（如何为一次重要的选举投票）之间的差异。学生在决策前要确定所有标准以及选项符合标准的程度。这样做目的在于帮助学生理解"标准"和"看似相同的选项"这两个概念，并帮助他们理解在选项中应用标准的过程。

加深学生对决策过程理解的另外一种方法是让他们了解在给予奖励或表扬突出表现时，大家也会常常用到这种推理过程。学生应该对一些常见的颁奖典礼或公开授予某人荣誉称号的例子比较熟悉，如奥斯卡金像奖或诺贝尔奖，选择最有价值的运动员、公开选择"年度人物奖"或"最佳和最差着装奖"。帮助学生认识到每个例子都需要一定的标准，并应用这些标准来作出决定。教师可以利用当前的各种颁奖典礼、特别报告书、运动员奖或各类荣誉项目，让学生讨论可能的标准，以及如何使用这些标准来作出决定。

2. 向学生提供决策过程的模式，并为他们应用该过程创造机会

(1) 向学生提供决策过程的模式

呈现决策过程的模式有利于学生更好地熟悉该推理过程。下面列出一种有效的模式，具体步骤包括：

> 1. 明确你希望作出一个什么样的决策，以及你所考虑的不同候选方案；
> 2. 确定你认为重要的标准；
> 3. 对每一条标准按照重要性划分权重等级；
> 4. 确定不同的候选方案或办法符合标准等级的程度；
> 5. 计算符合标准等级的得分情况从而确定哪一个决策方案最优；
> 6. 依据你所选择的决策方案情况，确定是否要调整相关标准权重等级。

我们可以用更简单的语言来向低年级学生表述这些过程：

1. 我正想决定什么？
2. 我的选择方案是什么？
3. 做出决定的重要标准是什么？
4. 每项标准的重要性如何？
5. 每个可选方案符合标准的程度如何？
6. 哪一种方案最符合标准？
7. 对决定的感觉如何？需要调整相关标准再试一次吗？

（2）为学生应用决策过程创造机会

大部分学生最初对自己执行这个过程的能力不太确信，所以教师一开始极有必要向学生解释每个步骤，让学生运用学科知识在构建好的任务中一步步完成决策过程。例如，假设教师要使用社会课的知识，那么需要解释的内容包括：

第一步要确定并陈述需要决定的问题。我们已经学习了什么样的人是"世界领导者"（world leader）。有个非常有趣的问题将帮助我们运用已学的知识，"根据过去和现在的情况，如果世界处于和平状态，谁将成为最好的世界领导者？"

接着，我需要明确决策过程中应考虑的不同候选方案。哪些人我们应该考虑（可以让学生共同参与这一步）？玛格丽特·撒切尔（Margaret Thatcher）、马丁·路德·金（Martin Luther King, Jr.）和萨达特（Anwar Sadat），这些人如何？

接下来，要确定在三个候选方案中做出决定所依据的标准。这些标准包括（也可以让学生共同参与）：

◇ 娴熟的谈判技巧；
◇ 超凡魅力的领导才能；
◇ 能深入了解其他国家；
◇ 广泛的国际金融知识。

如果我运用矩阵图，将有助于我更好地组织备选项和标准，如图4.1。

	候选方案			设计标准的权重等级
标准	撒切尔	马丁·路德·金	萨达特	
娴熟的谈判技巧 (1)	1× ☐	1× ☐	1× ☐	
超凡魅力的领导才能 (3)	3× ☐	3× ☐	3× ☐	
能深入了解其他国家 (2)	2× ☐	2× ☐	2× ☐	
广泛的国际金融知识 (3)	3× ☐	3× ☐	3× ☐	
总分	☐	☐	☐	

	候选方案			确定候选方案满足标准的程度
标准	撒切尔	马丁·路德·金	萨达特	
娴熟的谈判技巧 (1)	1×2 ☐	1×3 ☐	1×3 ☐	
超凡魅力的领导才能 (3)	3×1 ☐	3×3 ☐	3×3 ☐	
能深入了解其他国家 (2)	2×2 ☐	2×2 ☐	2×3 ☐	
广泛的国际金融知识 (3)	3×3 ☐	3×1 ☐	3×2 ☐	
总分	☐	☐	☐	

	候选方案			计算决策方案得分
标准	撒切尔	马丁·路德·金	萨达特	
娴熟的谈判技巧 (1)	1×2 [2]	1×3 [3]	1×3 [3]	
超凡魅力的领导才能 (3)	3×1 [3]	3×3 [9]	3×3 [9]	
能深入了解其他国家 (2)	2×2 [4]	2×2 [4]	2×3 [6]	
广泛的国际金融知识 (3)	3×3 [9]	3×1 [3]	3×2 [6]	
总分	[18]	[19]	[24]	

图4.1 决策过程图示组织者

现在我已经确定了需要决策的问题、候选方案以及标准，接下来我可以设计每项标准的权重等级。这里我们把权重等级分为三级，用数字1、2、3表示："非常重要"用3代表，"一般重要"用2代表，"不太重要"用1代表。在矩阵图中，我将为每项标准赋值。（可以参见图4.1中的第一个矩阵图。教师可以让学生共同决定权重等级，并要求他们提供权重等级的理由。确保学生在建议权重分数时运用合理的推理过程。）

接着，我需要确定候选方案满足标准的程度。用0表示候选方案不符合这项标准；用1表示稍许符合这项标准；用3表示完全符合这项标准；用2表示介于1与3之间的情况。（图4.1中的第二张矩阵图描述了各个候选方案满足标准的情况，当然可以有不同的等级方案。）

最后，我将通过把标准权重分与候选方案相应的权重分相乘，来计算候选方案的每一标准权重的得分情况。（具体可以参见图4.1中的第三张矩阵图。）

在这个例子中，撒切尔得分情况如下：娴熟的谈判技巧2分，超凡魅力的领导才能3分，对其他国家的深入了解4分，广泛的国际金融知识9分。

接下来，我需要算出每个候选方案的总得分情况，来决定哪个得分最高。从图4.1我们可以看到萨达特的总分最高。根据决策矩阵图的信息，我们似乎可以决定萨达特将成为和平时代最佳的世界领导者。

但是，这并不代表决策过程的完成，最后一步还要求我们依据所选择的决策方案情况，确定是否要调整相关标准权重等级。在这个例子中，我认为娴熟的谈判技巧等级权重分应该为3而不是1（最后一步是很重要的，在这一步中，我们需要仔细思考重新检查标准及其权重分，如有必要则需做出合理的调整）。

教师示范完决策过程后，应为学生提供在非学科内容领域或时事中练习该过程的机会。教师可以设计一个假设的情景，或者要求学生为"最好的足球运动员"或"电视剧"选择标准和候选方案，并确保学生谨慎且前后一致地在候选方案中运用标准。

3. 在学生学习和使用决策过程时，帮助他们关注重要步骤和难点

在学生运用决策过程时，教师应该逐渐增加他们对该过程的理解。下面指出了该过程中学生应该关注的重要步骤和难点，有助于教师指导学生学习和应用决策过程。

(1) 先要确定"标准"

在学生学习和运用决策过程时,"标准"是学生应该理解的最重要的概念。日常生活和学术领域中的决策质量取决于能否清晰地陈述标准,能否正确地辨别候选方案需要满足的条件。

我们不可能用一个字来表示标准。学生应该用短语或句子来说明标准,以便于在每个候选方案中始终如一地运用标准。

此外,不像比较过程要用中立的语言来描述人物,决策过程中的标准应带有某个偏好或价值取向。例如,报纸会对两个政治候选人的"税收计划"进行客观对比评论,然而,如果当我们决定为哪个候选人投票时,我们做出决定的标准是主观的,反映了我们的偏好和价值取向。又如,我们可能会评价候选人"是否致力于降低个人所得税"。在学生为决策过程制定标准时,教师可以提供一些特征和标准的例子,以帮助学生更好理解两者的区别。

(2) 为每个标准等级赋值

尽管决策矩阵图是我们做出决定常用的方法,正因为其使用方便常常让我们觉得决策过程只不过是填矩阵表。然而,决策过程的最重要方面是学生在运用该矩阵图时具备适当的对话水平。学生在为这些标准等级赋值时,应该周全地考虑每个标准的重要程度,以及候选方案满足这些标准的程度。严格执行决策过程有助于学生有意义地运用学科知识,并增强自身做出决定的能力。

(3) 鼓励积极参与决策过程

决策过程有助于学生运用所学知识,并获得新的深刻见解,在各种知识之间建立联系,激发学生去掌握新的知识。下面这些建议有助于学生实现上述这些好处:

学生在矩阵图中做出选择后,教师应该建议他们调整标准,以便于其中一两种得分低的候选方案能够获得更高的分数。这就需要学生考虑到候选方案的不同属性。例如上述提到的"最佳世界领导者",学生可以增加另外一个标准"努力保障人权",并去掉"广泛的国际金融知识"这个标准,这样就会改变每种候选方案的最终得分。

在开始一个单元学习前,教师可以要求学生对他们不太理解的选项或标准作出决定。例如,教师可以要求学生通过利用已有知识来选择"最佳的世界领导者",然后在单元中期和结束时,要求学生重新考虑标准,根据现有知识做出必要的改变（添加或删除标准、考虑不同的标准）。这样能够让学生更好地认识到已有的相关知识将极大地影响决策过程。

先让学生利用单元中提供的信息来完成决策任务，然后要求学生通过自学获得新的信息来完成相似的任务。例如，当学生学习了与某种艺术形式相关的标准，教师可以先引导他们将这些标准用于相应的例子中，然后让学生利用这些标准以及其他艺术形式的实例来创建决策矩阵图。

4. 为学生提供图示组织者或模式表征来帮助他们理解和应用决策过程

学生有必要利用决策矩阵图来作出决定，矩阵图能够帮助学生组织大量信息来制定标准以及候选方案，并在每个候选方案中应用每项标准。

当学生熟悉了决策过程后，教师可以鼓励他们创建自己的图示。学生可以运用各种软件程序来完成决策过程。例如，高中科学教师可以利用程序创建条形图来展示每种候选方案的得分情况。学生同样可以利用该程序来改变重要等级分值，并快速获得新的结果。

5. 使用教师构建和学生构建的任务

学生理解了决策过程后，教师一开始可以为他们提供构建好的任务，让他们通过操练来熟悉决策过程。教师在构建任务时，可以参考下面这几点内容：清晰地陈述需要做出决定的问题；明确需要考虑的选项或候选方案；明确判断候选方案依据的标准；密切监控学生权衡候选方案和标准的过程；让学生在解释得出结论的理由时，关注具体的知识。

例如，一位小学教师为学生呈现下面这个决策任务：

假设你是女皇伊莎贝拉（Queen Isabella），要决定是不是应该给哥伦布提供资金来进行伟大的航行。你可以不用已有知识，但是必须利用伊莎贝拉时代可以获得的信息。你的标准应该反映你所关注的焦点，同时还应该考虑自己感兴趣的标准。在做出决定时，你还需考虑资金的数量以及在航海过程中可能的伤亡人数。当然不能确保必然的成功，你可以做出自己的选择并为之辩护。

一段时间后，学生可以开始自己构建决策任务。为了实现这个目标，教师可以逐渐减少指导的力度，只充当整个决策过程的促进者。下面这些建议可供学生参考：

◇ 向学生建议一个概括性的主题，或呈现某个学生感兴趣的问题。然后鼓励学生创建相似的主题或他们感兴趣的问题。

◇ 向学生建议一些可以考虑的选项，并鼓励他们从中挑选或自己创建完全不同的替代方案。

◇ 向学生建议一些可以考虑的标准，但是也可以让学生自己决定清晰而有意义的标准。

◇ 让学生在每个候选方案中应用标准，并提供必要的反馈（例如在学生要求时，或教师认为有必要澄清某些误解时）。

◇ 要求学生解释他们做出决定的理由，并陈述他们在决策过程中学到了什么。

6. 课堂实例

符老师（Mrs. Flores）为了让二年级的学生有意义地利用数学问题解决策略，布置了下面这一任务：比恩的身高有43英寸，坎沙有66英寸。你能用几种不同的方法来算出坎沙比比恩高多少？列出每种方法解决该问题的重要特征（例如，所花的时间，需要多少个步骤等），然后划出各种方法的图示，以及重要的特征来帮助你决定哪种方法最佳。

王老师（Mrs. Wong）班上的学生正在学习影响人们移民决定的因素。为了引起学生的好奇心，她朗读了几封来自于欧洲移民的信。这些信解释了他们所遇到的困难以及离开自己家园的理由。有些人是因为战争或经济窘迫才离开家园；有些人则是因为对探索新的国家非常感兴趣；还有些人是因为宗教压迫。王老师解释道：现在我们花一年时间来考察影响移民的因素。不管是出于什么理由打算移民，我们只需要分析影响人们做出决定的因素。在年末时，学生利用矩阵图来决定哪些因素是最常见的，以及这个模式在历史过程中是如何变化的。

一所市区高中正在计划"年度生涯探讨交流会"。计划委员会讨论了以下事实：过去学生在探讨每种职业时只是做笔记，但是不知道这些笔记是否有用。该委员会决定本年度交流时请学生参与创建决策矩阵图。教师首先帮助那些不了解决策过程的学生熟悉使用决策的步骤，然后给所有的学生一定的时间和指导来制定标准，并为标准的重要等级赋值。委员会成员观察学生利用矩阵图的过程，并和学生交谈，得出了这样的结论：矩阵图能帮助学生关注职业生涯中重要的因素。结果，学生会向职业代表询问更多的问题，然后利用获得的信息来改变或重新定义标准，有的人甚至会反思自己提出的权重等级。

（二）问题解决及其课堂实例

> 解决问题（problem solving）是克服达成目标道路中的限制或障碍的过程。简而言之，就是克服阻碍目标实现的限制和障碍的过程。

大部分人都同意解决问题的能力是成功生活的关键。即使人们同意学生需要发展解决问题的能力，但是要实现这个目标还是有一定难度的，因为我们需要应对各种各样不同类型的问题。这里我们只讨论两种基本类型的问题：**非良构问题**（unstructured problem）和**良构问题**（structured problem）。前者是我们在真实生活中面对的问题：没有清晰的限制条件，也没有明确的资源可以利用，甚至连目标都不明确，当然没有固定的标准答案。例如，试图提高车间的生产效率（还需要进一步澄清目标）同时又不违背传统的规定（还需进一步明确限制条件）。后者往往存在于我们的课本、游戏和智力玩具中。它们一般有清晰的目标，具备可利用的资源来实现这个目标。此外，这类问题通常只有一种正确答案。例如，我们如何把几个智力玩具组合起来形成某一图形，这里的目标相当明确（形成图形），并具备了可利用的资源（几个智力玩具），而且要形成这个图形只有一种正确的组合方式。

学生如果发现学习了问题解决过程后，却不能帮助他们解决完全不同类型的问题，那么他们就会非常沮丧。所以教师在教学过程中应该向学生指出他们所学的问题类型，让他们理解解决问题的定义和过程步骤。这里我们关注的焦点是**如何解决非良构问题**。这种问题可能有几种答案，需要明确以下几个问题：

◇ 目标；
◇ 阻碍实现目标的限制条件；
◇ 实现该目标的其他方法。

聚焦非良构性学习问题的好处是因为它们符合真实生活中的非良构问题的要

求。例如，即使孩子的运动和游戏会占用准备晚餐和进餐的时间，一位家长还得设法给他的三个孩子准备一顿丰盛的晚餐。又如，如何在不增加成本的情况下提高产量。我们可以看到这些生活中的问题具备非良构问题的特征。随着学生解决学习问题能力的发展，他们必定也会不断地发展这种有用的生活技能。

除了发展解决问题的能力之外，学生必须在解决问题时有意义地运用知识。解决问题的任务不仅要求学生展示他们对重要知识的理解，还要激发他们不断探索新知识，以此来澄清任务目标、理解限制条件并确定可利用的资源。与其他的推理过程一样，教师同样可以通过下面这些活动来使学生完全理解解决问题的过程，并能熟练应用。

1. 帮助学生理解解决问题的过程

尽管学生经常碰到良构的学习问题，但是教师应该让学生了解他们所学的问题解决过程是针对非良构问题的，首先应该让学生了解这两类问题的差异：

良构问题：具有明确的目标，以及可利用的资源来实现这个目标，并且只有一个正确答案。

非良构问题：不管是学习还是真实生活问题，都需要澄清目标、限制条件和可以利用的资源。它的答案不是唯一的。

教师还需向学生强调此时的问题解决过程主要是用来帮助解决非良构问题。该过程有助于学生更好地回答"我的目标是什么？"，"什么是阻碍我实现目标的限制条件？"以及"我还有什么其他不同的方法来克服这些限制条件？"。

教师可以提供一些学习问题或真实生活问题，要求学生回答上述这三个问题。例如，假设一个人上午9点钟上班，但是在8点05分时发现汽车不能发动了，她需要明确目标（是想其他办法去上班还是继续启动车子），确定困难条件（今天没有公共汽车或者很难叫到出租车），然后确定如何克服这些障碍（请求邻居帮忙或推车来启动引擎）。为了创建学习任务，教师可以要求学生确定需要解决的任务（澄清目标），只利用某些资料（限制条件）。

教师还应该让学生明确解决问题所需的知识，比如用于澄清目标的知识，理解限制条件的知识，以及用于寻找问题答案的知识。教师呈现完实例后，可以要求学生描述并分析他们亲身经历过的问题。

2. 向学生提供问题解决过程的模式，并为他们应用该过程创造机会

(1) 向学生提供问题解决过程的模式

为学生提供问题解决过程的模式有助于学生发展解决问题的能力。该过程的具体步骤如下：

> 1. 确定你想达成的目标；
> 2. 确定约束或限制的条件；
> 3. 确定这些约束或限制条件如何妨碍你达成目标；
> 4. 确定有没有办法克服约束或限制条件；
> 5. 选择并实施满意的解决措施；
> 6. 评估你所尝试的解决措施的效果。如果合适，尝试另一种解决措施来克服约束或限制条件。

我们可以用更简单的语言来向低年级学生表述这些过程：

> 1. 我想实现什么？
> 2. 在实现愿望的途中是否有限制或障碍？
> 3. 克服限制或障碍的解决措施有哪些？
> 4. 我将尝试哪一种解决措施？
> 5. 我的尝试成功与否？我是否应该尝试另一种解决措施？

(2) 为学生应用问题解决过程创造机会

教师应利用具体实例向学生展示问题解决过程的步骤，最好这个例子有一个明确的限制条件，教师应一边示范一边解释。例如：

几个世纪以来，人们一直利用盐来加工肉、鱼和其他食物，因为盐能杀死微生物。我如何在不使用盐的情况下在常温中保存肉、鱼和其他食物？

首先我需要重申目标（当然可以要求学生来回答），我想用其他能杀死微生物的东西来加工肉、鱼和其他食品，以便能在常温下保存这些食物。

接着，我需要确定约束和限制条件。在这个例子中，有两个限制条件：（1）不能用食用盐；（2）必须在常温下保存这些食物（也就是说不能被冷藏或加热）。

然后，我得确定这些限制条件如何阻碍我实现目标（也可以要求学生参与这

一步）。盐能杀死微生物，冷冻能够抑制微生物的生长，因此我必须想到其他能杀死或抑制微生物生长的办法。

还有哪些方法可能实现这个目标？真空包装或干燥法可以被用来阻止细菌的繁殖（教师可以让学生帮助完成这一步。要让学生讨论每种被选方案如何克服这些限制条件。如果有足够的时间和资源，可以让学生尝试多种解决措施并讨论结果）。

教师展示完后，要为学生提供操练的机会，可以从简单的学习问题或真实的生活问题开始。

3. 在学生学习和使用问题解决过程时，帮助他们关注重要步骤和难点

熟练掌握解决非良构问题的过程需要不断地练习和实践，在学生解决具体问题时，教师应该帮助他们关注该过程的具体步骤。教师可以参考下面这几点内容：

（1）先要澄清目标

有时候我们不需要经历解决非良构问题的第一步，即澄清目标。但是，教师应该为学生呈现那些目标不明确的任务，要求他们来澄清目标。然后，要求学生把自己的目标与他人的目标相比较，让他们了解到任何情境可能会有多个不同的目标。假设早晨无法发动汽车引擎，你的第一个反应是让汽车发动起来，当然我们还可以有其他的目标——要按时上班。所以有必要让学生反复练习如何陈述目标，因为不同的目标会影响问题解决过程的其他步骤。

（2）注意分析阻碍目标实现的约束和限制条件

学生往往希望快点找到问题的解决方案，而忽略了其他步骤。然而，教师应该要让学生花时间关注第三个步骤：分析阻碍目标实现的约束和限制条件（请注意这一步对低年级学生来说应该用比较简单的语言加以说明）。当学生理解了这些约束和限制条件如何阻碍目标的实现时，有利于他们找到克服这些困难的解决措施。例如，教师要求学生制造某种交通工具，但只能利用某种特定的材料（约束和限制条件）。学生在寻找解决措施前，他们必须了解这些限制条件是否会影响该项目的强度（strength）、动力（power）和空气动力学（aerodynamics）条件。

学生通过仔细分析约束和限制条件还能强化学习。例如，一位小学教师布置了一个问题解决任务，要求学生不用圆圈描绘一张繁忙城市的景象图。如果学生理解了不能用圆圈这个限制条件，他们就能理解几何图形在生活中的重要性。

（3）考虑与其他推理方式结合使用

当学生开始任务的第五步（选择并实施满意的解决措施）时，他们可能会用到学习维度四中"决策"和"创见"这两种推理过程。例如，当学生确定了可能的解决措施后，他们还要利用决策过程来选择最有可能成功的解决措施；当他们无法找到任何解决措施时，就认为需要创造出新的方法来解决这个问题。如果学生熟悉这些复杂的推理过程，他们就能很轻松地完成问题解决任务。如果他们不熟悉，就需要学习和练习。

（4）努力寻找最佳解决措施

教师还应该让学生了解到，解决问题的过程不在于找到多少解决方案，而是要找出最佳解决措施。过程的第六步就强调了这一点，它要求我们评估所尝试的解决措施的效果。然后根据评价结果来决定是否尝试另一种解决措施。如果第一种解决方案行不通，学生就有必要回到前面几个步骤，重新寻找另一种解决方案；如果解决方案是成功的，学生仍然有必要回到前面几个步骤，尝试多种解决方案，最终挑选出最佳的方案。这样，学生才能不断发展解决问题的能力和强化对内容知识的理解。

4. 为学生提供图示组织者或图像实例来帮助他们理解和应用问题解决过程

对很多学生来说，利用图示组织者有利于他们对问题解决过程的掌握和理解。图4.2为我们展示了一种图示。

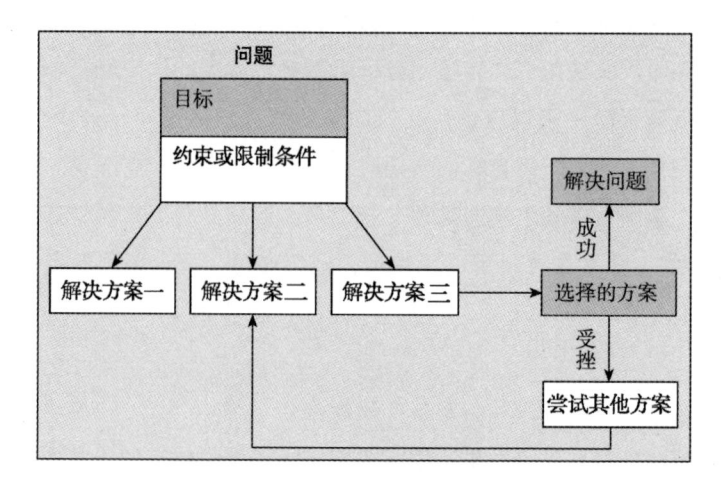

图4.2 问题解决的图示组织者

5. 使用教师构建和学生构建的任务

学生初次接触问题解决过程，或有特定的学习目标时，教师应该为学生提供已经构建好的任务。下面这些建议可供教师设计任务参考：

◇ 假设一个与学科内容相关的情境，这个情境应具备某种约束和限制条件，或者规定某种限制条件；

◇ 明确预期的目标，可以解释对这个目标不同方式的理解；

◇ 确定约束和限制条件；

◇ 和学生共同分析约束和限制条件的影响；

◇ 与学生合作设计各种克服约束和限制条件的方法；

◇ 为学生提供必要的信息和资源；

◇ 让学生评价所尝试的解决措施的效果，并做出合理的反馈。

例如，美术老师都知道柔和色彩通常用来表达绘画中的软色调。她决定把这一条作为约束条件。也就是说，她告诉学生不能在这次绘画作品中采用柔和色彩。这位老师提出的目标和约束条件是："我请大家画一幅画，画中能传递一种软色调。但是，请同学们不要使用柔和色彩。"此时，学生将考虑是否应采用其他的方式来表达通常需要柔和色彩来加以体现的软色调情感。学生必须尝试其提出的解决方案和评估其效果。

当学生熟悉了问题解决过程，教师可以鼓励他们自己创建任务，在学生设计任务期间，教师可以给予必要的指导。教师可以参考下面这几点内容来有效引导学生的任务设计：

◇ 为学生提供一些概括性的主题，作为学生确定任务问题的参考，当然学生可以有自己的想法。

◇ 要求学生确定某一情境，该情境应具备某种约束和限制条件，或者可以强加限制条件，教师适当提供建议。

◇ 要求学生描述限制条件的作用，或者让他们描述规定的限制条件，教师应该提供必要的反馈。

◇ 让学生设计几种克服约束条件来实现目标的解决方案，教师应澄清某些误解，适当情况下还可以提供建议。

◇ 给学生足够的时间来获得信息和其他资源来实施解决方案。教师可以提供必要的帮助和建议。

◇ 让学生评价所尝试的解决措施的效果。确保学生在报告中展示了帮助他们理解并解决问题的知识。

6. 课堂实例

一位教师设计了下面这个任务。目标是让学生学会如何设计并准备符合营养需求、同时又满足节制饮食的要求的菜谱。

感恩节到了。买火鸡、做番茄酱、购沙司、烤馅饼对于大部分的家庭来说是非常简单的事情。但是你的家庭却有点犯难：你的父亲有糖尿病，姐姐乳糖过敏，兄弟又是一个素食主义者，母亲正好在减肥。

你如何设计一份感恩节菜谱来满足所有家人的需要，而仍然维持一定的营养水平，并且保留了传统感恩节需要的食物。明确不同菜的限制条件，寻找各种可利用的解决方案。多尝试几种，最后确定哪种方案最美味最富有营养价值。继续尝试，直到确定最终的菜谱为止。

中学英语教师鲍老师（Mrs. Brokaw）很喜欢语法，但是她的学生不喜欢。为了增加学生对语法的兴趣并检验学生对形容词用法的理解程度，她布置了下面这个任务：写一篇影评或书评。你可以自由使用冠词——a, an, the, 但是形容词只能用四次。

有一家小微戏剧公司为你提供了一个岗位，请你为一台节目设计一套布景。虽然这台节目的预算少得可怜，不过这家公司有一个优势就是舞台灯光很充足。实际上，经理是希望你充分运用环境的视听因素（地点、时间、氛围和心境等），只用灯光来置景。你会怎么做呢？

（三）创见及其课堂实例

> 创见（invention）是形成原创性的产品或过程以满足预期需求的过程。简而言之，就是开发原创产品或过程，来满足具体需要。

我们经常会遇到一些令人沮丧的情境，让我们不得不停下来思考，"会不会有更好的方法……"或"他们应该做出更好的……"，这就是需要创见过程的情境。该推理过程的主要目标在于创造出新的符合特定需要的产品或过程。作出创见时，我们需要回答"我怎样做才能更好或更有效？"或"我能创造出哪些新的东西？"。创见过程的创造特性使得这个推理过程既富挑战性又有趣味性。学生能够集思广益、自由讨论各种想法，当他们意识到创见过程有助于创造出先前不存在的产品或过程时，就会产生满足感。

创见过程具备的自由和创造特性使之有别于问题解决过程。尽管这两种过程都涉及实现目标，但是问题解决过程是由约束和限制条件驱动的，而创见过程则是由标准驱动的。约束和限制条件是外部强加的，而标准则是由创见者制定的。例如，创造一种新的方式以便于学生更方便地出入餐厅，这种新方式的标准是更安静、所花时间更少。这些标准是由创见者自己提出来的。当然，这些标准不一定都要实现，我们可以依据完全不同的标准来实现学生更方便地出入餐厅这个目标。另一方面，约束和限制条件通常伴随着问题情境出现，问题解决者本身难以直接加以控制。

尽管创见过程自由度较高，但是创见者必须要明确目标。要明确目标，我们首先要理解需要某项发明的情境。如果没有这方面的知识，也许能得到一个独一无二的产品或过程，但是不太可能改善当前情境。同样，在课堂中，教师要求学生完成与学习内容相关的创见任务，他们必须具备必要的知识。在学生学会如何提出创见时不仅要帮助他们发展运用该过程的能力，还要求他们有意义地运用知识。以下内容为教师提供了帮助学生发展创见能力的方法。

1. 帮助学生理解创见过程

为了帮助学生发展对创见的理解，教师可以先列出一系列对人类社会和生活产生重大影响的发明创造。教师接着向学生呈现创见的定义，然后再给出一些创见（发明）的实例，并要求学生回答，"激发这项创见（发明）的需求是什么？"或"创见（发明）者试图要改善什么？"这样有助于学生理解成功的创见（发明）不仅要独一无二，而且还要有实用价值。学生应该学会辨别有价值且有用的发明创造，它们一般都能改善人们的生活。

教师应让学生比较解决问题过程和创见过程，这将有助于他们对这两种推理过程的理解。例如，教师可以向学生解释如果需要在一条小溪上建造一座不长于 4 英尺的桥，只允许运用"2×4"的木板。这样就有一个问题：学生要用到问题解决的推理过程，因为这里有一个清晰的目标，以及需要克服的制约条件；如果要求建造一座坚固的桥梁，并且可以利用任何材料，尽管有明确的目标，但是没有约束和限制条件，那么学生就需要运用创见的推理过程。当然，这个任务有特定的标准——坚固，所以，创见者可能会提出更具体的标准，例如这座桥梁至少能够支撑五个人的重量。由此，创见过程是由发明者自己制定标准，而在问题解决过程中的约束和限制条件则是伴随着问题情境而出现的，并决定了什么能做、什么不能做。

让学生明白理解问题解决和创见过程之间的差异——事实上，理解所有推理过程之间的差异——是非常重要的。因为我们只有理解了每种推理过程的适用条件，我们才有可能完成任务的目标。

2. 向学生提供创见过程的模式，并为他们应用该过程创造机会

（1）向学生提供创见过程的模式

为学生提供创见过程的模式有助于学生理解该过程，并熟练地应用它。该过程的具体步骤如下：

选项
1. 确定你想改进或需要作出反应的情境；
2. 说明你的目标，并用不同的方式从多种角度反复说或写；

草拟
3. 确定你所想创见的具体标准，确定你的目的到底是想干什么；
4. 制作一个模型，或者概述你想创见的东西；
5. 着手形成你的产品，不断修改完善，不要轻易满足；
6. 有时也可以将半成品放一放，以便有机会更客观地加以评判；

修改
7. 继续创见过程，关注细节；
8. 当任务完成到一定程度时可以先放一放，力求使之与自己提出的标准相一致。

我们可以用更简单的语言来向低年级学生表述这些过程：

> 1. 我想做什么或我想做好什么？
> 2. 我想为自己的创见提出什么样的标准？
> 3. 形成我初步创见的最佳办法是什么？
> 4. 我如何能够改进自己的初步创见？
> 5. 我的创见是否符合自己提出的标准？

（2）为学生应用创见过程创造机会

教师首次介绍创见过程时，为学生提供一些清晰的实例，一边示范一边解释。例如，一位教师教有关地图的单元：

人们在为了不同的目的使用不同地图时常常会很困扰，例如，地形图用来察看地形，而政治地图则用来检查国界。我想要设计一张地图，结合了各类地图（如地形图、政治地图、经济地图等）的信息。所以我的目标是：我想要设计一类地图，它结合了某个地区的经济、地形和政治信息。

现在我已经确定了目标，我还得制定这幅地图需要满足的标准。首先，我需要确定我能利用的信息。我希望能够包括经济状况（如进口量和人均收入），地形特征（如湖、河和高原），以及政治因素（如结盟关系和领土纠纷）。我的目标是要展示所有这些信息，并设计一个图例方便使用者找到需要的各类信息。地图必须条理清晰（你可以让学生细化标准或建议其他的标准）。

接下来，我需要制作地图的草图（要求学生根据他们自己提出的标准来设计地图的草图，在制作过程中你应该描述预测到的困难）。

我完成了草图，现在我可以开始制作地图了。在制作同时，我将指出创见过程中会出现的问题（你可以事先准备好一张完成的地图，或者在课堂上与学生共同制作。学生同时也可以创建自己的地图，并与他人分享制作过程中出现的问题）。

我喜欢自己创造的地图。它是不是符合预期的标准？是的，但是我最后如何润色使它更完善呢（你可以要求学生小组讨论决定他们的地图是否满足了标准，然后鼓励他们做出最后的修饰润色。尽量给他们充足的时间来推敲完善作品，以满足预期的标准）？

教师要为学生提供练习创见过程的机会，创见的产品或过程不一定与学习内容相关。在学生进行过程中，教师要讨论每一步，并提供必要的反馈来帮助学生理解创见过程。例如，在学生设计草稿时，教师应该提醒他们时刻注意标准。教师还可以把创见过程的整个步骤贴在教室里，供学生参考。

3. **在学生学习和使用创见过程时，帮助他们关注重要步骤和难点**

学生在创见新事物时，往往能积极地参与到这个项目中，因为他们能清晰地利用自己的想法来创造新事物。但是学生不仅仅要完成他们的项目，最重要的是要发展他们创见的能力。下面这些建议可以为教师监控学生的创见过程并提供反馈时作为参考。

（1）关注创见过程的第一个阶段

这是新产品或过程成功的关键。在这一阶段，学生需要明确他们的发明创造要解决什么问题。对需要改进的情境作出清晰而精确的解释有助于学生制定标准、设计草稿、略图或模型。学生在学习创见过程时，教师要为他们提供机会去创造有趣的甚至可笑的产品或过程。教师要尽早强调明确需要改进的情境是很关键的。

确定预期的需要也是该过程的一部分。例如，如果学生要设计一种新的程序来解决国家之间的边界纠纷问题，那么他们必须理解当前现有的程序及其缺点，否则学生就不可能界定明确的创见目标。

（2）鼓励学生在开始创造之前应该先明确标准

草拟阶段包括了创见过程中关键的一步，即制定创见的具体标准。标准的确定要求我们回答，"本次创见将提供什么样的产品或过程？"或"创见的成果将如何改善现有情境？"标准不仅能决定我们如何满足预期的需要，还能引导我们设计初稿并对其做出相应的调整。所以教师要鼓励学生在开始创造之前应该先明确标准。此外，在标准制定期间，要让学生关注学科内容本身，因为创见过程的一个重要部分是要求学生有意义地运用知识。

（3）好的创见离不开多次调整完善

调整完善阶段的工作决定了创见的成果是否能满足预期的要求和标准。学生应该认识到最成功的发明创造需要多次修改和调整。教师应该为学生提供大量的反馈意见，让他们不断地评价、修改、核对甚至调整标准，然后再次修改和润色。教师要让学生了解创见的目标是要完成产品或过程，来满足甚至超过标准。

4. **为学生提供图示组织者或模式表征来帮助他们理解和应用创见过程**

对很多学生来说，利用图示组织者有利于按部就班地组织想法和实施创见过程。图 4.3 就是一种图示。

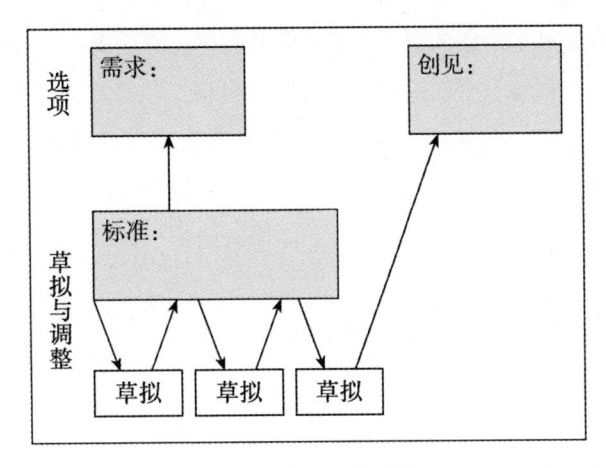

图 4.3　创见过程图示组织者

5. 使用教师构建和学生构建的任务

当学生刚接触创见过程，或需用到具体的学科内容时，教师应该为学生提供构建好的创见任务。教师在设计创见任务时，可以参考下面几个步骤：

（1）清晰陈述创见目标；

（2）明确需要满足的标准；

（3）为学生提供必要的资源和信息来开发创见内容；

（4）当学生在开发创见产品或过程的模型、略图或提纲时，教师应提供大量反馈，确保学生理解了创见的目标和标准；

（5）密切监控学生的创见过程；

（6）适当给予鼓励，促进学生反复修改，直至该产品或过程符合甚至超过预期的标准。

当学生熟悉了创见过程，可以开始自己构建创见任务，当然教师应该给予必要的指导。教师可以参考下面的建议：

（1）教师可以建议一个与学科内容相关的主题，该主题应包括某个需要改进的情境；

（2）要求学生确定这个需要改进的情境；

(3) 要求学生清晰地陈述创见目标，当然教师可以提供大量的选项供他们参考；如果学生陈述的目标反映了某种误解，教师应该指出并给予指导；

(4) 要求学生确定创建的标准，教师应提供相应的反馈；

(5) 要求学生创建一个创见产品或过程的模型、略图或提纲，教师只需提供少量反馈，如若学生草拟的初稿不佳，他们自己会在调整和修改阶段发现这个问题；

(6) 当学生创造产品或过程时，教师应询问他们一些有助于他们关注最初目标和标准的问题；

(7) 鼓励并强化学生对创见成果进行修改。

6. 课堂实例

彭老师（Ms. Bennis）班上的小学生正在学习符号的概念，尤其是有关美国的符号（如秃头鹰、山姆大叔、星条旗）。同时，学校刚好要组织一次校旗设计比赛。彭老师认为这次比赛是学生应用所学知识的好机会。她首先向学生讲解了创见过程的步骤，然后带领学生一起完成第一个阶段，即制作校旗的标准。另外他们又想到了一些主意，应该在校旗上用符号呈现这些信息，例如学习、阅读、写作、数学、合作和孩子等。然后彭老师引导学生利用课堂中学到的以及与父母共同想到的符号来设计校旗。当学生完成制作校旗后，向全班展示并解释每个符号。最后，所有学生设计的校旗都参加了比赛。

乔老师（Mr. Gregorio）意识到上体育课时学生往往不理解在运动前后做热身运动的重要性。他决定向学生示范这些热身运动并讨论其好处和重要性。为了帮助学生有意义地运用这些技能，他要求学生设法完成下面这个任务：

当地电视台要求你设计一套新的半小时健身节目。先前的健身节目受到了观众的批评，因为它没有足够的热身运动与放松运动时间来增加或降低心跳频率。

请你们利用已有的知识和技能，来设计一套能合理增加或降低心跳频率的健身程序。首先明确你的健身程序需要满足的标准；接着，略述你将使用的健身运动以及具体的热身运动（如伸展运动、慢跑、柔软体操等）和运动结束的准备动作（如逐渐减少锻炼的强度、做与热身时同样的伸展运动）；再详细说明每个阶段分配的时间；接下来还要继续开发你的健身程序，探索其他的准备动作技巧。

要让几位同学试验这套运动程序，核查运动前、运动期间以及运动后的心跳次数。当然，对这个运动程序作出适当调整直至满足预期的标准。最后，要向全班展示这套运动程序，解释它如何满足标准，以及你所作出的调整。

杜老师（Ms. DuBois）班上的学生以具创造性且有意义的方式运用关于带电材料及其相互引力的知识。她设计了下面这个任务：

从洗衣机中取出衣物时，干衣纸能防止袜子粘在裤子上。但是不巧你的妈妈把干衣纸用光了。因为你不喜欢干衣纸的味道，而且不可反复利用，于是你决定为妈妈设计一种新的可再生的防静电设备。

利用你具有的关于物体之间或原子核内的电力知识，思考衣服在洗衣机中如何产生静电。设计一种可反复利用的设备来防止静电。明确这个防静电设备需要满足的标准（如它不会在高温水中溶化）。设计这个设备的模型或略图，然后开始开发你的产品。在开发期间要不断测试产品效果，做出必要的调整和改变，直至符合预期的标准。在母亲节那天向妈妈展示成品，用通俗的语言说明其工作原理。

（四）实验探究及其课堂实例

> 实验探究（experimental inquiry）是对所观察的现象提供解释并加以检验的过程。简而言之，就是解释观察的事物，并加以检验。

实验探究对每个人来说都是非常实用的，因为它能够帮助我们理解观察到的事物。例如，从丹佛到缅因州度假的一家人在旅途中做了下面的观察：

马丽注意到用过的毛巾和游泳衣到第二天还是湿的，她感到非常吃惊，因为在丹佛晾在外面的毛巾只要几个小时就干。但是，马丽很快就想起在学校科学课中学到的知识。她决定利用这些知识来解答"毛巾之谜"。

马丽的父母看到孩子们在度假期间很乖，不像平时那样吵吵闹闹。他们开始怀疑是不是因为孩子忙于玩耍而忘了争吵，还是因为父母的关注导致了孩子学会了和平相处。于是他们翻阅一本关于父母如何养育孩子的书，试图找到原因所在。

马丽以及她的父母都试图解释他们观察到的现象。现在他们将运用已有的知识来作出清晰解释，如果解释正确还要预测可能发生的事情，然后设计实验来验证他们的推测。尽管马丽运用的是自然科学知识，其父母则运用儿童行为心理学知识，但两者都试图回答下面这四个问题：(1) 我观察到了什么？(2) 我怎样才能解释它？(3) 依据我的解释，我能预测到什么？(4) 我如何检验预测？

实验探究在科学课中相当常见，但在人文、艺术、文学课中比较少见。这是非常不幸的，因为实验探究过程不仅可以应用于自然科学中的物理现象，同时也适用于心理现象。如果学生要解释为什么人会对具体的文学作品、音乐或视觉艺术做出反应，他们就得用到相应知识来解释自己所观察到的反应，预测在其他情境中的反应，然后设计实验，或许可以采用调查或问卷形式，来验证预测并证实自己的解释。由此可以看出，不管在哪个学科中，实验探究是运用和扩展知识的有效方法。

像其他的推理过程一样，教师有必要利用实例来介绍实验探究的过程，并示范过程的每个步骤以便于学生理解该过程，并能独立地加以运用。教师在教授实验探究过程时，可以参考下面的建议。

1. 帮助学生理解实验探究过程

教师介绍实验探究过程时，可以利用一些著名的实验探究实例或讨论自己所参与的实验。教师可以描述在高中或大学里做过的一个实验，或者描述由托马斯·爱迪生或本杰明·富兰克林这两位伟人所做的实验探究。然后要求学生回答什么是实验探究的关键因素，让他们了解进行实验探究需要回答下面这些问题："我观察到了什么？"，"我怎样才能作出解释？"，"依据我的解释，我能预测到什么？"以及"我如何检验预测？"。教师还应该强调若实验探究的结果不能证实原先的解释，我们就需要多次尝试。

除了帮助学生理解实验探究过程之外，还应该让他们认识到很多实验探究的成果极大地影响了人们的生活（例如，乔纳斯·索尔克的实验发明了脊髓灰质炎的疫苗）。教师要求学生描述其他著名而重要的探究实例或一些需要应用实验探究过程的情境，并要求描述研究者应具备哪些知识来做这些实验。

2. 向学生提供实验探究过程的模式，并为应用该过程创造机会

(1) 向学生提供实验探究过程的模式

和其他复杂的推理技能一样，教师应该为学生提供实验探究过程的具体步

骤。该过程的具体步骤如下：

> 1. 对你有兴趣的事情进行观察并描述所发生的事情；
> 2. 解释你观察到了什么，什么理论或规则能够解释你所观察到的东西；
> 3. 依据你的解释来作出预测；
> 4. 开展一项实验或活动来检验你的预测；
> 5. 按照你的解释来对照实验结果，必要时修改原有的解释。

我们可以用更简单的语言来向低年级学生表述这些过程：

> 1. 我注意到或观察到了什么？
> 2. 我怎样才能解释它？
> 3. 依据我的解释，我能预测到什么？
> 4. 我如何检测预测？
> 5. 发生了什么？它是我预测的东西吗？我是否需要作出不同的解释？

（2）为学生应用实验探究过程创造机会

教师向学生示范实验探究过程，并以具体的方式展示每一步，一边示范一边解释。教师可以先利用学生易于理解的物理现象，来呈现该推理过程：

我将从相同高度扔下一块岩石和一片羽毛，看看会发生什么现象。我看到岩石比羽毛更快落到地面。我想搞清楚为什么会那样？

我有一个想法。我知道重力是引起物体下落的原因，而岩石比羽毛重。也许物体越重引力的作用就越大（教师也可以要求学生对他们的观察结果进行解释）。

如果我的解释正确，那么物体越重下落的速度也就越快，也就是任何两个重量相同的物体会以同样速度下落。我就可以作出下面这两个预测：（1）把一张纸揉成一团后下落的速度与摊开的纸片下落的速度相同；（2）一磅重的羽毛与一磅重的铅球以同样的速度下落（教师同样可以要求学生作出自己的预测）。

接下来我要验证自己的预测。我想自己应该通过实验来验证这两个预测（演示实验过程，或者由教师为提供材料以便能顺利演示实验）。

根据我在实验中的观察所得，我是否证实了我的解释，我是否需要做出修改？尽管质量相同，但是揉成一团的纸和铅球要比它们的对照物下落的更快。那么我最初的解释就不成立了。也许不是物体的重量影响下落的速度，也许是与物体的密度相关。我的新假设是……（教师可以示范这个步骤，或者允许学生自己动手实验，并用"出声想"的方式做出解释）。

当学生熟悉了实验探究过程，教师应提供学生操练该推理过程的机会。因为每个步骤要求理解一些概念（例如预测和解释），提高运用过程步骤的能力，一开始不应该要求学生运用复杂的内容知识。

3. 在学生学习和使用实验探究过程时，帮助他们关注重要步骤和难点

学生通过实验探究，通过对现象的解释和澄清，不仅能够有意义地运用知识，而且还能创造出新知识。学生在学习实验探究过程时应仔细观察，来提高对该过程的理解和应用能力。教师在设计教学时，可以参考下面几点内容。

（1）鼓励学生积极参与实验探究

实验探究是一种非常复杂的过程，对学生来说是一种挑战，他们需要亲身体验感兴趣的或是意义重大的现象。学习维度四中所有推理任务的主要目标是让学生有意义地运用知识。教师通过向学生呈现有趣的吸引人的现象，来激发他们的兴趣，并能积极地参与到任务中。学生如果能自主选择研究的现象，决定探究的方式，也会有利于激发兴趣。其他激发学生兴趣的方法，可以参考第一章的内容。

（2）重视合理运用知识

实验探究过程的第二步要求学生解释现象。这是探究过程中关键的一步，因为学生需要在任务中运用先前的知识和经历。此外，这也是该过程中最需要采用演绎推论的部分（因为此时需要将概括性的理论和规则运用到新的具体的情境中），所以，学生必须运用相应的概念和原理来解释现象。即使学生对澄清现象非常感兴趣，也离不开运用必需的知识来作出解释。因此，教师不仅要鼓励和提示学生，还要提供学习所需知识的机会。

（3）教师提供必要示范与指导

第三步要求学生作出预测，第四步则要求设计实验，此时学生会面临巨大的挑战，因而需要教师给予示范和指导。尽管学生要学会独立地设计实验过程，但有时教师提供大量必要的帮助也是很合理的，尤其是任务的主要目标在于促进学生有意义地运用知识。

（4）认真分析实验探究结果

当学生分析实验结果（即第五步）时，他们可能会发现实验探究过程的几个步骤是相互作用的。得到了实验的结果并不意味着结束，它仅仅为研究者指明了下一步研究的方向。如果实验结果表明原初的解释是不正确的，那么，研究者就必须决定是否要尝试其他的解释，并设计替代实验方案。如果实验结果表明对现象的解释是正确的，研究者则同样需要回到前面几个步骤，设计替代实验方案，甚至考虑其他不同的解释。

教师有必要让学生理解实验探究的品质特性。也就是说，即使学生分析了实验结果，完成了任务，他们还需要做很多的实验来继续探究这个主题。教师应该鼓励学生设计多个实验来深入探究。学生对主题越感兴趣，就越有可能继续深化研究。

4. 为学生提供图示组织者或模型表征来帮助他们理解和应用实验探究过程

图 4.4 是实验探究过程的一种图示。它有助于学生理解该过程各个步骤之间的相互作用，也可指导学生运用实验探究过程。

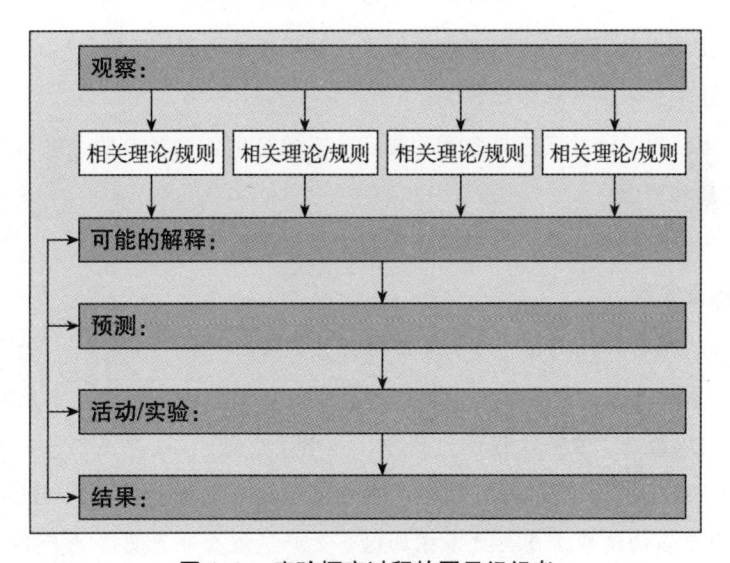

图 4.4 实验探究过程的图示组织者

5. 使用教师构建和学生构建的任务

当学生理解了实验探究过程，教师可以为学生提供已经构建好的任务，来尝试该过程。教师在组织任务时，可以参考下面这些建议：

(1) 清晰地说明或描述学科领域的某些现象（物理现象或心理现象）；

(2) 要求学生解释现象；教师可以建议或要求他们运用具体知识来作出解释；

(3) 教师依据解释，建议学生某些可能的预测，设计实验或活动来验证这些预测；在学生实验探究过程中，教师应提供必要的反馈；

(4) 为学生提供实验或活动的必要信息和资源；

(5) 完成实验后，要求学生根据实验结果回顾原先的解释，并汇报得出的结论，然后进行下一步研究。

学生熟悉了实验探究过程，他们就可以开始自己构建探究任务。教师不能只是简单地告诉学生某个试验探究任务，还要提供必要的指导和帮助。教师可以参考下面这些建议来帮助学生构建任务：

(1) 为学生提供任务的内容领域，这些领域中存在某些未解释过的或学生感兴趣的现象；

(2) 要求学生选择某个感兴趣的现象，并详细描述观察所得；

(3) 让学生对现象作出可能性的解释，教师提供必要的反馈；

(4) 让学生依据解释做出预测；

(5) 当学生设计并实施某个活动或实验来验证他们的预测时，教师应该提供必要的信息和资源；

(6) 为学生解释实验结果和描述实验步骤提供机会。

6. 课堂实例

毛老师（Mr. McIntyre）向学生介绍有关"供应"和"需求"、"消费者"和"生产商"这些概念。虽然他给出了一些非常具体的例子，但还是不能确信学生是否理解这些概念。在一次课堂讨论中，一个学生说："去年圣诞节，每个人都想要一个'搔痒娃娃'，但是买不到，连圣诞老人的礼物中也见不到。我想到你说过：'当更多的消费者想要更多东西时，生产商就会生产更多的产品。'"另外一个学生说："我买不到新的任天堂游戏，因为市场上已经没有货了。我妈妈说公司限量出售是故意制造气氛。"毛老师提示学生继续他们关于限制供应量如何增加人们需求的讨论。然后协助学生设计一个实验来预测当限量发行某种产品时会发生什么情况。

学生决定在校门口附近出售小甜饼。他们每天只选择出售一种小甜饼，数量也不多。旁边竖上一块牌子："货量不多，欲购从速！"当卖掉几块甜饼后，学生会马上补货。每天他们都会记下日销售量，看看限量出售的情况下能否卖掉更多的甜饼。事实上，他们发现当客户认为存货不多时，他们更有购买意愿。学生最后得出结论：这跟圣诞节玩具的销售情况类似。

凯老师（Mrs. Carey）听到她的学生抱怨福克纳（William Faulkner）的作品太难理解。一个学生认为这是因为福克纳作品中写的句子太长、太复杂，所以很难理解。凯老师问学生是不是愿意验证这个假设。学生对此很感兴趣。他们设计了一个实验：让其他班级的学生阅读两段包含了相同信息的文章段落。其中一个版本由长句组成，而另外一个则由短句组成。实验者预测阅读长句段落的学生对内容的理解不如阅读短句段落的学生，因而在阅读测验中的表现也较差。结果，学生非常吃惊地发现所有学生的表现水平相当。根据实验结果，他们再次回顾了福克纳的作品，试图对他的作品很难理解的原因作出不同的解释。

（五）调研及其课堂实例

> 调研（investigation）是明确并解决那些有争议或矛盾问题的过程。简而言之，即消除模糊观点或对事情提出建议及辩护的过程。

我们经常阅读或倾听各类媒体的新闻报道，有些属于调研性报道。当那些可利用的信息包含了相互抵触、不一致的内容或其他表明事实还未为被揭露的线索，我们就需要进一步深入挖掘。记者参与某项调研试图来解释某个事件，他们首先会搜集大量的信息，然后组织一系列看似正确的事件。这种调研过程实际上与父母试图找出为什么孩子出了家门就容易发生冲突的过程是类似的。调研的目标在于收集并利用信息来澄清矛盾和混淆之处，或者发现、生成被遗漏或未知的信息。

就像独立调查员与新闻报道员的工作不尽相同一样，让学生参与调研活动具有很大的挑战性，不像单纯为自学而收集信息那样简单。其中一个最主要的不同在于主题选择。在调研任务中，学生不是因为对某个主题感到困惑才关注它的，而是因为在该主题相关的现有信息资料中存在矛盾和不一致。第二个差异在于学生不能简单地利用资源来找出答案，他们必须利用资源来设计解决混淆和矛盾之处的方法。例如，学生可能采用自学来理解伊拉克这个国家的风俗习惯，这不能被称为调研。如果在自学中，他发现在"第三世界国家"这个概念的定义中存在含糊之处，那么就需要调研。他将需要运用合理的资源来创建一个定义。

一开始学生进行调研的机会比较少，但随着在课堂中有规律地运用调研过程，学生会不断熟悉该过程，师生就能注意到曾被忽略但却存在混淆和矛盾之处的主题。调研有三种类型：定义调研（definitional investigation）、历史调研（historical investigation）、预测调研（project investigation），如果学生了解所有类型的调研，他们就更有可能合理地运用调研过程。我们来看一下这三类调研的定义：

定义调研：为某一概念创建一个精确的定义，这个概念一般暂无统一的定义。例如，"公民不服从"（civil disobedience）。

历史调研：为过去某个事件或情境创建一个场景（scenario），该事件尚无一致的解释或顺序。例如，确定哥伦布发现新大陆的路线。

预测调研：为将来某个事件或过去某个假设的事件创建一个场景。例如，预测如果圣雄甘地和美国总统林肯没有被暗杀，将发生什么？或者如果基因工程继续按照现有的方向发展将会发生什么？

调研有一个限制条件，就是即使非常成功地完成了调研，我们创建的定义或场景也不一定完全正确。调研结果的有用性取决于调研者运用该过程的能力。以下为教师帮助学生掌握调研过程提供参考。

1. 帮助学生理解调研过程

为了帮助学生理解每类调研的特点，教师可以提供相应的实例，以及每类调研中需要问答的问题。

介绍定义调研时，教师可以利用"最高法院通过调查某些问题来定义言论自由的界限，例如烧国旗来抗议政府政策是否落在言论自由的界限内？"这一实例，并解释在定义调研中，应该关注下面这些问题："重要的特征是……"或"定义特点是……"历史调研是由下面这些问题激发的："真的发生了什么？"或"为什么会发生？"例如，教师可以描述以下例子：人们试图找出1963年谁暗杀了美国总统肯尼迪,如何策划这起暗杀事件。教师应该指出:调查过去的事件找出曾发生过什么或为什么发生,根据调研中利用的信息只有一种可能的场景。最后,教师利用电影《大富之家》作为实例来帮助学生理解预测调研。预测调研有两种类型:描述过去某个假设的事件和预测未来某个事件,两者都需要关注下面这个问题:"如果过去……将发生什么?"或"如果现在……将会发生什么?"为学生提供预测调研的例子并要求学生建议调研的主题。例如温室效应是否会导致全球气候变暖可作为预测未来某个事件的例子。解释为什么有些科学家认为全球气温变暖不会发生,另外一些则认为一定会发生,还有一些认为已经发生了。

教师应要求学生利用与各类调研相关的问题来建议其他可能的主题;要求学生寻找那些能够激发他们进行调研的问题或主题。

简要重述一下,三种调研的提问方式主要是:

定义调研——"重要的特征是……?""定义特点是……?"

历史调研——"真的发生了什么?""为什么会发生?"

预测调研——"如果过去……将发生什么?""如果现在……将会发生什么?"

2. 向学生提供调研过程的模式,并为他们应用该过程创造机会

(1) 向学生提供调研过程的模式

尽管内容上有区别,但是这三类调研过程都遵循下面这几个基本步骤:

---

1. 明确定义的概念(定义调研)、需要解释的过去某个事件(历史调研)、需要定义或解释的假设事件(预测定义);
2. 确定什么是已知的或被认同的;
3. 确定和解释模糊或矛盾的地方;
4. 提出并辩护解决模糊或矛盾之处的可行方案。

我们可以用更简单的语言来向低年级学生表述这些过程:

---

1. 我想解释什么事件或观点?
2. 人们已经知道了什么?
3. 人们对这一观点或事件有什么模糊之处?
4. 我有什么建议可以消除这些模糊之处?
5. 我如何能对自己的建议作出辩护?

(2) 为学生应用调研过程创造机会

在学生运用调研过程前,教师应该利用实例来逐步介绍某类调研过程。比如,教师利用臭氧层空洞可能带来的问题这个实例,为学生示范预测调研的整个过程。教师的示范可能包括:

第一步是明确我希望调研的假设事件,我的问题是臭氧层空洞。我的具体问题是:"如果臭氧层继续以现有的速度减少,十年后会发生什么?"

下一步是要确定什么是已知的。这里我收集了一些关于臭氧层空洞的文章和新闻报道(提供这些资料供学生评论)。确定哪些已知的东西将挑战我获得和利用信息的能力,具体包括:如何利用原始资料以及何时利用;如何区别资源中的观点和事实;如何引用资源;如何利用媒体中心来查找各类资源(让学生有足够的时间来评论这些文章和新闻报道)。

现在我要求你们帮我在黑板上列出重要的信息,并确定有关臭氧层空洞的任何模糊、矛盾或观点相反的内容(强调确定这些模糊、矛盾和相反观点是每类调研过程的基础)。

最后,我已经为消除这些模糊、矛盾和相反观点做好准备。这是很难的一步,我必须重新分析收集到的信息,利用我知道的与该问题相关的一切,可以与他人交流讨论,得到一些想法,然后仔细地创建最合理的场景(教师应给学生足够的时间创建自己的场景,让学生理解在同一调研任务中,不同的人利用完全相同的资料可以产生完全不同的场景,调研结果得到的某种解决模糊和矛盾的方法并不是最终的解决方案)。

教师示范完整个调研过程,可以要求学生首先在他们熟悉的内容领域中应用该过程。例如学生可以从下面这些问题中选择一个来实践该过程:

什么是"打小报告"(tattling)?

昨天在操场上发生了什么?

如果要求必须穿校服会发生什么?

当学生熟悉了调研过程,教师可以让他们在更复杂的学科内容中应用该过程。

3. **在学生学习和使用调研过程时,帮助他们关注重要步骤和难点**

在学生学习和使用调研过程时,教师应不断为学生提供示范和反馈。教师在设计教学时，可以参考下面几点建议。

(1) 学会寻找调研主题

有时候我们很难确定调研的主题。尽管典型的研究报告可以包括任何学生选择的自学的内容或对某个内容领域具有重要意义的主题，然而调研的主题必须存在模糊和矛盾之处，而且有必要对它们做出澄清和解释。其问题在于教师和学生一开始可能不一定能意识到正在研究的概念或事件存在模糊和矛盾之处。即使在辨析信息过程中出现了调研的主题，还是存在被学生忽略的可能，因为学生还不习惯发现信息中存在的矛盾和模糊之处。事实上，由于学生通常只是简单地利用信息，因此常常会忽略这些模糊和矛盾之处。尽管存在很多困难，教师可以通过精心设计来帮助学生更好地确定调研的主题。

为了帮助学生更好地确定调研主题，教师应向学生介绍调研过程的步骤，并使他们理解三类调研（定义调研、历史调研和预测调研）。为了进一步增加学生对这三类调研的理解，教师可以利用以下三点内容：(1) 尚无统一定义的概念；(2) 存在模糊和矛盾之处的过去某个事件；(3) 需要构建的假设的过去事件或未来场景。列出这三点内容有两个好处：(1) 能帮助学生发现需要调研的主题；(2) 还有利于设计调研任务。当我们习惯于发现这些主题后，就会发现经常使用调研过程的好处。

(2) 帮助学生学会如何获得和利用资源

学生参与自学某个主题，只需要简单地收集并利用相关资料。然而在一个需要调研的研究活动中，资料的数量并不重要，重点在于找到一些具体的资源来帮助学生完成调研过程的第二步和第三步，即确定什么是已知的或被认同的，什么是与定义模糊或矛盾的。这些步骤通常要求学生获得并利用大量的资料，包括原始资料、采访以及利用技术得到的宝贵信息。

因为调研要求广泛运用大量资料，教师应该帮助学生学会如何获得和利用资源。教师最好为低年级学生和刚开始熟悉调研过程的学生提供现成的调研资料，使得他们把主要精力放在学会怎样合理地运用这些资料上。当学生熟悉了调研过程，并提高了查找资料的效率后，教师可以要求他们自己完成更多的步骤。不管是由教师提供资料还是学生自己查找，教师都需要和媒体专家精心设计教学，以便于学生更好地理解调研的目的，辨别需要利用的资源类型。

（3）重视呈现调研结果

许多学生认为调研过程的最后一步（即提供一个合理的结论）最具有创造性和挑战性。学生在构思和辩护他们的结论时是非常兴奋的，也就是说他们在任务中更主动，不再是为了获得学分而被动地完成任务。教师应该鼓励和强化学生的这种主动性，并为学生提供分享交流各自观点的机会。例如，鼓励学生发表他们的成果，向专家展示自己的观点，或把他们的作品添加到课堂上常用的材料中。

4. 为学生提供图示组织者或模型表征来帮助他们理解和应用调研过程

学生可以利用图 4.5 来运用任何类型的调研过程。教师还可以鼓励学生设计他们自己的图示。

概念/场景：	
已知的或被认同的： • • •	模糊或矛盾之处： • • •
结论：	

图 4.5 调研过程的图示组织者

5. 使用教师构建和学生构建的任务

学生理解了调研的一般过程，就可以去实际加以应用。高度组织化的任务可以帮助学生更熟悉调研过程。教师在设计这类任务时，可以参考下面这些指导原则：

（1）明确需要解释的概念（定义调研）、过去的事件（历史调研）、假设的事件（预测调研）；

（2）明确学生所需的资源并提供方便，鼓励学生搜索并利用其他资源；

（3）确定需要学生解决的问题（模糊、矛盾和相反的观点），同时鼓励学生在调研过程中发现其他问题；

（4）要求学生提出解决问题的方法，并解释所学内容，让学生展示他们对具体内容知识的理解。

随着学生对调研过程的应用，他们最后可以自己创建调研任务。教师在帮助学生设计调研任务时可以参考下面这些指导原则：

（1）为学生建议一些可能的概括性主题或问题，当然鼓励学生自己发现主题；

（2）在学生搜索各种资源时，教师要进行控制，并提供必要的指导来提高他们的效率；

（3）当学生确定了什么是已知的，并描述了存在的模糊和矛盾之处后，教师应核对误解之处，提供合理的反馈意见；

（4）学生在提出问题的解决方案时教师要进行必要的监控，以保证学生提出考虑周到而富有创造力的解决方案；

（5）要求学生以口头或书面的形式交流成果，确保他们理解展示成果的目标，并对自己的解决方案作出辩解。

6. 课堂实例

定义调研

高中语文课中，学生对华老师（Mrs. Watson）列出的书目产生抱怨。华老师向学生解释，列出这些书的目的是让他们研究古典文学作品。一个学生问道："什么是古典文学？"幸运的是下课铃响了。华老师利用午休时间与同事交谈，来确定古典文学的特征。令她吃惊的是，居然没有统一的意见。

第二天，华老师向学生坦言"古典文学"没有统一的定义。有些人强调古典文学必须是传播久远的，有些人认为必须有很高的质量，但又不能明确其具体究竟是指什么。华老师请学生在接下来的一段时间内设法纠正这些明显的矛盾之处，创建一个古典文学的定义。她保证会把所有的定义提交给文学杂志社，恳请读者对这些定义作出鉴别。她还保证自己将利用这些定义来审查明年的书目，必要时做出修改。学生接受了这项任务。

历史调研

八年级的学生学习"美国的探索和发明"单元，林老师（Ms. Lindquist）决定放弃一般的教学方法。她想让学生熟悉具体的历史事件，但同时又要求他们理解探究和发明是一种持久的过程，需要许多人的努力。她告诉学生，"我们不太可能听到某天一个人突然说：'哈哈！终于大功告成！'"作为一位历史研究爱好者，林老师有许多关于历史性的发现和发明的文件、文章和书籍。她总是能发现在这些资料中存在很多的分歧和矛盾之处。她为学生设计了一个调研任务：学生分成几个小组，从她提供的主题中挑选一个（或自己选择主题），然后利用她提供的资源（或者其他自己收集的资料）来进行历史调研。她要求学生关注为什么会存在分歧和误解，而不在于提出一个完美的解决方案。林老师要求学生设想自己正要制作一部电影来解释该主题存在这些分歧和误解的原因，并提供一个解决方案（可以参考奥利佛·斯通导演的电影《刺杀肯尼迪》）。她列出了下面这些主题：

是哥伦布（Columbus）发现了美洲大陆吗？

是瓦斯科·努涅斯·德·巴尔博亚（Vasco Núñez de Balboa）发现了太平洋吗？

是海军上将皮尔里（Peary）发现了北极吗？

是惠特妮（Whitney）发明了轧棉机吗？

是普尔曼（George Pullman）发明了卧铺车吗？

是福特（Henry Ford）发明了流水线吗？

与以前单纯让他们写一份关于某个发明家的报告任务相比，学生能更积极地参与到这个项目中。

在马老师（Mrs. Martions）的文学高级班中讨论过这样一个问题：是不是许多创作出伟大作品的作家都拥有独特的生活经历或有趣、甚至怪异的个性？学生认为若他们的生活平凡且平淡，那如何才能写出好的作品呢？马老师解释道，许多关于伟大作家的传说是在成名之后臆造出来的，只要同学们稍微做点研究就会发现其实人们对于一些名人轶事是存在很大疑惑的。比如说亨利·大卫·梭罗到底是不是位隐士？爱伦·坡精神是否正常？莎士比亚有没有参与剽窃？马老师提出了一项学习任务，要求学生本学年完成。他们首先需要选择一个作家，找出世俗对他的不同看法或误区，再试图澄清事实。她相信学生会发现许多作家的人生阅历并没有多么独特，伟大的作品也多是从日常生活取材，灵感来源于平淡琐事。

预测调研

在沙老师（Mr. Achbach）的高中经济学课中，学生正在学习在美国发挥作用的累进税制。具体来讲，他们学习税制、消费及其辅助项目如何影响人的生活和公司运作。学生计算联邦财产、州财产，以及某个假设个体和公司所承担的"联邦社会保险捐款法"税收义务。学生发现累进税在高收入家庭和个体的收入中占了更大的比例。全班同学对累进税制进行了正反辩论。为了激发学生的思维，沙老师为学生布置了一个任务，要求学生调研现有税收体制的一种替代方案：

一些政治家声称利用17%的统一税，政府仍然能够筹到与现有税收体制同样多的资金。而统一税的反对者声称这种税收制度会导致通货膨胀、房屋贬值、失业率上升。学生需要确定哪些是已知的，并解释存在的模糊和矛盾之处（例如，避免政府财政赤字，刺激生产投资和经济的增长，同时却提升了失业率）。你认为如果美国采用统一税将会发生什么？用论文的形式，合理描述可能发生的事情，并利用逻辑论点和统计数据作出辩解。

巴老师（Mr. Ballard）想较为深入地了解一下自己高级地理班上学生的掌握情况，以检测他们是否真正理解了消费、商品和人口增长未来影响国家的可能方式。尽管他已经花费不少时间来帮助学生理解增长和变化的概念，但是他的评价方式仅仅能说明学生在事实和信息方面的记忆情况，无法检验学生在有意义的情境中运用知识的水平。巴老师为此设计了以下任务：

如今拉丁美洲的国家正在经历着飞速的人口增长。数据显示，其中一些国家将会在未来20~30年间实现人口翻番。人口的快速增长可能会对这些国家的就业、教育、住房供给、贫困和土地使用等带来严重影响。

为了调查巨大的人口增长对未来的可能影响，拉美国家已经建立起专门的调查委员会。作为这个委员会的一员，你需要选择一个特定拉美国家，分析其现实存在的与人口高速增长有关的问题。根据收集到的信息，说明当人口是现在的两倍时国家可能受到的影响，并通过创建一个实际的情境进行展示。情境的创设需要有调查依据支撑。

（六）系统分析及其课堂实例

> 系统分析（systematic analysis）是分析系统的各个部分以及彼此交互作用的过程。简而言之，即描述一个系统的各个部分如何协同发挥作用的过程。

系统分析是我们所运用的最有效的思维类型之一，旨在分析一个系统的各个部分及其相互作用的方式。尽管看似简单易懂，但实际应用起来颇有难度。难题之一就是确定系统本身，尽管这些系统存在于我们的周围，但是我们还是很难辨别它们。例如，一个学区可以被视为是一个系统，由学生、校舍、教师、管理者等几个部分组成；一个家庭可以被视为是一个系统；一台机器也可被视为一个系统；一个鱼塘也可被视为一个系统；人体可被视为一个系统。总之，我们生活的环境可以被视为一个复杂的各部分相互作用的系统。

尽管系统的类型各不相同，但却具备共同的特征。首先，所有系统都是由各个部分构成的。当学校被视为一个系统时，它具有各个不同的组成部分：有些部分是由群体组成，例如，教师、家长和学生等；有些部分则是由个体组成，例如学校校长。其次，系统的每个部分之间相互作用。例如，教师向校长提供信息，同时又接收来自校长的信息；家长从学校校长、学生和教师中得到信息；学生接受教师的信息，并向教师反馈信息等。最后，如果系统中的任何一个部分发生问题，就会影响整个系统的正常工作。例如，如果教师不向校长提供信息，那么学校系统的所有人都会受到影响。总之，尽管存在不同类型的系统，但都分享了一些共同的特征，以同样的方式运作。

因为世界由许多类型的系统构成，这些系统以复杂的方式相互作用，因此系统分析成为最复杂和最重要的思维和推理过程之一。我们需要运用该推理过程来研究计划度假路线时各个家庭成员之间的相互关系，或者几个牵涉到石油纠纷问题的国家之间的相互作用等。

1. 帮助学生理解系统分析过程

帮助学生理解系统分析过程的第一步是要让他们理解"系统"这个概念。系统是指由一组相互作用的部分构成整体来发挥作用。具体而言，学生应该基本理解下面三点内容：
　　◇ 一个系统包括了几个相互作用的部分；
　　◇ 系统中任何一个部分都会影响其他各个部分；
　　◇ 世界是由许多相互作用的系统组成。

教师最好运用模拟程序来展示第一点和第二点，幸运的是，现在有很多计算机程序能够有效地展示这两点内容。例如，由高绩效系统公司设计的 Stella Ⅱ 是一种非常有效的计算机应用程序，它能让任何类型的系统可视化。如果没有现成的计算机程序，教师可以利用教室或学校里的系统。例如教室的室内温度控制方法就是一个非常好的系统实例，可以在教室内展示。教师应指出这个系统的组成部分是空气温度、暖气炉、空调、自动调温器，并解释改变任何一个组成部分都将影响其他的组成部分。例如，通过在寒冷的天气中打开窗户来降低室内空气温度，让自动调温器给暖气炉发送一个打开暖气的信号，以增加空气温度，直至达到由自动调温器指定的温度水平。

帮助学生理解系统这个概念的另外一种办法是设计一个包含了学生的模拟系统。例如流水线系统就是一个很好的例子。把学生分成几个组，完成把某个特定物体组装起来的任务。每组学生的任务是把物体的某一部分组合起来然后交给另外一组。当学生在组合物体时，教师可能通过指示某个小组再增加某些东西或利用不同的材料来改变该组的任务，这样，同时就改变了其他小组的工作任务。只有在每个小组真正发挥小组的作用来有效地工作后，教师才能宣布系统的变化。模拟完成后，学生可以描述并讨论他们所观察的内容。

当学生对系统的特性有一个大致的了解后，教师可以引导他们来辨别日常生活中遇到的系统。辨别的系统越多，学生对系统的了解越深入，同时也能深刻认识到我们的世界是由许多相互作用的系统构成的。学生可以辨别的系统包括：家庭、运动社团、生态系统等。

2. 向学生提供系统分析过程的模式，并为他们应用该过程创造机会

（1）向学生提供系统分析过程的模式

当学生基本理解了系统的特性和功能后，教师可以指导他们构建系统分析的模式过程。帮助学生构建该过程模式的第一步是确定并描述一个系统。还有很多研究描述了系统分析过程的这个步骤。下面我们介绍一个非常简单的模式，具体包括下面这些步骤：

> 1. 确定系统的组成部分；
> 2. 描述系统的边界；
> 3. 描述组成部分之间的相互影响；
> 4. 如果改变系统的任何一个部分或让它停止运作，系统将会发生什么？

我们可以用更简单的语言来向低年级学生表述这些过程：

> 1. 系统由哪些部分组成？
> 2. 哪些事物与该系统相联系，但不是它的组成部分？
> 3. 系统的各个部分如何相互影响？
> 4. 如果系统的某个部分停止或改变它的行为，将会发生什么事情？

（2）为学生应用系统分析过程创造机会

教师可以直接向学生呈现这些步骤，或通过引导来让他们自己发现。不管用何种方法，教师都应该示范该过程。例如，教师可以利用学校系统作为例子，回答下面这个问题，"这个系统有哪些组成部分？"在回答这个问题时，你还需要评论自己的思维过程，解释如何得到这个结论。教师注意应一边示范一边解释：

我们熟悉哪些系统？我知道，我们的学校就是一个系统。这个系统有哪些组成部分？（可以要求学生参与这一步）家长、校长、教师、学生和其他行政管理与辅助人员。

学校系统的边界在哪里？这一步有点难度。也许是"校内"（attendance area），但是学生和家长居住在教学场所以外，所以学校系统的边界可能是整个学区。

系统中的组成部分如何相互影响（可以给学生机会来表达他们的观点）？如果校长宣布学校提前放学，系统的每个部分都会受到影响，不是吗？学生将提早回家；家长需要提前在家为孩子做好安排；行政人员也要提前下班回家。家长会影响校长、教师和学生，如果他们喜欢学校里发生的事情，就会提供支持；如果不喜欢，他们就会去学校董事会或报社来干预这些事情。

如果系统中的任何一个组成部分停止或改变行为，整个系统将会发生什么（同样可以询问学生的意见）？如果校长参加了合作学习的专题讨论会后，对合作学习很有兴趣，开始培训教师如何在课堂中运用合作学习的教学方法，这将会影响教师、学生和家长。如果行政人员停止工作，将会影响整个系统的各个组成部分。

当学生熟悉了系统及其推理步骤，教师应该为学生提供辨别系统和分析系统的机会。一开始可以利用那些熟悉的简单的系统，随着学生系统分析能力的提高，可以利用更复杂，且与学科内容相关的系统。

3. 在学生学习和使用系统分析过程时，帮助他们关注重要步骤和难点

学生通过学习和应用系统分析过程，应该逐渐加深对该过程的理解，以及提高应用该过程的能力。下面这些内容可以引导学生关注系统分析过程中应该注意的重要步骤和难点。

（1）明确系统各部分如何交互作用

因为系统分析是一种非常复杂的推理过程，每个步骤都具有挑战性。我们很难确定系统的各个组成部分，因为每个组成部分可能又由一些要素组成。确定系统的界限同样困难，在于我们很难正确地判断系统中所有的组成部分。相对来说，该过程中最重要也最有难度的是第三步——明确系统各部分如何相互影响、相互作用。这也是系统分析的核心部分。

很难确定各部分如何相互影响相互作用，是因为一个部分影响另外一个部分有许多不同的方式。系统的一个组成部分能够提供另外一个组成部分需要的信息，例如，汽车组装流水线上的某个装配工能提供另一个装配工完成工作所需的零部件；系统的一个部分可能为另一部分提供能量，例如，一位骑自行车的女孩为脚踏板提供能量；系统的一个部分可能为另一部分提供信息，例如，校长为学校的其他人员提供教学进度表。

（2）明确系统中各部分相互关系的确切特性

系统分析过程第三步的另一个重要方面是要明确相互关系的确切特性。是不是一个组成部分向另一个组成部分提供越多的资源、能量或信息就越好？例如，是不是校长向教师提供越多的信息就越好？是不是这个女孩向自行车的脚踏板提供越多的能量越好？从专业角度来讲，我们称之为系统组成部分之间的"功能关系"。系统中存在很多类型的功能关系。随着资源、信息或能量的增加，系统组成部分的效率也不断提高。然而资源、信息或能量的增加只能让效率提高到某个点，随后效率就会降低甚至崩溃。一些教师发现在系统分析过程的这个阶段利用图形学习这种功能关系非常有效。我们可以利用诸如 Stella II 的计算机程序。

4. **为学生提供图示组织者或模型表征来帮助理解和应用系统分析过程**

图示是帮助学生理解系统这个概念以及系统分析过程的有效方法。我们在解释系统时一般采用箭头流程图来描述系统内部信息或资源的流向。很明显，系统的组成部分越多，信息或资源的流向越复杂，图示当然也越复杂。图 4.6 为我们呈现了两张描述系统概念的图示。

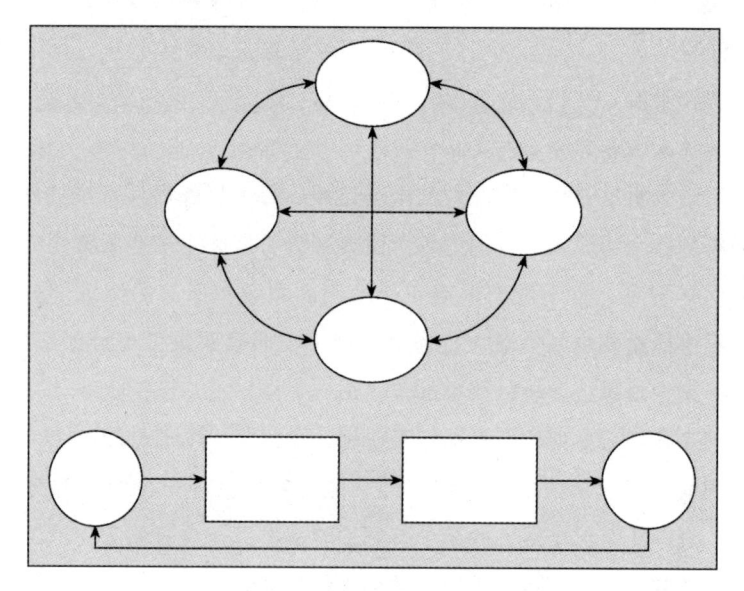

图 4.6　系统概念示意图

系统的示意图主要展示了系统的各个组成部分及其相互作用的方式。系统分析过程的重点就是要确保不遗漏任何一个步骤。如果学生按照步骤来分析系统，他自然就会留心注意系统的各个部分及其相互作用的方式。

5. **使用教师构建和学生构建的任务**

在学生刚开始接触系统分析过程，或需要实现某个学习目标时，教师应该为学生提供高度结构化的任务。此时应该告诉学生系统的组成部分以及这些部分如何相互影响，然后由学生来决定如果停止或改变某一部分的行为，整个系统将会发生什么？系统分析完成后，教师还应要求学生总结学到了哪些内容。例如在人体单元学习中，学生将学习组成人体系统的各个子系统，教师可能会让学生解释如果循环系统无法工作会对神经系统、生殖系统、骨骼系统等产生什么样的影响。整个系统分析任务由教师为学生构建好，以此来确保他们能有意义地运用关于人体各个系统的知识。

当学生能熟练运用系统分析过程时，教师可以要求他们自己创建任务。教师可以要求学生自己确定循环系统的组成部分及其相互影响的方式，以及如果某一部分（例如心脏）停止或改变工作方式，系统将会发生什么。尽管学生此时能更独立地完成系统分析的任务，但是教师仍然需要监控整个过程，以确保执行到位，进而强化重要知识的学习。

6. 课堂实例

在哈老师（Mr. Hasb）的语文课中，学生正在学习阅读文学作品的基本技巧和策略。具体而言，学生学习故事的背景、情节和人物之间的相互作用。此外，哈老师还帮助学生理解了系统以及系统的各个部分如何相互影响。他认为文学作品的各个要素也构成了一个系统。他为学生设计了下面这个任务来强调各个要素的系统特性：

情节、背景和人物共同构成了一个系统：

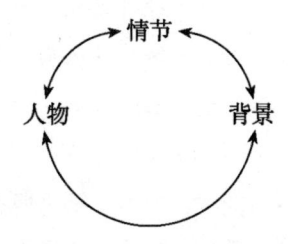

同时，每个要素又是一个系统。我们来看看故事中的所有人物构成了一个系统。例如，《灰姑娘》中的人物相互之间存在某种情感，我们可以用下面这个示意图来表示：

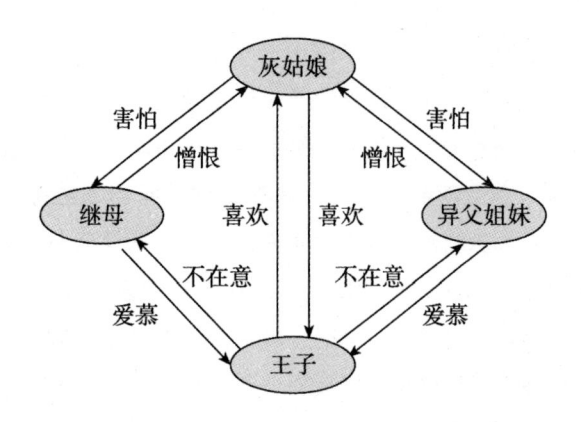

```
           灰姑娘
       ↗ ↑ ↓ ↖
   害怕  ↑ ↓  害怕
   憎恨  ↑ ↓  憎恨
  继母 ←——→ 异父姐妹
     喜欢 喜欢
     不在意 不在意
   爱慕  ↘ ↙  爱慕
           王子
```

如果改变每个人的感情，将会发什么？改变一到两种情感（例如，异父姊妹喜欢灰姑娘，或灰姑娘不喜欢王子），其他人物关系又会发生什么变化？再回来看由情节、背景和人物构成的系统，如果人物的情感发生变化，是否会影响到故事的情节和背景？现在，找一个搭档，选择一个不同的故事，然后改变系统中某些人物的关系，看其将如何影响故事情节和背景。

安老师（Mrs. Anzalaua）为五年级学生布置了一项任务，以帮助他们有意义地运用生态系统知识。学生已经学习了物种之间、物种与环境之间如何相互依赖而生存，以及资源、气候和生物体的变化如何影响整个生态系统。这个任务要求学生主要分析某一具体生态系统的组成部分以及各部分相互作用的方式。这个任务由两部分组成，第一部分由学生个体独立完成：一个生态系统的最明显部分是橡胶树、松树、棕熊及其幼崽、田鼠一家、猫头鹰、小狼、黑蛇、杜鹃花和大量野生山莓。辨别这个生态系统中其他可能的生物，并解释这些生物如何与明显部分的生物相互作用。完成第一部分的任务后，安老师把全班学生分成几个小组，通过合作学习来完成任务的第二部分：如果系统中的不同组成部分改变行为（例如，如果棕熊成为一个素食主义者；如果几个月都不下雨；或者如果蛇只吃野生山莓而不是田鼠），将会发生什么？

施老师（Ms. Switzer）正在为10年级公民课上的学生讲授美国司法体系中有关个人权利保障的课题。为了给学生提供应用司法知识的机会，她设计了一项任务，要求学生对审讯体系进行分析。

在着手分析过程中，学生发现确定"某一审讯"的体系组成十分困难，因为有太多的要素牵涉其中。他们决定将分析范围缩小至体系中的人为因素（例如，法官、陪审团、辩护团和公诉人）。对各要素之间相互影响和牵制的分析过程也是加深理解的过程。例如，学生在确定辩护律师和被告之间的职能关系时发现，往往客户向律师提供的大量信息都是无效的。另外，学生还检测了不同群体功能或角色的变化对整个体系的影响（如只要求12个陪审团成员中的9个人就可以判定被告有罪）。

三、维度四的单元设计

学习维度四的设计要求提问并回答下面这个引导性问题（overarching question）：通过做什么来帮助学生有意义地运用知识？下面介绍设计过程的具体步骤来引导回答这一问题。每个步骤都会要求我们问几个关键问题或提供具体信息。设计模板还为我们提供了空白处来记录对设计问题的回答和对本单元任务的描述。我们还提供了一个关于美国科罗拉多州社会单元学习的实例（选择这个主题是因为它适用于任何州或地区，任何发展水平的地区的单元学习，在第六章中，我们会把这个单元的所有维度整合起来）。

（一）单元计划步骤1：目标

步骤1是指学生需要有意义地运用哪些知识。具体而言，学生需要解释他们对……的理解，或展示能够做……学生运用的知识可能是陈述性知识或程序性知识。如果学生要展示对陈述性知识的理解，就需要辨别任务所需的重要概念和原理，描述他们可能使用的具体信息的类型。如果学生要展示运用程序性知识的能力，则需要明确任务所需的技能或过程。由于为鼓励学生有意义地运用知识的任务是每个单元学习的核心，而且完成这类任务往往需要花费大量的时间，所以教师在设计任务时应考虑周全，以确保学生在任务中运用的是最重要的知识。

（二）单元计划步骤 2：活动

步骤 2 是指学生要用到何种推理过程。

决策（从似有雷同的不同方案中作出选择，或验证其他的选择）

问题解决（通过克服约束和限制条件来实现某一目标）

创见（创造新事物来满足或改善某个情境）

实验探究（解释某种现象，并验证解释）

调研（解决与事物定义、历史事件、假设的过去事件或将来可能发生的事件相关的模糊和矛盾之处）

系统分析（分析一个系统的各个组成部分及其相互作用的方式）

其他_____

如果学生运用陈述性知识，教师要确定推理过程来提供任务的情境和目的，确保学生有意义地运用知识。确定学生需要运用哪种推理过程是任务设计的第二步，教师在指出学生需要完成哪些任务前，首先要明确任务所需的思维推理过程。

如果学生运用程序性知识，这种技能或过程本身就包含了某种推理过程。例如，利用数学公式来计算数据。在设计只利用程序性知识的任务时，教师不一定要明确具体的推理过程。学生已经能有意义地运用知识。当然，仍然值得考虑把学习维度四中这六种推理过程作为丰富任务本身、为运用知识和技能提供有意义的情境或目标的一种方式。

下面这些建议有利于我们决定任务所需的推理过程：

决策

是否存在某个重要的却尚未决定的问题？

是否存在"谁或什么是最好的或最差的？"之类的问题而尚未解决？

是否存在"谁或什么拥有最多或最少？"之类的问题而尚未解决？

问题解决

是否有某一情境或过程存在一些主要的约束或限制条件？

如果我们克服了约束和限制条件，是否能更好地理解某一情境或过程？

创见

是否存在应该而且可以被改进的情境？

是否需要创造出新的事物？

实验探究

是否存在某一未被解释过的现象（物理现象或心理现象），学生可以通过实验来提出并验证解释？

调研

是否存在某一事物，尚无统一的定义？（定义调研）

是否存在某个未解决的问题，即过去某事是如何发生的？（历史调研）

是否存在某个未解决的问题，即过去某事为何会发生？（历史调研）

是否存在某个未解决的问题，即如果……将发生何事？（预测调研）

系统分析

是否需要分析某个系统的组成部分以及各部分之间的相互作用？

是否需要检查某些事物是如何在一个系统中行为或工作的？

（三）单元计划步骤 3：实施

步骤 3 是指描述应该做哪些事情。教师在构建任务时，需要考虑下面这些问题：

（1）任务需要学生具体做哪些事情？确保学生运用所需的知识来完成任务。

（2）什么能让任务变得更有意义？

◇ 任务是否具有真实的情境或目标？

◇ 任务是否有趣而吸引人？

◇ 是否允许学生有创造性的表达？

◇ 是否允许学生作出其他选择？

（3）学生是独立学习还是合作学习？

（4）学生需要上交哪些成品？

（5）如何告知学生评价的标准？

表 4.1　社会课《科罗拉多州》备课指南（维度四）

步骤 1	步骤 2	步骤 3
学生需要"**有意义地运用**"哪些"**知识**"？具体而言，学生需要解释他们对……的理解，或展示能够做……	学生要用到何种推理过程？	具体说明将做些什么。
地形、自然资源、气候和文化的概念。 地形、自然资源和气候对定居模式的影响。	◇ 决策 ◇ 问题解决 ◇ 创见 ◆ 实验探究 ◇ 调研 ◇ 系统分析 ◇ 其他_____	我们已经讨论过科罗拉多州人口快速增长现象。事实上，与其他州相比，这个州的居民很大一部分来自于其他地方。实际上并没有那么多的"科罗拉多州本地人"。为什么会有这么多的人移民到科罗拉多州？为什么人口增长的速度仍然这么快？ 一种解释是科罗拉多州的地形、自然资源、气候和文化吸引了人们。让我们来检验一下这种解释的真实性。如果解释正确，我们就能够把移民到科罗拉多州的原因追溯到该州的地形、自然资源、气候和文化特征上。
		设计一项活动，以帮助我们确定在科罗拉多州定居的原因与该州的地形、自然资源、气候和文化的相关程度（比如调查或访谈）。你将设计这个活动，分析结果并向全班同学汇报。教师可能会要求小组中的任何一个成员来解释他们所考虑的每种因素的影响程度：地形、自然资源、气候和文化。

◆ 表示这一条目标在本单元学习中需要予以特别关注。

第五章　维度五：良好的思维习惯

一、引言

学习的第五个维度是"良好的思维习惯"（productive mental habits）。它与态度及感知一起，形成了学习过程的"背景"（backdrop）。学生发展良好的思维习惯有两个好处：第一，强化掌握学习内容。如果学生在掌握学科内容时能展示良好的思维习惯——如"清晰明白""始终如一"，那么他们就能够学到更多的知识。第二，提高在任何情境中进行学习的能力，有利于未来发展。尽管我们不能预测学生将来究竟需要哪些知识，但可以肯定的是每个人都需要终身学习。良好的思维习惯帮助学生成为一个成功的学生，应对各种各样的情境。

养成良好的思维习惯如同培养良好的学习习惯一样重要。"习惯"表示我们能在无意识的情况下自动地展示某种行为。教师应向学生强调，他们必须展示出有能力始终如一地运用良好的思维习惯的本领，也就是说，学生应该知道在什么时候以及为什么要有这样的习惯。

学习的维度中将良好的思维习惯大体分为三类：批判性思维（critical thinking）、创造性思维（creative thinking）和调节性思维（self-regulated thinking）。

具备了批判性思维，学习者就能做到准确精到、清晰明白、思想解放、抑制冲动、自有主见和移情理解；

具备了创造性思维，学习者就能做到坚持不懈、竭尽全力、坚持己见和视野独特；

具备了调节性思维，学习者就能做到自我调节、合理规划、调用资源、回应反馈和评估效能。

以上所列出的指标是在许多教育研究者的著作中涉及的。当然，这并不是说已经是面面俱到了，也不是说对每个人都适合。各个学校和不同的班级，完全可以根据需要作出调整。也可以鼓励学生参与制定个性化的思维习惯要求。

学生应理解良好的思维习惯是学习维度模式的重要部分，因为它影响着学生对其他维度中的推理过程能否发挥作用。例如，当学生试图建立积极的学习态度与感受时（维度一），他们可能会考虑"调用资源"来让班级成为一个安全而有秩序的地方；当要获取与整合知识时（维度二），学生追求"准确精到"；而在通过归纳来扩展和精炼知识时（维度三），学生需要"沉着冷静"；最后要有意义地运用知识时（维度四），学生也需要合理的思维习惯，比如"坚持不懈""竭尽全力"地运用知识和技能来解决问题。总之，第五个学习维度中的思维习惯有利于学生更成功地运用其他几个维度中的推理技能。

也许，这里应该说明一下我们所指的批判性思维和创造性思维与其他人的研究的不同之处。熟悉有关批判性思维的研究和理论的人都会知道，分析错误和决策通常都是属于批判性思维的层面。同样，创造性思维通常被认为包含着抽象和创见的技能与过程。那么，为什么这些推理能力没有包括在维度五中呢？这是因为思维的习惯本身要求运用各种心理过程和能力，那些具体的思维品质就落在其他的维度中。例如，分析错误和抽象是作为扩展和提炼知识的具体方式（维度三），决策和创见则落在了维度四中。虽然一个人不具备这些思维品质就不能算是一个良好的批判性思维者和创造性思维者，但是只知道怎么做在学习的维度中仍然是不够的。维度五主要涉及考虑一个人成为批判性思维者、创造性思维者和调节性思维者的决心。为了承诺发挥潜力达成高标准，即关注思维的品质，最终使得维度五与其他的思维层面区分开来了。

有很多方法可以帮助学生在课堂中发展并应用良好的思维习惯，包括直接教学法、示范法、强化法等。然而，要确保这些方法的有效性，教师和学生要理解需要发展的思维习惯。此外，教师还可以利用每种思维习惯的定义、解释和实例来帮助设计教学活动。

二、帮助学生形成良好的思维习惯

教师或家长的示范和强化能够极大地影响学生，激发他们对良好思维习惯的学习。当然除了示范和强化之外，学生还需要定义、解释、讨论良好的思维习惯，并在习惯形成后得到奖励。下面部分内容为教师提供了一些可用于课堂教学的策略和活动，帮助学生形成良好的思维习惯。

（一）理解良好的思维习惯

下面这些建议的活动旨在帮助学生理解良好的思维习惯及其如何影响学习过程。

1. 鼓励学生在课堂中讨论每种思维习惯

教师应该为学生提供充足的时间来定义并讨论每种思维习惯以便于他们把这些思维习惯和具体的行为联系起来。教师可以让学生讨论如果具备某种思维习惯将会有哪些好处，如果缺乏这种思维习惯又会有什么后果。例如，让学生集体讨论"坚持己见"有何意义。当学生理解了每种思维习惯后，他们应该能够辨别相应的具体行为，教师可以为他们提供一些实例。例如，学生能自己创建标准就不会不断问老师"这样好了吗？这样算完成了吗？"之类的问题。

2. 利用反映了人们在不同情境中运用思维习惯的文学作品和当前事件作为实例

不管是文学作品还是新闻报道，只要人物利用了良好的思维习惯或缺少某种重要的思维习惯，教师都应该让学生关注这些内容。例如，教师可以利用《罗密欧与朱丽叶》或彼得兔作为没有抑制冲动的例子，以至于承受了严重的后果。教师除了要为学生提供各种例子外，还应该创建一种良好的氛围，有助于学生辨别和分享他们在电视、电影、书本或个人经历中碰到的相关实例。

3. 与他人分享与某种思维习惯相关的个人经历

在适当情况下，要求学生与他人分享个人经历，讨论何时及为什么某一思维习惯能让自己受益，而缺少某一思维习惯就会产生不良的后果。例如，"通过合理安排时间，我节省了大量的时间，因为我在两年之内完成了高级学位"。相反，"我花了两倍的时间和金钱来完成学位，因为我不会合理安排时间"。

4. 注意并指出学生展示某一思维习惯的行为

当教师注意到学生展示了某种思维习惯，可以作为向其他学生介绍这种行为的机会。保证学生确切地理解了自己的行为，以及为什么这种行为可以作为某一思维习惯的例子。例如，当某个学生积极地参与某一任务，就应该及时加以表扬，然后请她谈谈如何鞭策自己这么努力地学习。

5. 请学生描述个人所崇拜的英雄或良师展示某一思维习惯的例子

定期要求学生确定某个虚构的或现实中的英雄或良师，或者某一他们崇拜或尊敬的人，对他们展示某一思维习惯的行为进行讨论。

6. 请学生制作海报来展示他们对某一思维习惯的理解

当学生熟悉了每种思维习惯，教师可以让他们在海报中描绘人们如何在具体情境中利用某一思维习惯。

（二）辨别并发展与良好的思维习惯相关的策略

学生理解了良好的思维习惯后，他们会意识到必须发展学习、维持并成功运用这些思维习惯的策略。以下内容提供了一些具体方法来帮助我们学习这些策略。

1. 教师展示某一具体策略时，应该边示范边解释

当向学生展示某个策略时，教师应该解释策略的具体步骤。例如，要合理安排一份研究报告，教师可以向学生说："在我开始之前，我需要澄清目标。我们还应该确定需要完成的工作类型以及何时制定标题。我还将制作一份进度表来记录我的计划，作为提醒。"

2. 要求学生分享各自的策略

教师若注意到学生使用了某一思维习惯，要求他们解释所运用的策略。例如，如果学生的任务反映了有效地利用资源这一思维习惯，教师可以要求他们解释帮助自己找到这些资料的策略。

3. 鼓励学生查找文学作品或当前事件实例中呈现的策略

要求学生在阅读文学作品、报纸或杂志时，试图发现与某种思维习惯相关的策略，并记录在学习日志中，并在课堂上与他人分享。

4. 要求学生采访他人（如，父母、朋友或邻居）来识别策略

教师在帮助学生发展某一策略时，可以要求他们采访运用该策略的人来学习这一策略。例如，在学习"自有主见"的思维习惯时，学生可以采访那些坚持自己观点的人，写下可能会提的问题，比如，"你怎样决定何时提出自己的观点和立场？如果你发现自己很快要放弃立场时，如何应付？"

5. 每半个或一个学期，要求学生确定一种思维习惯，并集中力量培养发展该思维习惯

我们要花大量的时间来培养学生某种思维习惯。因此，教师应该要求学生每次只集中力量学习一种思维习惯，以更高效地利用时间。同时，还应为学生建议一些学习策略，当然允许学生识别并发展自己的策略。

（三）创建一种良好的课堂氛围

1. 教师示范思维习惯

学生通过观察了解到重要的思维习惯。如果教师要让学生发展良好的思维习惯，首先自身应该有意识地公开地在任务中运用这些思维习惯，并与学生互动。例如，如果想让学生积极地回应反馈，教师必须亲自示范如何对来自学生的反馈做出回应。

2. 把思维习惯整合到日常的课堂教学活动中

培养学生良好的思维习惯，并不要求教师改变课堂教学，完全可以利用原有的教学活动来发展学生某一思维习惯。以下说明了教师如何利用课堂活动来发展学生的每种思维习惯（批判性、创造性和调节性思维）。

批判性思维

辩论是课堂中常见的活动，也是强化学生批判性思维的好方法。在辩论中，学生需要呈现信息、辩护自己观点、抨击他人观点，并要求清晰明白且移情理解。教师应定期让学生分组就某个与学习内容相关的问题进行讨论，然后让两组学生在教室中间进行辩论，而其他学生观看，观察辩论双方是否展示了批判性思维习惯。辩论结束后，教师再请观看的学生提供反馈意见，尤其是要指出双方队员运用批判性思维的具体例子。

创造性思维

解决非良构问题是强化学生创造性思维的有效方法，因为几乎所有类型的非良构问题都要求学生在一定程度上运用创造性思维。非良构问题没有清晰的目标，我们可在课本、游戏、杂志、难题书中发现这类问题。教师可以在上课刚开始或结束时或其他合适的时候向学生呈现这些问题。在学生寻求解决问题的方法时，教师应该提醒他们集中于一种或更多的创造性思维习惯。例如，要求学生发

明某个新事物，教师可以让他们关注创造性思维中"视野独特"这一习惯。

调节性思维

让学生确定并追求长期目标是强化调节性思维习惯的有效方法，还可以向学生说明运用调节性思维有助于实现目标。例如，一位学生确定了加入某个运动队的目标。教师可以鼓励她利用"合理规划"（制定锻炼计划）或"回应反馈"（确定衡量技能进步与否的方式，以获得在运动队中的地位）的思维习惯。

在制定目标阶段，教师首先让学生确定他们感兴趣的且能在本学年、学期或半学期中能完成的目标。然后让学生写下他们的目标。至少每隔两个星期，学生应该与教师、指导者或其他学生碰面来汇报他们的进程。在结束时（例如在学期末），教师要求学生汇报目标、进程以及在学习调节性思维习惯时有何收获。

3. 制作并展示诸如海报、招贴画等图示来表达良好的思维习惯的重要性

向学生展示这类图示不仅能起到提示作用，而且还有助于他们确定在不同的学习情境中如何运用何种思维习惯。例如制作一张写有"回答之前应该考虑仔细"的图标，有助于学生学习抑制冲动的习惯。

4. 适当情况下，教师应提示学生关注具体的思维过程，并要求他们确定有助于完成不同任务的思维习惯

有时候，学生只需要某个提醒，以免忘了在任务中运用某种思维习惯。例如，在布置一项长期任务时，教师可以要求学生从调节性思维中选择一种习惯来帮助他们成功完成任务。

（四）为展示良好思维习惯的学生提供积极强化

教师为了强化学生良好的思维习惯，可以利用各种表扬方式，如口头奖励、对进度汇报的具体评论或评定等级、通过便条或打电话向家长反映学生的突出表现。最终的目的是让学生体验到养成良好思维习惯所带来的内在成就感。然而，只有在学生体验到这种内在成就感之后，及时而积极的强化才有助于学生发展良好的思维习惯。通过这种强化，还能让学生意识到良好的思维习惯的重要性。以下内容为教师建议了几种积极强化的方法。

1. 分配学生不同的角色，让一些学生观察，而另一些学生展示良好的思维习惯

教师可以指定某些学生作为观察者，而另外一些学生担任良好思维习惯的执行者。例如让学生在小组或合作学习中，定期轮流担任观察者和执行者的角色。

2. 要求学生自我评价具体思维习惯的运用水平

从长远来看，学生如果掌握独立运用良好的思维习惯，将会获益匪浅。为了鼓励这种独立性，教师可以定期要求学生进行自我评价，反思学习日志中记录的运用思维习惯的情况。这类反思可以是高度组织化的（如，"你多久对自己行为的有效性评价一次？""你如何看待你的评价？"），也可以是非组织化的（如，"评价你在过去一周中运用思维习惯的有效性"）。

3. 运用汇报卡或进展报告向学生提供反馈意见

一些学校会向学生或家长反馈有关学生发展并运用良好思维习惯的意见。图 5.1 向我们展示了一份进展报告的一部分。

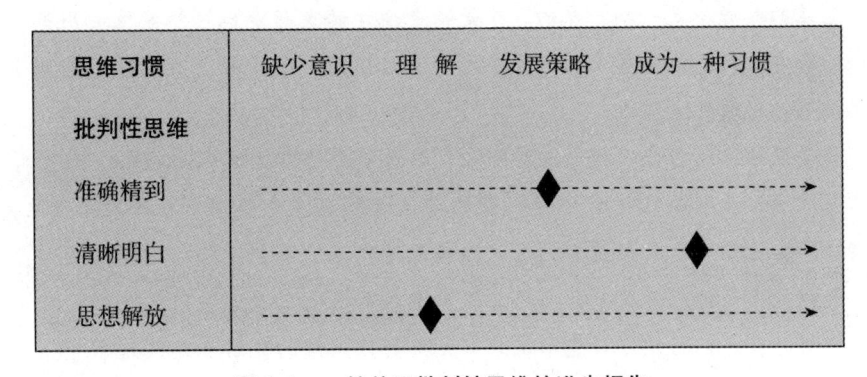

思维习惯	缺少意识	理 解	发展策略	成为一种习惯
批判性思维				
准确精到			◆	
清晰明白				◆
思想解放		◆		

图 5.1　一份关于批判性思维的进步报告

（五）课堂实例

批判性思维

在每月的教师会议中，五年级组的教师就学生如果发展了抑制冲动的习惯将会获益匪浅这个主题展开了讨论。一开始他们认为向低年级学生介绍这种思维习惯可能非常困难。然而，他们很快意识到学生所学的很多故事就能提供强化学生理解这种思维习惯的机会。于是，他们决定利用彼得兔的故事和《金发姑娘与三

只熊》的故事，来说明缺少抑制冲动这种习惯将会产生严重的后果。

当付老师（Mr. Foseid）刚开始了解思维习惯的作用时，他认为这非常重要，但还是舍不得在课堂上花太多的时间。然而，他在备课时发现批判性思维习惯在帮助学生理解不同文化有独特价值后，就布置了一个任务要求学生从批判性思维中选择一个具体的习惯，并解释为什么当来自于不同国家的人相互交往时，批判性思维是非常重要的，还要发展运用该思维习惯的策略。学生完成任务后，要求他们向全班展示自己的解释和策略。

杨老师（Mr. Johnson）决定设计一个单元，请学生就选举总统开展辩论。除了帮助学生掌握有关的选举知识外，杨老师还有其他的考虑。他在以往的教学中发现，这个班的学生在选举的问题上观点武断，而且十分保守，表达观点的时候缺乏准确性和清晰性。他认为有必要引入并强调批判性的思维习惯。

尽管他对这个单元充满了热情，但是当他开始着手设计教学内容时，发觉批判性思维的养成不是一朝一夕的。于是杨老师开始重新审视培养学生运用批判性思维的教学目标。他将原来的一个单元的学习变为一个学年，将教学内容侧重于学生批判性思维的运用上。

教学设计中包含一次模拟总统辩论，这也是整个单元学习的重心。每个学生都需要准确且清晰地表达自己所代表的候选者的观点和想法。在每次辩论之后，杨老师和其他学生会就辩论者的表述准确和清晰程度提供反馈，同时考查学生能在多大程度上坚持自身观点和立场又保持开放和民主的态度。在整个单元中，学生需要随时在他们的学习日志中记录有关批判性思维的见解和运用过程中依然存在的困扰和问题。

创造性思维

一组小学教师意识到很多学生最喜欢的故事其实是思维习惯的优秀例子。例如，《勇敢的小火车》这一故事为讨论"坚持不懈"的习惯提供机会。在阅读故事时利用思维习惯的语言是帮助学生更有效地理解思维习惯的好办法。

恒老师（Mrs. Henderson）发现她的三年级学生尽管能伶俐地、快速地思考，且思路清晰，但是在学习上努力不够，缺乏毅力，总是询问作业是否是老师要求做的，而不能以高标准要求自己。于是，恒老师决定培养学生创造性思维习惯。在介绍该习惯之前，她布置了字谜和其他有趣却有挑战的问题。他发现几乎所有的学生在这些活动中似乎都非常积极和热情。几周以后，恒老师通过一张画有卡通人物的图片来展示创造性思维习惯。她要求学生解释每种习惯的意义，以及运用或不运用这些习惯会怎样。然后她又要求学生思考已经解决的难题，以及这些思维习惯如何与难题相联系。恒老师还要求学生思考并在小组内讨论他们是怎样运用创造性思维习惯的，以及这些思维习惯将会如何影响未来的行为。讨论结束后，全班学生都承诺要不断深化他们对创造性思维习惯的理解，并有效地应用它。

一些中学生在学校范围内发行每周简讯报，专门刊登由他们自己设计的复杂的数学难题。这些简讯将分发给学校内的每位学生和老师，进行解题的周赛和月赛。在接触了创造性思维习惯之后，发起者决定改进他们的奖励措施。他们为大赛设计了一张证书，重点赞赏解题所需要的专门的思维技能。例如一些问题需要结合情境产生新的方法，而有些则需要从自身观点出发进行分析评价。

调节性思维

在每学年初，波老师（Mrs. Brooks）都要让她的学生确定自己的学业、社会交往和健康目标。她帮助每位学生记录每个目标，并为每个目标制订计划。每周一次，波老师要求学生在小组里讨论各自的进展情况，并帮助解决别人在实现目标的道路上碰到的困难。

葛老师（Ms. Green）曾经花整整三节课的时间帮助小学生辨别有关自我管理思维习惯的策略和方法。学生被分为五个小组，以合作学习的方式展开教学。在前两节课中，她为每个小组提供一种思维习惯，供其讨论和研究。到第三节课时，每个小组需要对特定的思维习惯提供策略和方法展示。

伊老师（Mr. Eckhardt）和学生讨论完调节性思维习惯后，布置了一个决策任务，要求他们创建并应用标准来决定美国宪法前十个修正案中哪个对当今社会来说是最重要的。同时还要求学生利用在课堂中所学的策略来制定完成任务的计划，并列出他们需要的资料。在学生完成任务期间，伊老师提供必要的反馈信息（学生利用内容知识的情况和他们是否运用了调节性思维）。伊老师要求学生在上交最终决策矩阵图之后，撰写一份关于他们运用调节性思维习惯的收获和自我评价调节性思维运用情况的报告。

乔老师（Mr. Jordan）是一所中学的咨询顾问，负责帮助学生制定个人目标。他强调，目标能使生活充满激情。为了鼓励学生思考，他总是会问学生："你今年最有把握完成的事是什么？"

巴老师（Ms. Barton）是一位高中英语教师，她认为在大学英语预修课上为学生清楚地、有意识地强调自我管理思维十分有益。于是她首先向学生简要介绍各个思维习惯，然后要求学生分小组讨论，鼓励学生分享个人自我管理思维应用的经历。在学期中，学生需要明确文学作品中使用过该思维的人物，并记录上述应用所带来的积极作用。

三、良好的思维习惯的具体维度

以下内容有助于教师向学生解释具体的思维习惯，并列举了相应的实例。每种思维习惯的介绍都按下面三点内容展开：

(1) 简要解释思维习惯；
(2) 每种思维习惯适用的情境实例；
(3) 良好思维习惯的策略实例。

（一）批判性思维

1. 准确精到

当我们进行核对以确保工作准确无误或期望他人工作的精确性时，我们正在展示"准确精到"的习惯。"力求准确"意味着把准确作为最终目标，然后利用一系列技巧来核查工作的准确性。从收到的信息中"寻求精到之处"表明信息接受者以及信息发送者有责任来制定并预期高标准的精确性。

准确精到的思维习惯适用的情境实例有：

在审核或准备与金钱有关的文件时（如，信用卡帐单、银行报表、捐税收入、贷款申请等），核对计算结果有助于我们节省资金或避免严重的资金问题。即使我们使用计算机也会出现很多错误，所以有必要进行核对。

预算主要的开支（例如，购买一栋房子或度假）是每个人实际生活中需要做的事情。如果你能精确地预算开支来实现某一目标，你就会有充足的资金。

在提供或询问路线方向时，若能做到准确精到，就会增加旅行者到达目的地的机会。

每当收到一些可疑的或不精确的信息时，我们应该花时间来核对信息准确与否或寻求其他的信息。然而很多情况下我们不愿意核对信息是否准确，因为信息非常复杂甚至令人退避三舍（例如，包含了复杂的统计数据的报告）。尤其当信息以一种看似正确的方式呈现时，我们就更不愿意核对信息的准确性。如果信息与经验相矛盾或可信度不大时，不管有多少困难，我们都应该寻求核对信息准确性的方法。

在很多情况下，我们准确精到的习惯将会直接影响到健康和幸福。这时候，如果不能做到准确精到后果将不堪设想，例如医生配置药的剂量或为病人开处方。

广告商通常利用媒体技术把信息以一种吸引人的或幽默的方式呈现出来。不管是在收听广播，还是收看电视节目，或是阅读报纸新闻，我们很容易被这些广告所吸引而忘记思考信息的准确性。培养准确精到的习惯有助于我们在纷繁芜杂的信息中做出正确的选择。

培养该思维习惯的策略实例有：

在准备详细的文件时，完成每一项明确的核对精确性的目标，至少要阅读一次。如果同时为了意义、清晰性或准确性三个目标而阅读时，我们必定会出现遗漏错误之处。

利用可以获得的参考资料（例如，词典、拼写核对工具书、辞典和百科全书）来确保信息的准确无误。

在校正文件时，从文件的末尾开始阅读每个句子来发现在为了意义而阅读过程中可能遗漏的印刷错误。

请别人核对作品（成果）的准确性。那些不熟悉或没有涉及制作过程的人能更客观地对待作品，因此就更有可能发现错误。

2. 清晰明白

清晰地表达是日常生活中各个领域成功的基石。然而，现实中存在许多清晰表达的障碍：语言带有模糊性；很难释义身体语言；语调变化使得原有的意思走了样。

交流双方（信息接收者或发送者）为克服这些障碍所作的努力程度直接影响交流的清晰性。模糊和误解会导致严重的负面影响，因此交流双方都有责任确保交流的清晰性。

在课堂中，培养学生"清晰明白"的习惯尤为重要。有时候教师布置某项任务，学生只是简单做完了，并没有真正理解所呈现的信息。学生越早养成清晰明白的习惯，就越有可能在学业上取得成功。

清晰明白的思维习惯适用的情境实例有：

在学校学习中，学生通常会碰到一些看似不清晰的主题或问题。如果学生能始终如一地监控自己对收到的信息的理解程度，并试图澄清任何模糊的信息，就能强化学习。

在一些情况下，人们会发现有些人正试图说服他们做某事或购买某物。这时，澄清那些不真实的说法，任何模糊的事物或不完备的信息相当重要。追求清晰明白的能力有助于我们做出合理的决定和承诺。

由于我们不能及时获得反馈意见，在陈述时，尤其当包含了复杂或详细的信息时，力求做到清晰具有很大的挑战性。如果人们一开始就感到困惑不解，他们就不愿意倾听，那么我们就失去了告知或说服某人的机会。

公司老板总是欣赏那些在执行任务（尤其是非常复杂的任务）之前先澄清信息的雇员。尽管有些人不愿意承认自己不理解某项任务或某个信息，经验告诉我们澄清信息有助于高效地利用时间和金钱。

培养该思维习惯的策略实例有：

当我们不能确定想要表达的内容或害怕他人误解时，可以写下你想要说的确切内容。然后阅读或反复说，直到我们能清晰地表达自己为止。

在呈现重要信息时，应不时停顿，询问对方是否理解所呈现的内容。

当听到一些不明白的信息时，可以记录下来，必要时利用笔记提问。

在写完某些信息之后，请他人阅读，说明他是否理解信息，并指出任何令他困惑不解之处。

在涉及情感的情境中，邀请一位不触及其情感的人作为积极的倾听者。优秀的倾听者通常能够通过复述或提问来澄清问题。

当我们进行重要的交谈，可以使用一些措词，"您是不是在说……?"或"我想我了解您说的……"利用这些措辞有助于我们及时澄清任何潜在的误解。

3. 思想解放

培养学生"思想解放"的习惯能够强化学习并提高我们在社会生活各个领域中成功的可能性。思想解放能够强化学习在于它要求我们倾听不同的观点，并理解它们。即使最后我们反对其他观点，倾听这些观点能为我们提供额外的信息，增加我们关于某个主题或问题的知识。因为思想解放能够增进具有不同背景、立场、人生观和兴趣的人们之间的交流，因此能提高我们在社会生活各个领域中成功的可能性。思想足够解放能让我们接受不同的观点和生活方式，但并不必然改变自己的观点或接受他人观点。不过，思想解放意味着尊重他人，能耐心地倾听他人观点。思想解放有助于创造和谐的社会，不同观点立场的人们能和睦相处，互相尊重。

思想保守意味着人们拒绝他人的观点，不愿意倾听。这种人通常会这样自言自语，"我不想听这个，因为我不认同它"，"我们已经试过了，它没用，所以我不想听"或"我的观点很好，我不要听别人的想法"。这样，思想保守的人自然也就切断了潜在的有价值的信息和建议的来源。

学生要培养思想解放的习惯，他们需要理解为什么以及何时要用这种习惯，学会保持思想解放的策略。

思想解放的思维习惯适用的情境实例有：

在日常生活中经常会对一些观点或潜在的改变（例如，老板提议大范围的修改；孩子宣布一个学习计划的大变化，配偶建议改变生活方式）做出下意识的消极反应。在这些情况下，保持思想解放的能力有助于我们避免冲突，有效利用新的机会。

当我们到不熟悉的或文化不同的地方旅游时，保持思想解放是非常有利的。它能让我们看到经历中激动人心的或富有挑战性的一面，避免不愉快或令人不安的情况。

不管是老板还是雇员，在工作中他们都要面对各种不同的建议和观点。保持思想解放有助于让自己成为一个有价值的同事、队员或精力充沛的领导者。

培养该思维习惯的策略实例有：

当你发现自己消极地回应某个建议时，观察其他积极回应的人。仔细倾听他们的意见，尝试他们的观点。

努力收集信息来理解他人持某种观点的理由。保持思想解放的目标并不在于改变自己的观点，而是要理解他人的观点。

当别人提出某些建议时，如果我们注意到自己立即以某种方式做出反应，首先应该列出建议被采纳后可能会出现的积极和消极结果。清晰陈述不同的观点能激发学生的反思，并深入分析问题或观点。下面几种设问的方式非常有用，"我是否积极地倾听不同的观点？"，"我是否考虑了积极和消极的结果？"或"我遗漏了什么？"

4. 抑制冲动

日常生活中，当我们意识到只有收集了更多信息或进行更周全地思考后才能作出决定时，通常都会自言自语说，"等一下，让我再考虑一下"。经常自我反省的人知道何时以及如何"抑制冲动"。

抑制冲动这种思维习惯不仅包括"自律"或"避免课堂中不恰当的言行举止"，它还要求我们理解抑制冲动这种思维习惯适用的条件，以及如何及时地抑制自己不当行为。合理抑制冲动的能力有时还能维护各种关系，保全职位，甚至挽救生命。

抑制冲动的思维习惯适用的情境实例有：

在生活中我们经常会感到沮丧，很想发泄自己的情感。如果能抑制冲动，我们就能通过互相协商、合作和妥协解决问题。

与人交谈时，有时候我们应先做一个倾听者，了解他人想说的内容，然后分析当时情境，最后决定如何回应。

在民主社会中，每个人都有做出决定的权力。然而很多问题非常复杂，媒体报道和其他分析经常相互冲突，观点不一。具备抑制冲动的能力，能更有效地帮助每个公民积极地参与到社会事务中。

当朋友碰到难题时，我们通常会有帮助他解决问题的冲动。尽管是出于好意，但是我们的行为往往会使情况更糟。最好的方法就是不要多想。

生活里充满了经历冒险和感受新鲜事物的机会。然而，我们最好在冒险或尝试新事物之前权衡利弊得失或考虑风险大小。

培养该思维习惯的策略实例有：

经常对自己说，"三思而后行"，"思考后再说"，"等一下，让我再考虑一下"，以抑制冲动。或者问自己下面这些问题，"我是不是理解？"，"我应该做出反应吗？"或"在我下定论之前是否还有其他问题？"

请别人指出自己是否有冲动的行为，如有必要，建议采用一些策略来减少冲动的行为。

耐心等待别人讲完之后再作出回应。

当你想提出观点、问题、评论或解决方案时，通过数数来抑制自己。

5. 自有主见

"自有主见"是保持思想解放和抑制冲动的一个补充性的思维习惯。和其他良好的思维习惯一样，发展这种思维习惯要求理解自有主见的适用情境，以及如何自有主见。

当我们对某个问题有强烈的情感，并且已经验证了论据来支持自己的观点时，得出某一观点是合理的。自有主见不是简单地模仿他人观点，也不是冲动而盲目得出结论。

自信地提出某一观点要求我们具备评价证据和构建支持的能力。有时候还需要具备清晰交流的能力，并愿意承担否决他人不同观点带来的风险。

自有主见的思维习惯适用的情境实例有：

在与他人讨论某个问题时，若别人未涉及某个自己强烈支持的观点时，我们可以提出来并进行辩护。

大部分人都会因为同伴或其他人的压力，做出一些违背自身信念和价值观的行为。有时我们可以忽略这些压力，但是很多时候我们有必要澄清某个观点。具备自有主见的能力能影响他人，并有助于那些不够自信的人们来抵抗压力。

很多时候朋友或同事要求我们公开支持他们的观点。如果支持，就需要坚定立场，并提供证据支持。

当我们看到或经历了一些不公正的或有争议的事情，我们可以通过陈述并辩护自己的观点来努力改善情境。

培养该思维习惯的策略实例有：

经常问自己，"是不是应该发表意见，并证实观点？"或"在我提出观点之前还需要知道什么？"

参照榜样，学习他们如何提出观点，并证实它。研究他们所采用的策略、采取的行动以及行动的结果。

在提出观点前，研究问题的各个方面，以更好地证实自己的观点。如果确信自己的观点，我们就更能坚持自己的观点，并能更清晰地表达它。

了解一些常见的错误和不充分的论据。这将有助于我们倾听多种观点，为自己的观点提供强有力的支持。

6. 移情理解

不管是通知或劝说他人，还是与别人分享观点，我们都应该注意反映他人情感或知识水平的潜在和外显的信息。评定他人所思所感，然后根据评定结果来调整情境或信息，传达对他人的尊敬，并提高实现那些依赖合作才能达到的目标的概率。

培养"移情理解"习惯的主要问题是在对他人敏感与理解他人之间寻求平衡点。例如，对他人情感敏感实际上就是尊重他人。同样移情理解首先是进行评价，然后以某种方式作出回应，来确保目标的达成。实现这个平衡点要求我们具备一定的技能和理解水平，这需要长期经历各种各样的情境来获得。

移情理解的思维习惯适用的情境实例有：

当我们试图表达某一观点，如果你能合理地评估和回应别人的认知和情感，他们更有可能耐心倾听。

即使我们对某一问题（如环境、政治候选人或卫生保健等问题）有不同的观点，如能理解他人的观点，尤其在他们看似困惑或沮丧的时候，移情有助于我们改善情境。

移情理解能够增加与不同文化或背景的人成功交流的机会。

培养该思维习惯的策略实例有：

在小组学习中，人们通常不愿意分享他们的情感或知识水平。我们可以利用一些交流策略来体会他人的所思所感，而无须让他们感到烦恼或不安。开始与别人交谈的一种策略就是合理利用下面这些问题，"你以前有没有这类经历？"或"你发现了什么？"

当交流不愉快或发现自己有一种挫败感时，我们应该停下来，思考我们是否全面理解了情境并作出合理的回应。这时我们可以休息一下或者出去走走，给自己留下再次思考该情境的时间。当我们再次回到该情境时，就更能移情理解。

形体语言是交流过程重要的组成部分。然而，不同文化背景的人对同一形体动作会有不同的理解。让自己了解不同文化的细微差别和习俗，以促进交流并提高自身正确评估他人情感和理解水平的能力。

设身处地地为他人着想。换作是你，会有什么样的感受？

（二）创造性思维

1. 坚持不懈

不管在学习，还是生活中，我们经常会碰到一些不能立即得到答案或解决方法的任务或问题。即使付出了相当大的努力，也几乎没有什么进展。在这种情况下，"坚持不懈"的毅力就是取得成功的关键。坚持不懈的毅力有利于学生从学术任务中学到更多的知识，并为未来的工作做好准备。我们经常把坚持不懈与工作热情相联系，而坚持不懈的毅力就是取得成功的关键。

坚持不懈是创造性思维重要的一部分，它不是简单地拒绝放弃，而是强调要积极地参与任务，寻求合理的帮助，尝试不同的解决方法，从不同的视角进行验证，分解和整合，以及与其他相似的任务作比较等。

坚持不懈的思维习惯适用的情境实例有：

如果能坚持不懈，我们就更有可能获得那些看似难以理解或掌握的知识和技能。

每种工作都有一定的挑战性。我们要勇敢地面对挑战，相信自己能够找到合理的答案和解决方法，让自己成为有价值的雇员。

几乎在任何一个领域中，人们因为坚持不懈做出了许多重要的贡献。也许他们发现了更好的方法来提供服务、增加销售量、医治病人和为客户辩护。即使他们面临了难题，不解决问题就誓不罢休。

有时候，实现某一目标能够极大地影响他人（例如一个团队或全班同学）。

在这些情境下,我们积极参与并坚持不懈寻找解决方法的能力能帮助自己成为有价值的团队领导者或榜样。

培养该思维习惯的策略实例有:

在开始复杂或困难的任务前,要制定各个子目标以保证整个任务的完成。每次只应对一个子目标,实现该目标后应自我肯定和鼓励。

在执行某项任务中如果屡遭失败,应该确定导致任务失败的因素,采用其他方法来完成任务的这个部分。

当我们想放弃某项任务时,应该找出那些能激发鼓励自己继续努力的人,同时还应远离那些本身持有消极态度的人。

生成问题解决的答案图示,形象化的呈现有助于我们做出进一步的补充。

当我们感到疲惫不堪想要放弃的时候,可以适当放松一下,比如出去散步、听音乐或拜访朋友等。往往在放松期间能够找到最好的解决方案。

2. 竭尽全力

"竭尽全力"意味着即使有风险也要接受挑战;要尝试那些从未做过的事情;要鼓起勇气来面对失败。然而只要合理谨慎,竭尽全力的好处就能盖过风险,这些好处包括激发情感、扩展知识和能力、提高信心、从挫折和失败中吸取经验教训。

尽管这里竭尽全力是一种思维习惯,我们的重点是要发展竭尽全力的能力,谨慎地运用这种思维习惯。

竭尽全力的思维习惯适用的情境实例有:

如果长期从事某项工作,我们的积极性就会日益降低,总是想避免一些挑战性的任务,这时我们需要竭尽全力发挥自己的能力来完成任务,以期提高自己的积极性,最终增加薪水。

我们有时候会觉得自己的工作机械单调,竭尽全力可以让日常工作变成富有挑战且有趣的任务。例如,竭尽全力让你轻松地打高尔夫球;把房子装潢成你梦寐以求的样式;制作独一无二的万圣节礼服;亲自制作披萨饼;跑马拉松等。

当奖金或奖品很高时,学会竭尽全力尤其重要。持续的工作、战胜病魔、挽救关系、在校学习都依赖于这种思维习惯。

培养该思维习惯的策略实例有:

当我们开始某项任务时，先制定一个富有挑战性的目标，例如在比平常更短的时间内完成任务的这个部分，然后竭尽全力来满足这个时间限制。

为了发现潜在的新挑战，可以征求别人有关如何竭尽全力的建议，他们的经历有助于我们发现新的挑战。

利用能激发或鼓励自己竭尽全力的短语或谚语，记下它们，放在自己看得到的地方，比如个人日程表、办公室或贴在冰箱上。

利用身边的榜样来激励自己，并让他们时刻监督自己。相反，也要辨别那些你应该远离的人，因为他们自身持消极的态度，经常会让你放弃尝试。

3. 坚持己见

尽管我们的工作经常要受到别人的评价，但是如果我们在工作中能持久一贯地应用自身的评价标准，就能保证较高的工作效率和质量。在制定标准时，我们应该考虑别人用于评价我们工作质量的标准。当然你可以只采用这些标准中的一小部分，否定或者调整其他标准，增加一些对自身而言重要的标准。制定完后，我们就应该相信这些标准，依照自己的标准进行评价。

具备这种"坚持己见"思维习惯的人就能成为自我定向型的学生或工作者。他们的成就不会受到他人的限制，他们能在任何所从事的事业中制定新的标准。

坚持己见的思维习惯适用的情境实例有：

你可能知道如何满足教师的要求来获取高分，然而一位优秀的学习者还应该制定自己的标准，来优化自身的学习。

许多发明家利用新产品和想法创立了成功的、盈利的职业生涯，例如，菲尔德夫人（Mrs. Field）和比尔·盖茨（Bill Gates）。制定并应用自身的评价标准通常会产生一些成功的发明。

历史上有很多人物，他们制定新的标准对他人和社会产生了影响。例如，马丁·路德·金（Martin Luther King, Jr.）和甘地（Mahatma Gandhi）闻名于世的原因在于他们都制定了新的标准，从而影响了那些试图改变社会现状的人们的行为。

《寻求卓越》（In Search of Excellence，Peters & Waterman，1982）和《拥有卓越》（A Passion for Excellence，Peters & Austin，1995）这两本畅销书记录了大量交易和学习中关于因为个体创建、相信并坚持自己的标准来评价产品或服务而取得前所未有的成功的实例。

培养该思维习惯的策略实例有：

无论何时制定个人的标准，我们都应该问自己，"如果我要评价它，我想看到什么？"和"我如何知道自己已经做了最大的努力？"这类自问自答型的问题有助于激发我们建立高质量的标准。

当我们在某一项目或任务中感到疲惫、未受到挑战或失去兴趣时，制定并应用更高的标准有助于激发自身的兴趣，让任务变得更有挑战性。

要从容写下自己的标准，主要有两个目的：首先，迫使自己清晰地定义自己的标准；其次，我们可以定期对照标准来评价自己的工作。

运用量规来制定标准。量规是指一组描述业绩水平（满足、超越或未达到预期目标）的标准。量规的制定过程能迫使我们更详细地陈述标准。量规一旦创建完成，就能指导我们评价达标程度。

4. **视野独特**

不管是解决问题、分析问题、澄清某一模糊的观点、做出决定、研究现象，还是发明新产品，有时候我们需要以完全不同的方式来考虑任务。虽然我们都知道如此，但是要在任务中引入一种新的视角非常困难，尤其当我们长期从事某项任务时更是如此。决定需要创建某一新的视角只是第一步，实际上提出不同的观点需要策略和长期的练习。

一些人能非常自然地以独特的或不寻常的方式来看待某一情境，不幸的是他们在发表观点时经常让人觉得有点怪异，结果未能得到别人的支持。相反，另外一些人则觉得从不同的视角看问题非常困难。尽管他们知道自己受到传统标准的束缚，但是不知道如何打破这些限制。前者发现这种能力是一种资本，让他们受益终身；而后者通过反复的练习也能发展这种思维习惯。

视野独特的思维习惯适用的情境实例有：

如果学习任务看上去是无趣的或平凡的，我们可以利用不同的视角来改变体验。结果可能是更富有创造力的产品、更好的成绩以及学习上的进步。

当我们面对日常生活中复杂的问题时，应试图让自己换种心境以不同的方式来看待这个问题。当我们把问题看得不那么复杂时，我们的心情也不会如此沮丧，甚至还能发现更富创造性的解决方法。

公司经常会让几组员工花上几个工作日的时间来思考新的点子或产品。如果能领导这几组员工，他们就能成为有价值的雇员。

培养该思维习惯的策略实例有：

利用类比和比喻，让自己以不同的方式看待事物。

利用集体讨论的方式迫使自己超越最初的观点。

在创建解决方法或新产品、新过程时，生成了最初的想法后先搁置一边，过段时间后再进行思考。

可以问自己下面这些问题，"我在思考中加了哪些不必要的约束条件？"或"孩子对该情形有何看法？"

征求那些没有相关知识和经验的人的意见（例如你的孩子、父母或朋友），请求他们做出回应。有时候一个幼稚或无知的问题或评论有助于我们超越自己的思维定势。

（三）调节性思维

1. 自我监控

自我监控的思维习惯让我们变得更高效、少犯错误、了解哪些是有效的，哪些又是无效的。具备自我监控的习惯，我们会定期检查所利用的思维策略、自己的言行举止以及想象的内容。自我监控的过程要求我们问下面这些问题，"刚才我们对自己说了什么？""我想到了什么？""我的思想一直处于游离状态，我需要把注意力集中在任务上"或"如果我那样做，我一定是想……"

自我监控的思维习惯适用的情境实例有：

如果完成任务不顺利，就应该停下来，反省自己的所思所想。如有必要，调整自己的言行和思维模式，使其变得更积极。

我们在学习新知识或技能时，自我监控的习惯显得非常重要。例如，我们要理解某些事物，需要核对自己是否运用了有效的策略（例如自言自语、生成图示、联系新旧知识）。有意识地运用各类思维方法有助于强化我们的学习，提高理解水平和对新知识的记忆水平。

许多奥林匹克运动员非常注意自我监控，因为他们意识到该习惯会极大地影响自身的业绩水平。锻炼中一个不可或缺的部分就是监控自己的思维过程（即自我调整），使其尽可能保持积极。

研究为人们提供了改进自身考试测验和公开演讲技能的方法，主要是让自己在这些有压力的情境中产生转变自身的想法。当我们面临令人紧张的情境时，应该进行自我调节来降低紧张度。

培养该思维习惯的策略实例有：

当我们执行某个困难的任务时，设置定时器每隔 15 分钟提醒自己进行自我反省，"我刚才正在想什么？我的想法对我是有利还是有害？我想改变什么？"

在尝试某种新技能或解决难题时，我们应该在纸上记下有用的策略，方便下次使用。

坚持每天记笔记，描述自己在各种活动中（例如参加某次考试或执行某个项目）的所思所感，并经常反思有用的、有害的以及所学的内容。

对有些人来说，在艰难时期利用一些激励或鼓励的话相当有用。当我们在海报、书本、工作场所、电影里看到或从老师、亲戚、朋友处听到一些激励人心的话时，把它们记下来，并时常阅读温故。

2. 合理规划

教师希望让学生养成合理规划的习惯。计划有时轻松随意，有时又包含一个确切的过程。这个过程包括系统地定义目标、确定实现目标所需的步骤、预期潜在性的问题、分配任务职责以及制定时间表和核查时间。

在学校学习和日常生活中，我们知道合理规划能提高目标达成的概率。为了更有效，我们应该制定书面计划。合理规划的主要问题是理解何时需要制定书面计划，以便于实现目标。

合理规划的思维习惯适用的情境实例有：

在学校学习和日常生活中，我们经常会碰到需要完成许多要求的任务。合理而谨慎的规划可以减少自身的压力并优化效果。

我们在执行任何类型的长期项目时，合理的规划显得特别有用，因为这样能让我们按时完成任务。对小组项目而言，合理规划尤其重要，它确保每个成员了解自己的任务职责。

在人的一生中，有许多重要事件需要合理规划，比如说上大学、结婚、组建家庭、退休等，合理的规划有利于优化这些事件。

几乎在所有的工作中，我们都会碰到一些任务或项目。制定并执行详细计划的能力不仅有助于该项目的顺利完成，而且还能提高自身在公司中的价值。

合理规划有利于成就事业。财政计划者、宴会策划者、建设项目规划者等，他们都是利用自身的规划能力，并与其他兴趣和技能相结合来开拓自己的事业。

培养该思维习惯的策略实例有：

确保任何计划都有明确的目标。如果目标模糊，我们就很难进行计划或了解该计划是否奏效。诸如"我要减肥"或"我们想让学生更好地思考"之类的目标太过笼统。制定目标时越详细越好，以有效地指导计划过程。例如"到6月1号为止我要减少10磅体重"或"我想让学生改善阅读课本的归纳推理过程能力。"

运用一个特定的格式或图示来制定书面计划，方便我们的计划过程并确保计划的完整性。在最简单的形式中，包括下面这些成分（参见下表）：

需要完成什么	到何时	由谁完成

如果我们有一个长期项目或目标，应该先确定短期目标。我们可以利用符号或标记来注明已完成的短期目标。

初始计划往往需要多次修改完善，所以我们要定期修改自己的计划，评定计划是否有效，并做出必要的调整。

在制定复杂任务的计划时，征求有经验的人的意见，让他们帮助修改计划。问他们一些我们所关心的问题，并吸取他们的经验。

办公用品商店提供几乎所有类型的项目策划表和时间表。如果我们不擅长设计自己的计划表，可以购买一种。

目前有许多帮助人们学会如何更好策划的课程。如果我们在策划方面比较欠缺，可以报名参加培训课程。

3. **调用资源**

我们除了要鼓励学生努力学习、竭尽全力、充满自信之外，还需要提醒他们任务的成功或目标的达成还取决于对可用资源（例如，人力、物力、财力和信息资料）的有效利用。成功人士经常把成功归功于丰富资源（人力和非人力资源）的有效利用。

合理利用资源包括确定必需的资源、决定它们的有效性、合理地利用它们、并通过反复评价来确定其他所需的资源。在技术社会的今天，我们可以利用通讯和信息系统来强化资源利用的每个步骤。

调用资源的思维习惯适用的情境实例有：

在学校学习中，学生有必要合理地利用各种各样可获得的资源：如教师、书本、设备、同伴、辅导员、电子媒体等。

在许多情境中，如果我们想取得成功不仅需要自身的聪明才智，还要依赖其他资源，如金钱、时间、支持和想法等。优秀的运动员需要理想的教练的指导；艺人需要艺术赞助商的支持；成功的作家需要良师的点拨。

明确必要的资源有助于我们履行自己的家庭职责。大部分有经验的父母都知道如何寻求养育子女的帮助和建议。人们在照顾老人时经常需要专业人员的建议和帮助。

人生的主要目标之一就是保持身体健康。这在很大程度上取决于资源利用的合理程度，比如查找健康问题的意见、锻炼搭档、雇用私人教练员。

培养该思维习惯的策略实例有：

在任何复杂的任务或情境中，我们首先应该列出：哪些资源是必需的、哪些可获得、哪些不可获得、用哪些资源来替代这些不可获得的资源。

在开始项目或任务之前，征求有经验的人的意见，看看他们都需要哪些资源。这样可以避免遗漏重要资源，并提供获得已确定资源的方法。

定期问自己，"我还能获得哪些对任务有用的资源？"这种自问自答可以避免遗漏容易忽略的资源。

4. 回应反馈

对反馈作出合理的回应表示我们关注成功，并承认自我评价尽管必要，但是要取得成功还不够充分。回应反馈要求我们积极听取他人意见来改进自己的业绩水平。当然这并不意味着我们必须赞同每种建议，而是要求我们倾听、反省然后采取合理的行为（不一定按照建议而行动）。

回应反馈的思维习惯适用的情境实例有：

我们在参与某项重复性的任务时，可能会感到机械乏味。这时就非常有必要恳求或听取他人关于如何完善任务或防止粗心大意的看法。

如果我们需要完成某项学校项目或执行某个计划，应该请求他人为我们提供必要的反馈。这样有助于更全面、精确地完成任务。寻求反馈的过程本身就能帮助我们更关注任务。

在和他人说话时，我们可以获得对方的反馈，观察肢体语言，合理回应并作出相应调整。

我们在努力完成某项长期复杂任务时（如调试计算机），也需要积极地寻求反馈。对反馈作出合理的回应有助于我们确保规定的过程，改正错误之处，增加成功的可能性。

培养该思维习惯的策略实例有：

我们在参与某项复杂任务时，应该时常询问他人的意见。可以问下面这些问题，"你认为有效性如何？"，"你会如何改进我当前的处理方法？"，"请告诉我哪些地方我做得最好，任务的哪个部分是最重要的？"直接而具体的问题能够获得最有用的建议。

我们在制订行动计划来完成某一具体目标时，应该包括提供反馈的人和具体时间。向有经验的人寻求帮助有利于我们确定引导我们朝着正确方向行动的标记。

在制订新计划时，应该请求同事为我们提供反馈。在听取反馈意见时，要做好笔记。只有在听取并反省完每个人的意见后才能接受或拒绝某个反馈意见。

我们还应该做好准备来更好地接收反馈意见。例如，如果知道自己可能反对某种反馈意见，应事先做好准备，尽量让自己敞开心胸，虚心听取他人意见。

5. 评估效能

评估自身行为的有效性，实际上是一种自我评价的过程。这种过程包括暂时放下任务，查看已完成部分，然后评价任务完成或目标实现的程度如何。我们可能会问自己一些问题，证实或重新思考方法，决定是坚持原有计划还是重新开始，明确是否需要以及如何在下次任务中改进方法。

评估效能的思维习惯适用的情境实例有：

对行为进行持续的评价有助于我们在尝试新事物时吸取经验教训，并改变未来任务执行的方法。

我们教他人如何做某事时，首先应该评估自己的行为，以便对他人产生积极的影响。

我们取得成功时，有必要评估我们所作决定和行为的有效性，以便于借鉴成功的经验。

如果参加某项需多人完成的任务，我们应通过描述如何评估自己行为的有效性来要求别人也进行效能的自我评估。

培养该思维习惯的策略实例有：

完成某一任务或项目后，应该问自己，"下次我的行动将有哪些不同？我是否还会这样做？"自问自答是自我评价最常见的方法之一。

制定书面计划对任何项目都是有用的，它允许我们系统地评估每一步骤。而且书面记录可供今后参与类似任务参考。

完成一个项目或任务后，应该找出其他人的成功策略，并与自己的策略相比较。改变自己的行为使其在未来的任务中变得更成功。

在试图改进运用某个复杂过程的能力时，我们应该分解该过程。这样我们就可以评价过程每一步的执行情况，从而降低运用该过程能力带来的压力感。

四、维度五的单元设计

设计第五个维度的提问并回答下列这些"引导性问题"（overarching question）：我们做什么来帮助学生发展良好的思维习惯？

下面我们介绍设计过程的具体步骤来引导回答这些问题。每个步骤都会要求我们问几个关键的问题或提供具体信息。设计指导模板还为我们提供了空白处来记录观点、注释、决定和计划好的活动。我们还提供了一个关于美国科罗拉多州社会单元学习的实例（选择这个主题是因为它适用于任何州或地区，任何发展水平的地区的单元学习，在第六章中，我们会把这个单元的所有维度整合起来）。

教师应该大致明确学生所了解的或具备的思维习惯。例如，教师可能会观察到学生在制订计划之前很少确定必要的资源；或者学生在不懂时拒绝发言。

思考本单元包括的活动、体验和任务，确定有利于提高学生业绩和学习水平的思维习惯。例如，某个特别困难的任务要求学生竭尽全力；课堂辩论要求学生耐心仔细地倾听他人观点。

那么，教师如何达到单元设计的目标呢？要回答这个问题，应分两步走：首先要确定具体的思维习惯，这能让我们更好地实现预期目标；其次要说明即将采取的具体行为或利用的活动及其策略。

具体来讲，哪些思维习惯有利于学生……
批判性思维
◇ 准确精到？
◇ 清晰明白？
◇ 思想解放？
◇ 抑制冲动？
◇ 自有主见？
◇ 移情理解？
创造性思维
◇ 坚持不懈？
◇ 竭尽全力？
◇ 坚持己见？
◇ 视野独特？
调节性思维
◇ 自我监控？
◇ 合理规划？
◇ 调用资源？
◇ 回应反馈？
◇ 评估效能？

说明即将采取的具体行为或利用的活动和策略，可以考虑下面这些建议：

(1) 帮助学生理解良好的思维习惯

◇ 鼓励学生在课堂中讨论每种思维习惯；

◇ 利用反映了人们在不同情境中利用思维习惯的文学作品和当前事件的实例；

◇ 与他人分享与某种思维习惯相关的个人经历；

◇ 关注并指出学生展示某一思维习惯的行为；

◇ 要求学生描述个人所崇拜的英雄或良师展示某一思维习惯的例子；

◇ 要求学生制作海报来展示他们对某一思维习惯的理解。

(2) 帮助学生辨别并发展与良好的思维习惯相关的策略

◇ 教师展示某一具体策略时，应该边示范边解释；

◇ 要求学生分享各自的策略；

◇ 鼓励学生查找文学作品或当前事件实例中呈现的策略；

◇ 要求学生采访他人（如，父母、朋友或邻居）来识别策略；

◇ 每半个或一个学期，要求学生确定一种思维习惯，并集中力量培养发展该思维习惯。

(3) 创建一种良好的课堂氛围，以鼓励学生发展并运用良好的思维习惯

◇ 教师示范思维习惯；

◇ 把思维习惯整合到日常的课堂教学活动中；

◇ 制作并展示诸如海报、图标等来宣传养成良好思维习惯的重要性；

◇ 适当情况下，教师应暗示学生关注具体的思维过程，并要求他们确定有助于完成不同任务的思维习惯。

(4) 为展示良好思维习惯的学生提供积极的强化

◇ 分配学生不同的角色，让一些学生观察，而另一些学生展示良好的思维习惯；

◇ 要求学生自我评价具体思维习惯的运用水平；

◇ 运用汇报卡或进展报告向学生提供反馈意见。

表 5.1 社会课《科罗拉多州》备课指南（维度五）

步骤 1	步骤 2	
培养学生"思维习惯"上有哪些一般的或者具体的要求。	为了达到这一目标要做什么。具体来说，我们将帮助学生在……方面达标。	具体说明将做些什么。
	批判性思维 ◇ 准确精到？ ◇ 清晰明白？ ◇ 思想解放？ ◇ 抑制冲动？ ◇ 自有主见？ ◇ 移情理解？	
学生的学习已经开始松懈，情绪低落。即使是优秀学生，也开始偷懒。	**创造性思维** ◆ 坚持不懈？ ◆ 竭尽全力？ ◇ 坚持己见？ ◇ 视野独特？	当学生竭尽全力或坚持不懈时，我给予肯定和鼓励，以强化他们的努力。我认为学生表现出这些思维习惯时应给予认可。
学生知道在开始任务之前应先制订计划，但却不愿意实际应用。实验探究任务的成功取决于仔细地计划并按计划严格执行。	**调节性思维** ◇ 自我监控？ ◆ 合理规划？ ◇ 调用资源？ ◇ 回应反馈？ ◇ 评估效能？	我将发给学生每人一张计划表，贴在课桌上。并利用它让学生讨论如何制订计划，然后示范如何利用该表。我要求学生每天记录计划的进展情况。

◆ 表示这一条目标在本单元学习中需要予以特别关注。

第六章　合理规划单元教学

学习的维度理论主要是用于合理规划单元教学。单元教学的时间可长可短，或几天或几周，这是由所要达到的教学任务、教学对象和学生的兴趣水平等决定的。本章将回答这样几个问题：(1) 单元教学要覆盖的内容；(2) 评估学生；(3) 如何进行教学排序。

一、单元教学的内容

不管单元长短如何，不管是语文还是数学，不管学生的年级高低，每一个学习的维度要回答的问题都包括了以下几个方面：

维度一

是否涉及"态度与感受"的教学目标，这些目标只是同本单元有关，还是一种长期任务？

教师将帮助学生在哪些方面取得进步？具体来说，是否涉及：

◇ 是否感受到被教师和同伴接纳？

◇ 是否体验到舒适和有序？

◇ 是否感受到学习任务是有价值和有兴趣的？

◇ 是否相信自己有能力和有资源去完成学习任务？

◇ 是否清楚地理解学习任务是什么？

维度二：陈述性知识

在帮助学生"获得与整合"陈述性知识中，教师该做些什么？

◇ 学生将掌握什么样的"陈述性知识"？本单元学习后，学生将知道或理解……

◇ 哪些"体验或活动"将有利于学生获得与整合知识？

◇ 哪些策略将有利于学生"建构意义、组织信息和储存知识"？

维度二：程序性知识

在帮助学生"获得与整合"程序性知识中，教师该做些什么？

◇ 在"获得与整合"知识中学生将掌握什么样的"程序性知识"？本单元学习后，学生将能做……

◇ 哪些策略将有利于学生"构建模式、成型和内化"？

维度三

教师将如何帮助学生"扩展与提炼"知识？

◇ 学生将"扩展与提炼"什么样的知识？具体来说，学生将扩展和提炼的知识是……

◇ 学生将运用什么样的推理过程？

维度四

帮助学生有意义地运用知识，教师应该做什么？

◇ 学生将"有意义地运用"什么样的"知识"？具体地说，学生将表现出自己的理解程度和能做到……

◇ 学生将运用什么样的推理过程？

维度五

帮助学生培养创造性思维的习惯，教师应该做什么？

◇ 培养学生"思维的习惯"上有哪些具体的要求？

◇ 为了达到这一目标要做什么，具体地说，我们将帮助学生在以下哪些方面达标？

批判性思维——

◇ 是否能做到准确精到？

◇ 是否能做到清晰明白？

◇ 是否能做到思想解放？

◇ 是否能做到抑制冲动？

◇ 是否能做到自有主见？

◇ 是否能做到移情理解？

创造性思维——

◇ 是否能做到坚持不懈？

◇ 是否能做到竭尽全力？

◇ 是否能做到坚持己见？

◇ 是否能做到视野独特？

调节性思维——

◇ 是否能做到自我监控？

◇ 是否能做到合理规划？

◇ 是否能做到调用资源？

◇ 是否能做到回应反馈？

◇ 是否能做到评估效能？

虽然以上问题是一一罗列的，但是在实际规划时并非完全是线性的。教师完全可以从维度四开始，然后回到维度三和维度二，并再次重新检查维度四的考虑是否妥当。一般来说，维度一和维度五往往是最后考虑的，这主要是因为这两个维度目标相对来说比其他几个维度的目标更为含糊笼统一些。

二、模式的不同焦点

并不是每一个维度的目标在各个单元中都是同样重要的。总是有一些具体的针对性。以下是三个侧重点：

（一）模式1：聚焦知识

应用模式1，主要是涉及维度二——获得、整合陈述性知识与程序性知识，也就是说，要掌握具体的概念、概括或原理、技能与过程等。所以，单元设计应该围绕着这样的目标来进行。教师要设计扩展和提炼活动（维度三），要求学生有意义地运用已经理解的知识（维度四）。具体的单元规划可以参照以下步骤：

第一步：明确本单元中的陈述性知识和程序性知识（维度二）。

第二步：提供扩展和提炼活动（维度三），强化和加深学生在第一步已经理解的陈述性知识和程序性知识。

第三步：设计要求学生有意义地运用知识的任务（维度四），这些知识应该是在第一步中已经理解的陈述性知识和程序性知识。

模式1有以下几方面的特点：

（1）选择在维度二中所确定的知识，因为制订课程计划的人认为这些知识对全体学生来说都是十分重要的，或者是在学区乃至州课程标准和大纲中被确定为是重要知识。

（2）当聚焦陈述性知识时，应该明确的是要求学生掌握哪些概念和原理；当聚焦程序性知识时，同样应该明确同这些程序应用相关的陈述性知识。

（3）维度三和维度四的学习任务对促进学生理解或者透彻掌握相关知识而言是必不可少的途径。

（4）一般在单元中应该包括至少一项要求学生有意义运用知识的任务（维度四），教师应该确信学生知道完成这一任务需要运用在第一步中学到的知识。

（二）模式2：聚焦论题

模式2主要聚焦的是维度四，即有意义地运用知识。具体来说，教师要确定该单元关注的主要论题，确定哪一项任务与这一论题有关。例如，假定要求学生掌握"如何"以及"为什么"的问题，那么，"调研"就应该成为单元学习中关注的焦点。如果你想研究某种现象，那么，实验探究就成为关注的焦点。一旦你明确了论题和相关的任务，你就能够明确所要求的陈述性知识和程序性知识（维度二）以及完成这个任务所需要的扩展与提炼活动。模式2的单元规划可以参照以下步骤：

第一步：明确要求学生有意义地运用知识的重要论题和相关的任务（维度四）。

第二步：明确完成这一任务所需要的陈述性知识和程序性知识（维度二）。

第三步：明确增强学生理解陈述性知识和程序性知识所需要的扩展和提炼活动（维度三）。

模式2的特点是：

（1）单元中至少包括了一项要求学生有意义地运用知识的任务。对低年级学生来说，也可以用扩展和提炼活动加以替代。

（2）选定完成有意义地运用知识的任务所需要的陈述性知识和程序性知识。

（3）维度三的活动有时候可以被维度四的活动所包容。

（三）模式 3：聚焦学生探究

模式 3 几乎与开发者最初设想的"学习的维度"框架中的开发理念相一致的。在模式 1 中，教师首先要确定在本单元中予以强调的陈述性知识和程序性知识（维度二），教师还可以确定扩展和提炼活动（维度三）帮助学生巩固知识。但是，与模式 1 和模式 2 不同的是，不是由教师来选定要求学生有意义运用知识的某项任务，而是由学生自己选择任务或项目，以达到有意义运用知识的目的。

教师的职责就是帮助学生选择某一项目，鼓励其探索各种符合本单元要求的论题或者有兴趣的问题。学生有一定的自主权确定探究什么论题，不一定局限于教师规定的陈述性知识和程序性知识的范围。唯一的要求是看学生能不能做到学以致用。

模式 3 的单元规划步骤有：

第一步：明确在单元学习中所强调的陈述性知识和程序性知识（维度二）。

第二步：明确增强学生理解陈述性知识和程序性知识所需要的扩展和提炼活动（维度三）。

第三步：明确帮助学生选择有意义地运用知识的具体方式（维度四）。

模式 3 的特点是：

(1) 学生选择的任务和项目比较多样化。

(2) 课堂学习的较多时间用于有意义地运用知识的活动。

三、课堂评估

学习的维度不仅要帮助教师明确所教的单元内容是什么，同时也是有利于合理安排课堂评估模式。

传统的课堂评估主要检查维度二中的陈述性知识和程序性知识。学习的维度理论认为，除了评估维度二之外，还要评估维度三、维度四和维度五。也就是说，我们要帮助学生扩展与提炼知识——加深印象、强化联系、领悟启迪和纠正误区。我们要帮助学生有意义地运用知识，帮助学生培养良好的思维习惯。维度一的评估方式主要是由教师观察和学生自我评估。

不同的维度所采用的评估方法可以多种多样。下表是不同的维度与具体评估方法之间的匹配，可以供教师参考。

表 6.1　不同的知识类型与评估方式的匹配

	客观题	论述题	任务表现题	教师观察	学生自评
维度 2：具体的陈述性知识	√	√	√	√	√
维度 2：一般的陈述性知识		√	√	√	√
维度 2：具体的程序性知识	√	√	√	√	√
维度 2：一般的程序性知识		√	√	√	√
维度 3~4：复杂的推理过程			√	√	√
维度 5：思维习惯			√	√	√

1. 客观题

评估专家斯蒂根斯（Richard Stiggins，1994）指出传统客观的测验试题是由客观题组成，具体包括多项选择题、是非判断题、配对题和填空题。学生需要选择或给出正确的或最佳的答案。

尽管客观题用于评估学生陈述性知识的掌握情况，从最概括性的知识（概念或原理）到最具体的事实（关于人物、地点和事件的事实），但客观题最适合测验事实性、记忆性知识的掌握程度。对于程序性知识来说，客观题适合测试学生是否掌握最基本的算法，如加、减、乘、除。

2. 论述题

论述题也是常用的评估方法之一。这类试题对于评估学生陈述性和程序性知识（维度二）以及复杂的推理过程（维度三和维度四）的掌握程度都非常有效。对于陈述性和程序性知识而言，论述题适合评价学生对概括的陈述性知识（概念、原理、重点知识及其关系）的理解水平，判定学生运用程序性知识（让学生解释或评论某个程序）的熟练程度。如果某个论述题要求学生在陈述性知识中运用推理过程，学生必须展示自身对陈述性知识的理解水平以及运用推理过程的能力水平。

3. 任务表现题

好的论述题与任务表现题密切联系。事实上，需用推理过程来完成的论述题就是任务表现题的一种类型。任务表现题要求学生展示分析和运用知识的能力。从表6.1中我们可以看到任务表现题可用于评估陈述性和程序性知识（维度二）、复杂的推理过程（维度三和维度四）以及良好的思维习惯（维度五）。此外，任务表现题能够提高学生学习的积极性、深化知识内容的理解，并为学生有意义地运用知识提供机会。

通过调整和完善《评价学生的学习结果》（Marzano，Pickering & Mctighe，1993）所提出的模式，我们把构建任务表现题的具体步骤分为以下五步：

（1）确定任务所要评估的重要的陈述性和程序性知识（维度二：概括的陈述性知识，如概念、原理或重点知识）。

（2）围绕着学习的维度三和维度四中所涉及的复杂推理来构建任务（如果选择维度二中的程序性知识，不一定需要这一步。但是，技能或过程可以放在真实的情境中）。

（3）完成任务的初稿，整合步骤一和步骤二所确定的信息。

（4）确定具体的思维习惯，调整任务将其包括在内。

（5）明确诸如交流、信息处理、合作等各个具体方面的要求，如有必要，也可在任务中包括这些内容。

表6.2中的例子就是按照上述五个步骤构建的任务表现题。我们可以在《评价学生的学习结果》（*Assessing Student Outcomes*）一书中找到所有学习维度的基本评价量规。

表 6.2　定义调研任务

年级范围：初中高年级——高中

尽管新闻广播员、经济学家、作家经常会用到"第三世界"这个术语，但是它的意义很多人未必清楚。"第三世界"这个术语暂时还没有统一的确切的理解，不知道起源于哪里。通过小组合作学习，收集信息来描述和解释"第三世界"这个术语，也可选择其他涉及"区域"的术语，如"不发达国家""远东"等。解释该术语所代表的意义，为什么要使用该术语。

通过小组讨论为该术语下一个定义，确定它的政治、社会、地理或宗教特征。在讨论中，每个人应发表自己的观点，并做出必要的辩解。然后按照给定的量规评价每个人的表现。

陈述性知识（维度二）：社会研究
◇ 区别不同"区域"概念的能力。这些区域主要以政治、社会要素、地形、宗教等因素为划分依据。

复杂的推理过程（维度三和维度四）：定义调研
◇ 为无确切定义的事物下定义或给予描述的能力。
◇ 为模糊、不确定、相互矛盾的定义提供一个合乎逻辑的解释，并作出合理的辩解。

思维习惯（维度五）：批判性思维
◇ 自有主见的能力。

档案袋与任务表现题紧密相连。档案袋实际上包含了学生一系列表现任务的成果，还包括学生在特定表现任务不同时期的表现情况和进步状况。档案袋的重要价值在于描述了学生任务的参与过程，为什么做出某个决定，并能判断学生的努力程度。档案袋中附有成绩表、学生学习成果的展示或辩解。

4. 教师观察

评价学生学习效果最直接的方法就是教师观察。教师在观察学生展示知识的理解程度和运用技能时，通常会做笔记。教师观察可用于评估维度二至维度五，长期记录学生的学习情况能为教师提供充分的信息来合理判断学生学习四个维度的表现情况。

5. 学生自评

学生自评是一种非常有效的评价方式，因为评价信息的直接来源是学生。学生通常利用问题、问卷或量规进行自我评价。他们在学习日志中写下问题的答案，或对问卷调查做出回应。自我评价能够获得所有学习维度所需的评估信息，它尤其适用于维度五即思维习惯的评价，因为许多思维习惯不易被观察到，必须由教师推断得出。

四、评估量规

在上述几种课堂评估方式中，除了客观题之外，其他评估方式教师都不能简单地做出对错判断。因此，教师在运用这一系列评价技巧时必须从简单地累加正确得分转变到判断学生应用知识和技能的表现水平。运用量规（一组描述不同表现水平特征的标准）有助于教师作出合理的判断。量规提供了一个范围，通常由数字（4、3、2和1作为等级分）或描述性的条件（专家、老手、熟手与新手）来表示。量规为教师判断学生的表现水平提供了基础，尤其适用于论述题、任务表现题、档案袋、教师观察和学生自评。

运用量规有助于改进学生的业绩表现。量规可以回答学生的问题，"对我的期待是什么？"威金斯（Grant Wiggins）曾指出：量规犹如路标。量规能让学生知道自己的学习现状、预期目标以及需要学到的具体内容。它还能帮助学生进行自我评价，在学习上更独立自主。

表6.3、6.4和6.5中的量规可用于评价学生对陈述性知识、程序性知识、复杂的推理过程以及思维习惯的掌握程度。

表6.3 陈述性知识和程序性知识的评价量规

陈述性知识
4. 透彻理解重点知识；能详细说明内容，并清晰陈述复杂的关系和差异。
3. 理解重点知识；能说明部分细节内容。
2. 不完全理解重点知识，但没有严重的误解之处。
1. 不完全理解重点知识，且有严重的误解之处。
程序性知识
4. 能相对自动化地完成主要的过程或技能。
3. 能准确无误地完成主要的过程或技能，但自动化程度不高。
2. 在执行主要的过程或技能时出现一些错误，但仍然能完成该程序的基本目标。
1. 在执行主要的过程或技能时出现大量的错误，未能完成该程序的基本目标。

表 6.4　复杂推理过程"比较"的评价量规

4. 准确、有效且相对自动化地完成比较推理过程的步骤。
3. 有效且无明显错误地完成比较推理过程的步骤，但自动化程度不高。
2. 在执行比较推理过程时出现一些错误，但仍然能完成该过程的基本目标。
1. 在执行比较推理过程时出现大量的错误，未能完成该过程的基本目标。

表 6.5　良好思维习惯中"抑制冲动"的评价量规

4. 能仔细周到地考虑某一情境，决定在行动前是否需要进一步研究。如果需要进一步研究，在行动前能收集到全面而详细的信息。
3. 思考某一情境来决定在行动前是否需要进一步研究。如果需要进一步研究，在行动前能收集到足够的信息。
2. 粗略考虑某一情境来决定是否需要进一步研究。如果需要进一步研究，在行动前能收集到部分信息。
1. 没有考虑某一情境，也不能决定是否需要进一步研究。

五、评定等级

在确定了用于评定学生学习各个维度的表现水平的标准后，我们还应明确如何分配等级。教师不能再把等级看成是测验、任务和其他学习活动的分数，而是学生各种学习的表现水平，包括：（1）各学科重要的陈述性知识和程序性知识（维度二）；（2）学生在课堂中学习和运用的复杂推理过程（维度三和维度四）；（3）良好的思维习惯（维度五）。

例如在美国科罗拉多州的单元学习中，教师需要评估大量的知识，可以根据下面的"基准"(benchmark)来归类知识：

基准 1：理解人与一个区域的自然特征的交互作用；

基准 2：理解在区域之间搬迁的理由；

基准 3：学会运用专题地图。

本单元的学习同样强调学生运用复杂推理过程的能力，并要求展示良好的思维习惯。具体而言，学生要运用三种复杂的推理过程——分类、归纳推理和实验探究；此外还有两种创造性思维习惯（坚持不懈和竭尽全力），一种调节性思维习惯（合理规划）。

图6.1是一张评定等级的模板，这类模板适用于按具体基准组织的陈述性和程序性知识。如果没有运用基准，只有最重要的知识才能包括在这张模板中，因为我们不可能为每条重要的知识评定等级：

任务关键词：	A. 小测验 B. 归纳任务 C. 地形"饼状图" D. 分类任务		E. 小测验 F. 实验探究任务 G. 单元测验 H. 识图任务		I. _____ J. _____ K. 学生自评 L. 观察
标准/基准： 学生		地理 S1B2 人与自然环境	地理 S2B5 人的迁移与定居	地理 S6B1 运用专题地图	维度三 & 四 复杂推理过程	维度五 思维习惯
恩斯坦	A	3				
	B	3			3	
	C	3				
	D		3		3	
	E		3			
	F	3	3			2
	G	4	3	2		
	H			1		
	I					
	J					
	K	4	3	2	3	3
	L	4	3，3+	2		2，2
		4	3	2	3	2

居里	A	2				
	B	3			2	
	C	2				
	D		1		2	
	E		1			
	F	2	2		1	1
	G	1	1	1		
	H			1		
	I					
	J					
	K	3	2	2	2	2
	L	2 ☐2	1, 1 ☐1	2 ☐1	2 ☐2	2, 2 ☐2
卡佛	A	4				
	B	3			2	
	C	4				
	D		4		4	
	E		4			
	F	4	3		3	3
	G	4	3	3		
	H			4		
	I					
	J					
	K	4	4	4	3	4
	L	3 ☐4	3, 4, 3 ☐3	4 ☐4	3 ☐3	4, 4 ☐4

图 6.1　评定等级模板

图顶部的"任务关键词"（assignment keys）部分可以让教师列出评定等级可利用的各种评估方式、活动和任务。除了学生自评和教师观察之外，模板还允许我们填写十种评估方式，上述例子填了八种。

在每列顶部列出了本单元学习中需要评定等级的各类知识。前三列是本单元中确定的三类基准；后两列是本单元中用到的复杂推理过程（维度三和维度四）和良好的思维习惯（维度五）。

教师在上述例子中给出了两个家庭作业、两次小测验、两个维度三的任务、一个维度四的任务和一个单元测验。下面其他空格用于教师打分，以反映教师对学生个体在具体的任务、活动、家庭作业中的表现水平的评判情况。该模板中有很多行，每行有一个字母，该字母代表每种评估方式。数值则反映了教师对学生知识、推理过程和思维习惯掌握程度的判断情况。

大部分的评估方式能应对一种以上类型的知识。例如，"实验探究"任务既可以评估学生两类知识的理解程度，又能判断学生对本单元所涉及的复杂推理过程和良好思维习惯的掌握情况。

第 K 行用于记录学生自评的结果；第 L 行则是用于记录教师观察所得的学生在学习每个维度上的表现水平。

数字 1 到 4 表示学生在每个需要运用陈述性和程序性知识、复杂推理过程或良好思维习惯的任务中的表现水平。如果任务包含了多类知识、推理过程或思维习惯，教师应该怎么做？利用表 6.6 就可以处理上述这种情况。

表 6.6　多成分任务的评价量规

4. 熟练地完成任务目标的各个组成部分。
3. 较熟练地完成任务目标的主要组成部分。
2. 较高水平地完成任务目标的一些组成部分。
1. 基本完成任务目标的主要组成部分。

在评分阶段结束时，教师给每位学生一个代表其每类知识理解水平的分数，写在第 L 行的白色空格里。这个分数并不是该类知识所有任务得分的平均分。它主要反映了学生在各类任务中所达到的表现水平。

教师评估完每类知识后，需要把这些分数加起来得到一个总分。而每类知识有不同的权重，例如陈述性和程序性知识权重分为 2，复杂推理过程为 2，思维习惯为 1。这样我们必须把初始分与权重分相乘来得到一个"质点分"（quality points）。再把所有的质点分相加除以权重分总和得到一个平均分，具体可参见表 6.7。最后按下面的标准把平均分转换成等级：

3.26～4.00 = A
2.76～3.25 = B
2.01～2.75 = C
1.50～2.00 = D
<=1.49 = E

表 6.7 计算得分情况

学生：恩斯坦			
	学生得分	权重	质点分
第一类知识得分	4	*2	8
第二类知识得分	3	*2	6
第三类知识得分	2	*2	4
复杂推理得分	3	*2	6
思维习惯表现得分	2	*1	2
总分		9	26
恩斯坦的平均得分是：26÷9＝2.89			
恩斯坦的等级是：B			

使用单个字母表示等级并不是最理想的，主要有几个原因。第一，等级的划分点有一定的任意性；第二，单一的等级并不能提供学生任务表现的具体信息；第三，单纯的等级过度简化了知识的呈现、习得和评价过程。不管怎样，字母等级法仍然被广泛使用。关于评定等级问题的讨论，可以参考：马扎诺和肯达尔的专著《设计基于标准的学区、学校和课堂综合指南》（*A Comprehensive Guide to Designing Standards-Based Districts, Schools, and Classrooms*, Marzano & kendall, 1996）。

六、安排教学活动

基于学习维度的单元教学包含了许多不同的活动,例如,学生参与涉及维度三和维度四的任务、教师与学生的一对一或小组讨论、学生课外收集各类信息等。我们强烈建议教师采用至少两种类型的课堂教学:讲授课(presentation classes)和操练课(workshop classes)。

(一) 讲授课

讲授课主要针对学习的维度二,即获得和整合知识。这类课以教师为中心,但这并不表示只能教师讲、学生听;而且教师未必要讲授新知识。讲授课还包括:邀请专家作报告(guest speaker)、观看电影、实地考察等。教师需要以不同的形式向学生讲授新知识。虽然许多教学策略都要求并鼓励学生的积极参与,然而整个学习过程还是由教师引导的。

尽管每门学科的讲授方式有所不同,但讲授课中一些基本的教学技巧却是相通的:

(1) 激发兴趣(stimulating interest):为学生讲述一些有趣的轶事和故事,激发他们的兴趣,从而促进知识的获取与整合(维度二);

(2) 交代目标(stating goals):明确教学活动的目标;

(3) 联系新旧知识(making linkage):解释教学活动与先前学习体验的关系,让学生联系新旧知识;

(4) 示证(demonstrating):清晰解释或示范教学活动的关键方面;

(5) 小结(providing closure):要求学生总结概括,评价自身的学习体验。

(二) 练习课

与讲授课相对,练习(实践)课是以学生为中心的。这类课主要强调扩展与精炼知识(维度三)和有意义地运用知识(维度四)。练习课有助于学生设计并完成各种复杂的推理任务。练习课一般可分为三个部分:教师辅导(mini-lesson)、学生活动（activity period）和分享交流（sharing period）。

1. 教师辅导

教师辅导的时间非常短，一般五到十分钟。辅导一般在练习课的开始部分进行，为学生完成两类任务提供必要的指导和帮助。这两类任务是：扩展和精炼知识的任务和有意义地运用知识的任务。

教师在辅导期间一般要完成下面两点内容：

（1）向学生示范在任务期间可能会用到的策略或技巧（例如，示范决策技巧帮助学生完成决策任务）；

（2）解释学生在任务中用到的资源（例如，向学生介绍可用于决策任务的一本书或一篇文章）。

2. 学生活动

学生活动一般持续二十到四十五分钟左右。在这个阶段中，学生或者独立学习，或者小组合作来完成任务。在整个任务期间，教师要给予必要的指导。教师主要的指导方法是与学生进行讨论交流。

3. 分享交流

交流讨论的时间相当短，一般只有五到十分钟。一般情况下，在课堂结束前几分钟进行。学生通常分享下面三项内容：在讲授和活动阶段学到的知识；获得的新见解；完成任务中碰到的复杂问题。

如果分享交流还包括展示学生的任务成果，所需要的时间就相当长了。一般是在一个单元结束时进行。

（三）讲授课和练习课的整合

在单元教学中，教师应该有效整合讲授和练习这两类课。并不是所有的讲授课都应放在单元教学的开始部分，也不是所有的练习课都应安排在单元教学的结束部分，而是要合理分配这两类课，具体参见表 6.8。

表 6.8 课时安排

	星期一	星期二	星期三	星期四	星期五
第一周	讲授课	讲授课	讲授课	讲授课	讲授课
第二周	练习课	讲授课	讲授课	讲授课	练习课
第三周	练习课	讲授课	练习课	练习课	练习课
第四周	讲授课	练习课	练习课	练习课	

在这个例子中，重心从讲授课转移到练习课，也就是说，从维度二（获得和整合知识）转移到维度三和维度四（扩展和精炼知识以及有意义地运用知识）。而维度一（积极的态度与感受）和维度五（良好的思维习惯）渗透在两类课中。表 6.8 合理地安排了讲授和练习两类课，使本单元的教学有一个整体性体验，让教师和学生轮流控制学习过程，使这两类课更好地支持学生的学习。教师可以利用下面这四个问题来安排教学活动并整合学习的五个维度：

1. **用哪些策略和活动来支持维度一和维度五**

例如，教师在设计科罗拉多州单元的教学时可利用下面这些策略和活动来支持维度一和维度五。

(1) 经常要求学生复述和改述问题（维度一）；

(2) 为学生提供在自己选定的区域中应用知识的机会（维度一）；

(3) 当学生竭尽全力或坚持不懈时，应表扬鼓励他们（维度五）；

(4) 帮助学生学会如何规划，反省学习日志中记录的计划（维度五）。

2. **讲授课共有几次，具体日期安排如何**

为了回答这个问题，教师需要确定：

(1) 如何安排讲授课里直接和间接的学习体验；

(2) 何时让学生练习技能和过程。

我们以科罗拉多州单元教学为例，来说明如何安排讲授课和实践课，具体参见表 6.9。第一周全部是讲授课，主要介绍本单元中关键的概念以及与读地图相关的程序性知识；第二周讲授关于科罗拉多州淘金热的概说和事实；接下来两周主要是练习课。

表 6.9　教学活动安排：科罗拉多州

	星期一	星期二	星期三	星期四	星期五
第一周	地形、自然资源——阅读课本 讲授课	构建模型来阅读普通地图和自然资源地图 讲授课	看电影——从象形图开始；气候——阅读课本中呈现的地区形状图 讲授课	文化、阅读课文、讲解 讲授课	文化、阅读课文、讲解；学习记笔记的策略 讲授课
第二周	归纳任务——示范步骤、全班同学一起做 练习课	地形等影响文化——讨论如何利用图像，呈现关于科罗拉多州重要人物的信息 讲授课	地形等影响定居模式——阅读课本、手册——利用图示组织者（小测验） 讲授课	关于淘金热的专家报告；学生记录和整理笔记 讲授课	分类任务——学生已知如何分类，但在开始之前再复习一下分类的步骤（小测验） 练习课
第三周	介绍实验探究任务——教授探究过程的步骤——示范如何规划，学生开始探究 练习课	实地考察 讲授课	实验探究：学生实行任务，教师组织讨论 练习课	归纳任务——学生小组合作学习，教师组织讨论 练习课	实验探究任务——学生执行任务，教师组织讨论，示范如何制订计划；复习地图阅读技巧，家庭作业 练习课
第四周	可再生、不可再生资源等；电影、概念获得、图示组织者 讲授课	实验探究——学生进行探究，教师组织讨论 练习课	实验探究——教师组织讨论 练习课	学生呈现实验探究任务的成果 练习课	单元测验

3. 本单元学习中需要安排多少次练习课

一个重要的问题是要考虑在练习课的讲授阶段，教师应该做什么？例如，如果想让学生学习一种新的复杂推理过程来完成维度三和维度四的任务，教师就需要准备充分的时间来介绍并示范该过程。在表 6.9 中，教师确定了九次练习课。

4. 如何合理安排讲授课和练习课来整合单元教学

学生在能有效地指导自己完成某项任务前应先具备一定量的知识。这就是为什么在单元开始部分安排大部分的讲授课，以便于学生获得所需知识。随着学生在任务中知识的不断应用，讲授课的数量逐渐减少。学生定期可能还需要少量的知识，所以单元教学后期还安排了少量讲授课，但是重心已从讲授课转移到练习课。

为单元教学安排教学活动时，教师应该确保每堂课以先前的课堂教学为基础，交叉安排两类课，以便于我们有充足的时间来指导学生。合理地交叉安排两类课明显的好处在于学生不会厌倦某一种教学方法。

（四）组织讨论会

讨论会为教师和学生之间的交互作用提供了机会。它打破了教师作为课堂领导者和知识传递者，学生作为知识接受者的形象。在讨论会中，教师和学生成为共同的研究者，共同学习。

讨论会一般持续三四分钟到十或十五分钟。教师可以与单个学生交流，也可与一组学生交流。小组讨论会能节约时间，提高效率。讨论会的一个基本功能是师生之间进行交流沟通，它有两个不同的关注点：项目（任务）和评估。

聚焦项目（project focus）：如果讨论会聚焦项目，它的目的在于为学生提供维度三和维度四任务的指导。在这类讨论会中，教师和学生共同讨论任务的进度和可能会碰到的问题。他们还共同计划任务的下个步骤。

聚焦评估（assessment focus）：聚焦评估的讨论会的目的在于让师生分享他们关于学生在学习各个维度上的表现水平的意见。如果学生进行自我评价，在讨论会中可以汇报自己的评估结果；如果教师和学生不同意学生自评结果，也可以在讨论会中协调分歧之处。这类师生互动非常有用，并强化师生的学习体验。

七、单元教学案例

以下是依据学习的维度理论所开展的社会课程（美国地理）一个单元的完整设计案例。

地理学标准1，基准2（D）：理解人与一个地区物理环境的互动
概念：理解地形、自然资源、气候、文化
　　描述在科罗拉多州可以发现符合以上概念的事实
概括/原理：理解地形、自然资源和气候影响着一个地区的文化
　　列举科罗拉多州符合这一规律的例子（如山地和积雪造就了该地区的冬季体育文化）
事实：描述Molly Brown、Zebulon Pike和Alferd Packer是如何适应环境的
术语：旅游、高原

地理学标准3，基准2（D）：理解可再生和不可再生资源的特征与分布
概念：理解可再生资源、不可再生资源和流动资源
　　知道科罗拉多州的各种资源可以用来解释以上概念
　　知道化石形成的过程可以用来解释不可再生自然资源

地理学标准2，基准5（D）：理解人在一个地区内外迁徙的理由
概括/原理：理解地形、自然资源和气候对定居模式的影响
　　知道科罗拉多州符合这一规律的例子（如山脉阻碍了一些拓荒者，又导致了丹佛等城市的兴起）

与基准无关的其他陈述性知识
时间序列：1859~1900年间科罗拉多州的淘金史

Colorado

地理学标准6，基准1（P）：运用专题地图
　　知道如何阅读与解释普通地图
　　知道阅读与解释自然资源地图

图6.2　《科罗拉多州》单元教学计划指南图示

表6.10 社会课《科罗拉多州》单元计划指南（维度一）

步骤1	步骤2	
是否有涉及"**态度与感受**"的教学目标？这些目标只是同本单元有关，还是一种长期任务？	实现这些目标要做什么。	
	具体说明教师将帮助学生在哪些方面取得进步。	具体说明教师将做些什么。
我应该在课堂上形成一个惯例，不仅要对学生不正确的答案做出反应，同时也要对他们正确的和深思熟虑的回答做出积极反应。	**课堂气氛** ◆ 是否感受到被教师和同伴接纳呢？ ◆ 是否体验到心情舒畅与井然有序呢？	我打算循序渐进，给学生足够的机会回答问题。我将提供澄清问题的机会，十分重视向学生解释问题的含义。 我将十分重视要求学生在现场考察中能体现出遵守交通秩序和考察纪律。我将对这次考察做比较具体细致的安排和提出明确要求。
本单元学习的最后一次现场考察，也许对有些同学来说并不是很乐意，有点辛苦了，因此要强调团队意识和遵守纪律。 要注意到学生也许对学习科罗拉多州的地理和文化知识的兴趣不是很大。	**课堂学习任务** ◆ 是否感受到学习任务是有价值和有兴趣的？ ◇ 是否相信自己有能力和有资源去完成这一学习任务？ ◇ 是否清楚地理解学习任务是什么？	我将向学生布置作业，提供机会让他们选择自己感兴趣的地区来运用学到的知识。

◆ 表示这一条目标在本单元学习中需要予以特别关注。

表6.11 社会课《科罗拉多州》单元计划指南（维度二：陈述性知识）

步骤1	步骤2	步骤3	步骤4
学生需要"获取和整合"哪些"**陈述性知识**"？在单元学习后，学生应了解或理解……	哪些"**体验或活动**"可以用来帮助学生获取和整合这类知识？	哪些策略可以用于"**意义建构、信息组织或知识储存**"？	具体说明教师将做些什么。

概念：地形地貌 ——自然和人工特色，包括地貌、河流、道路、桥梁等。 　　可以借用科罗拉多州的落基山脉、沙丘、河流、平原、高原和山谷等实例。	教材第8~10页 电影：《阳光海岸》 阅读地图 自学：地形"拼图"	K-W-L表 物理表征或图解	根据K-W-L图表，我们将完成与地形相关的K和W部分。接着通过阅读文本、观看影片和阅读地图的方式开展教学，完成L部分。我们将根据K-W-L的信息内容着手建立一个班级地形图解。 　　每位学生都会自主选择一定的地形作为描述对象。学生将独立搜索信息。学生完成自身的任务之后，我们将充实班级图解。
概念：自然资源 ——自然生成的、有用、必要的或者怡人的资源。 　　可参考科罗拉多州的雪地、金矿、土壤、阳光、森林、石油和山川等实例。	电影：《阳光海岸》 阅读自然资源图 实地考察：Argo金矿	三分钟停顿 运用多种感官 图示	在电影播放过程中，我将刻意停下来让学生识别某种地形。播放结束后，指导学生就所看到的自然资源实例尝试建立心理意象，并明确观影中的所见、所闻和所感。随后开始建立班级和个人的图示表征。通过阅读自然资源地图的方式丰富图解内容。 　　在实地考察过程中，学生可以通过观察为图示表征提供更多具体的实例。
概念：气候 ——天气变化的一般模式，包括气温、降雨等。 　　涉及科罗拉多州的气候有四季变化冷热不均，降雪量大，湿度低等。	教材第13页 讲解补充资料	运用3分钟思考	这一方面的学习任务对大部分同学来说是一种复习，因为这一知识以前已经学过。我将带领学生阅读课文，讲解地方电视台制作的本州气候变化特点的资料片，同时向学生提问，了解他们是否对本州的气候变化特点所掌握的程度。

概念：文化 ——群体的信念、习俗、价值观、创造物、居住建筑等。 　　科罗拉多州文化的多面性。	教材第3～7页 讲授	同学之间互教互学 　　运用图示方法来记笔记	由于"文化"这一概念对学生来说是比较新的而且也比较抽象，所以，我在一开始就先采用"互教互学"的策略来促使同学们阅读教材和开展讨论。我将指导学生通过记笔记的方式记录事实和绘制图示。然后，我将采用讲解的方法，向学生呈现我所收集的资料图片，请同学们补充或修改自己绘制的图示，不要遗漏有关文化的重要特点。
概括：地形地貌和自然资源影响着地区的文化 　　科罗拉多州的因果事例：山脉和降雪带动了冬季体育运动文化热。	讨论 　　现场考察 Argo 金矿	绘制图示	向学生提供空白图示表，请他们填写科罗拉多州的地形地貌、自然资源、气候和文化方面的信息并将这些信息联系起来。同时请学生将自己选择的其他地区的信息也按照这样的方式来填写图示表。在现场考察中以及后续讨论中，可以继续修改完善这一张图示表。
概括：地形地貌、自然资源和气候影响着居住方式 　　科罗拉多州的历史沿革，同时也穿插其他地区的事例。	教材第12～16页 　　讨论 　　讲解补充资料	运用3分钟思考 　　引导性问题	运用教材和补充讲解资料开展讨论，思考地形地貌、自然资源、气候、文化和居住方式之间的联系，例如，洛基山脉对斯普林市和丹佛市居住民众的影响，金矿的发现对淘金城的崛起以及滑雪胜地如何吸引人们来度假和运动。我将向学生提出一个引导性问题帮助他们在阅读课文时，能够聚焦中心议题，请学生在3分钟思考后回答问题。

概念：再生性资源 ——能够替换的资源（例如电池、罐头）。 概念：不可再生性资源 ——难以替换的（例如矿产、石油等）。	讨论 观看教学电影：资源之源	探究模式——概念获得模式	运用概念获得策略，我将为每一种资源提供3个正例和反例，请学生指出其特征。 请学生观看教学电影，确证或纠正3个正例或反例概念的特征。
概念：流动资源 ——在这些资源出现时必须加以利用的（例如河水、阳光等）。 学习中将充分利用科罗拉多州的事例。		图示	我将采用科罗拉多州的事例，提供一个概念的图示，用投影仪在屏幕上显示出来。
时间序列：科罗拉多州淘金热的故事 （1859~1900）	专家讲座	运用多种感官有时间标志的图示	我将请一个对当地历史有研究的专家或原住民，讲述科罗拉多州淘金热的故事，每个学生运用时间序列来记录当时的主要事件。 当我们到Argo金矿现场考察时，我们实际上就是置身于当年的情景之中，我将要求学生用心理图像描绘当时的情景，并报告所见所闻。
名词术语：旅游观光、都市、乡村和高原	全班讨论	语词学习策略	要求每个学生在小组中学习这些新词汇，然后依次向全班讲解如何运用这些词汇。

表 6.12　社会课《科罗拉多州》备课指南（维度二：程序性知识）

步骤 1	步骤 2	步骤 3
学生需要"获取和整合"哪些"程序性知识"？在单元末，学生应能够了解或理解……	哪些策略或方法可以用于帮助学生"建构模型、固化或内化知识"？	具体说明将做些什么。
阅读并理解普通地图。	注意：这些策略将用于两种类型地图的学习。	我将会详细讲述阅读地图的各个步骤，并展示各类地图的操作区分。我将为学生提供一套阅读普通地图的书面步骤。
阅读并理解自然资源地图。	"出声想"； 书面列出步骤； 各种变式迁移训练； 内化不是目的。	学生将以小组活动的方式面临几种不同形式（从不同文本中截取）的地图，既有普通地图的变式，也有自然资源地图的变式。每组分配一定的问题，小组成员通过解决问题的方式熟悉两类地图的不同呈现形式。上述安排的另外一个目的是强化地形和自然资源的概念学习。

表 6.13　社会课《科罗拉多州》备课指南（维度三）

步骤 1	步骤 2	步骤 3
哪些知识需要被"扩展和精炼"？具体而言，学生将扩展和精炼他们关于……的理解？	学生要用到何种推理过程？	具体说明教师将做些什么。
地形、自然资源以及气候对当地定居模式的影响。	◇ 比较 ◆ 分类 ◇ 抽象 ◇ 归纳推理 ◇ 演绎推理 ◇ 提供支持 ◇ 分析错误 ◇ 分析观点 ◇ 其他_____	到目前为止，我们已经理解了地形、自然资源以及气候对当地定居模式的影响。现在，我们来检查这些因素如何影响定居模式。我会为你们提供一些人口先快速增长，然后消亡的实例（例如，Anasazi 印第安人、鬼城、恐龙以及"沙暴侵入区"），及其灭亡的原因。根据消亡的原因是否与地形、自然资源、气候相关来对这些描述进行分类。如果原因有多种，你可以根据多种分类方法进行分类。

哪些知识需要被**扩展和精炼**？具体而言，学生将扩展和精炼他们关于……的理解？	学生要用到何种推理过程？	描述应该做哪些事情。
地形、自然资源以及气候对当地文化的影响。	◇ 比较 ◇ 分类 ◇ 抽象 ◆ 归纳推理 ◇ 演绎推理 ◇ 提供支持 ◇ 分析错误 ◇ 分析观点 ◇ 其他_____	本单元学习中，我们将从"今日美国"中选择一篇文章，反映一个大家不太熟悉地区的文化。根据从文章中获得的内容（例如人们面对的问题，他们的庆典等），我们将归纳与当地的地形、自然资源和气候相关的具体事实。

◆ 表示这一条目标在本单元学习中需要予以特别关注。

表 6.14　社会课《科罗拉多州》备课指南（维度四）

步骤 1	步骤 2	步骤 3
学生需要"有意义地运用"哪些"知识"？具体而言，学生需要解释他们对……的理解，或展示能够做……	学生要用到何种推理过程？	具体说明将做些什么。
地形、自然资源、气候和文化的概念。 地形、自然资源和气候对定居模式的影响。	◇ 决策 ◇ 问题解决 ◇ 创见 ◆ 实验探究 ◇ 调研 ◇ 系统分析 ◇ 其他_____	我们已经讨论过科罗拉多州人口快速增长现象。事实上，与其他州相比，这个州的居民很大一部分来自于其他地方。实际上并没有那么多的"科罗拉多州本地人"。为什么会有这么多的人移民到科罗拉多州？为什么人口增长的速度仍然这么快？ 　　一种解释是科罗拉多州的地形、自然资源、气候和文化吸引了人们。让我们来检验一下这种解释的真实性。

		如果解释正确，我们就能够把移民到科罗拉多州的原因追溯到该州的地形、自然资源、气候和文化特征上。
		设计一项活动，以帮助我们确定在科罗拉多州定居的原因与该州的地形、自然资源、气候和文化的相关程度（比如调查或访谈）。你将设计这个活动，分析结果并向全班同学汇报。教师可能会要求小组中的任何一个成员来解释他所考虑的每种因素的影响程度：地形、自然资源、气候和文化。

◆ 表示这一条目标在本单元学习中需要予以特别关注。

表6.15　社会课《科罗拉多州》备课指南（维度五）

步骤1	步骤2	步骤3
培养学生"**思维习惯**"上有哪些一般的或者具体的要求。	为了达到这一目标要做什么。	
	具体来说，我们将帮助学生在……方面达标。	具体说明将做些什么。
	批判性思维 ◇ 准确精到？ ◇ 清晰明白？ ◇ 思想解放？ ◇ 抑制冲动？ ◇ 自有主见？ ◇ 移情理解？	
学生的学习已经开始松懈，情绪低落。即使是优秀学生，也开始偷懒。	**创造性思维** ◆ 坚持不懈？ ◆ 竭尽全力？ ◇ 坚持己见？ ◇ 视野独特？	当学生竭尽全力或坚持不懈时，我给予肯定和鼓励，以强化他们的努力。我认为学生表现出这些思维习惯时应给予认可。

学生知道在开始任务之前应先制订计划，但却不愿意实际应用。实验探究任务的成功取决于仔细地计划并按计划严格执行。	**调节性思维** ◇ 自我监控? ◆ 合理规划? ◇ 调用资源? ◇ 回应反馈? ◇ 评估效能?	我将发给学生每人一张计划表，贴在课桌上。并利用它让学生讨论如何制订计划，然后示范如何利用该表。我要求学生每天记录计划的进展情况。

◆ 表示这一条目标在本单元学习中需要予以特别关注。

参考文献

Amabile, T. M. (1983). *The Social Psychology of Creativity*. New York: Springer—Verlag.
Anderson, J. R. (1982). "Acquisition of Cognitive Skills" *Psychological Review*, 89, 369-406.
Anderson, J. R. (1980). *The Architecture of Cognition*. Cambridge MA: Harvard University Press.
Anderson, J. R. (1990). *Cognition Psychology and its implications* (3rd ed.). New York: W. H. Freeman.
Anderson, J. R. (1993). *Rules of the Mind*. Hillsdale, NJ: Lawrence Erlbaum.
Anderson, J. R. (1995). *Learning and Memory: An Integrated Approach*. New York: John Wiley & Sons.
Anderson, L., Evertson, C., & Emmer, E. (1980). "Dimensions in Classroom Management Derived from Recent Research." *Journal of Curriculum Studies*, 12, 343-356.
Applebee, A. N. (1981). *Writing in the Secondary School*. Urbana, IL: National Council of Teachers of English.
Applebee, A. N. (1984a). *Contexts for Learning to Write*. Norwood, NJ: Ablex.
Applebee, A. N. (1984b). "Writing and Reasoning." *Review of Educational Research*, 54, 577-596.
ASCD. (1992). *Dimensions of Learning Videotape Series*. Alexandria, VA: Author.
Ausubel, D. P. (1968). *Educational Psychology: A Cognitive View*. New York: Holt, Rinehart & Winston.
Bandura, A., & Schunk, D. H. (1981). Developing Competence, Self-efficacy and Intrinsic Interest Through Proximal Self-motivation. *Journal of Personality and Social Psychology*, 41(3), 586-598.
Beyer, B. K. (1988). *Developing a Thinking Skills Program*. Boston: Allyn & Bacon.
Billmeyer, R. (1996). *Teaching Reading in the Content Areas: If Not Me, Then Who?* Aurora, CO: McREL.
Brookover, W., Beady, C., Flood, P., Schweitzer, J., & Wisenbar, J. (1979). *School Social Systems and Student Achievement*. New York: Praeger.
Brooks, J. G., & Brooks, M. G. (1993). *In Search of Understanding: The Case for Constructivist Classrooms*. Alexandria, VA: ASCD.
Brophy, J. (1982). *Classroom Organization and Management*. Washington, DC: National Institute of Education.
Brophy, J., & Good, T. L (1986). Teacher Behavior and Student Achievement. In M. C. Wittrock (Ed.), *Handbook of Research on Teaching* (3rd ed.). New York: Macmillan.
Brown, A. L. (1978). Knowing When, Where and How to Remember: A Problem of Metacognition. In R. Glaser (Ed.), *Advances in Instructional Psychology* (Vol. 1, pp. 77-165).

Hillsdale, NJ: Lawrence Erlbaum.

Brown, A. L. (1980). Metacognitive Development and Reading. In R. J. Spiro, B. C. Bruce, & W. F. Brewer (Eds), *Theoretical Issue in Reading Comprehension*. Hillsdale, NJ: Lawrence Erlbaum.

Brown, J. L. (1995). *Observing Dimensions of Learning in Classroom and Schools*, Alexandria, VA: ASCD.

Bruner, J. S., Goodnow, J., & Austin, G. A. (1956). *A Study of Thinking*. New York: Wiley.

Canfied, J., & Wells, H. C. (1976). *100 Ways to Enhance Self-concept in the Classroom*. Englewood Cliffs, NJ: Prentice-Hall.

Carbo, M., Dunn, R., & Dunn, K. (1986). *Teaching Students to Read Through Their Individual Learning Style*. Englewood Cliffs, NJ: Prentice-Hall.

Carkhuff, R. R. (1987). *The Art of Helping* (6th ed.). Amherst, MA: Human Resource Development Press.

Combs, A. W. (1982). *A Personal Approach to Teaching: Beliefs That Make a Difference*. Boston: Allyn & Bacon.

Copi, I. M. (1972). *Introduction to Logic*. New York: Macmillan.

Costa, A. (1984). Mediating the Metacognitive. *Educational Leadership*, 42, 57-62.

Costa, A. L. (Ed.). (1991a). *Developing Minds: A Resource Book for Teaching Thinking* (Rev. Ed., Vol. 1). Alexandria, VA: ASCD.

Costa, A. L. (Ed.). (1991b). *Developing Minds: A Resource Book for Teaching Thinking* (Rev. Ed., Vol. 2). Alexandria, VA: ASCD.

Covey, S. R. (1990). *The 7 Habits of Highly Effective People*. New York: Simon & Schuster.

Covington, M. V. (1985). Strategic Thinking and the Fear of Failure. In J. W Segal, S. F. Chipman, & R. Glaser (Eds.), *Thinking and Learning Skills: Vol. 1, Relating Instruction to Research* (pp. 389-416). Hillsdale, NJ: Lawrence Erlbaum.

Covington, M. V., Crutchfield, R. S., Davies, L., & Olton, R. M. (1974). *The Productive Thinking Program: A Course in Learning to Think*. Columbus, OH: Merrill.

Crabbe, A. B. (1982). Creating a Brighter Future: An Update on the Future Problem-Solving Program. *Journal for the Education of the Gifted*, 5, 2-11.

Csikszenthmihalyi, M. (1975). *Beyond Boredom and Anxiety*. San Francisco: Jossey-Bass.

Dale, E. (Comp.). (1984). *The Educator's Quotebook*. Bloomington, IN: Phi Delta Kappa.

De Bono, E. (1983). The Cognitive Research Trust (CoRT) Thinking Program. In W. Maxwell (Ed.), *Thinking: An Expanding Frontier*. Philadelphia: Franklin Institute Press.

Dunn, R., & Dunn, K. (1978). *Teaching Students Through Their Individual Learning Styles*. Englewood Cliffs, NJ: Prentice-Hall.

Edmonds, R. R. (1980). Programs of School Improvement: An Overview. *Educational Leadership*, 40(3), 4-11.

Ehrenberg, S. D., Ehrenberg, L. M., & Durfee, D. (1979). *BASICS: Teaching/Learning*

Strategies. Miami Beach, FL: Institute for Curriculum and Instruction.

Emmer, E. T., Evertson, C. M., & Anderson, L. (1980). Effective Management at the Beginning of the School Year. *Elementary School Journal*, 80, 219-231.

Ennis, R. H. (1985). Goals for a Critical Thinking Curriculum. In A. Costa (Ed.), *Developing Minds: A Resource Book for Teaching Thinking* (pp. 54-57). Alexandria, VA: ASCD.

Ennis, R. H. (1987). A Taxonomy of Critical Thinking Dispositions and Abilities. In J. Baron & R. Sternberg (Eds.), *Teaching Thinking Skills: Theory and Practice*. New York: Freeman.

Ennis, R. H. (1989). Critical Thinking and Subject Specificity: Clarification and Needed Research. *Educational Researcher*, 18(3), 4-10.

Evertson, C. M., Emmer, E. T., Clements, B. S., Sanford, J. P., Worsham, M. E., & Williams, E. L. (1981). *Organizing and the Elementary Classroom*. Austin, TX: Research and Development Center for Teacher Education, University of Texas.

Fisher, C. W., Filby, N., Marliave, R. S., Cahen, L. S., Dishaw, M. M., Moore, J. E., & Berliner, D. C. (1978). *Teaching Behaviors, Academic Learning Time and Student Achievement*. Final Report of Phase 3-B. Beginning Teacher Evaluation Study. San Francisco: Far West Laboratory for Educational Research and Development.

Fisher, R., & Ury, W. (1981). *Getting to Yes*. New York: Penguin Books.

Fitzhenry, R. (Ed.). (1993). *The Harper Book of Quotations* (3rd ed.). NY: Harper Collies.

Flavell, J. H. (1977). *Cognitive Developmen*. Englewood Cliffs, NJ: Prentice-Hall.

Flavell, J. H. (1976a). Metacognitive Aspects of Problem Solving. In L. B. Resnick (Ed.), *The Nature of Intelligence*. Hillsdale, NJ: Lawrence Erlbaum.

Flavell, J. H. (1976b). Metacognition and Cognitive Monitoring: A New Area of Psychological Inquiry. *American Psychologist*, 34, 906-911.

Gagne, R. M. (1989). *Studies of Learning: 50 Years of Research*. Tallahassee, FL: Learning Systems Institute, Florida State University.

Gardner, H. (1983). *Frames Mind: The Theory of Multiple Intelligence*. New York: Basic Books.

Gardner, H. (1993). *Multiple Intelligences: The Theory in Practice*. New York: Basic Books.

Gick, M. L., & Holyoak, K. J. (1980). Analogical Problem Solving. *Cognitive Psychology*. 12, 306-355.

Gick, M. L., & Holyoak, K. J. (1983). Schema Induction and Analogical Transfer. *Cognitive Psychology*. 6, 270-292.

Gilovich, T. (1991). *How We Know What Isn't So*. New York: Free Press.

Goleman, D. (1995). *Emotional Intelligence: Why It Can Matter More Than IQ*. New York: Bantam Books.

Goldman, J. L., Berquist, G. F., & Coleman, W. E. (1989). *The Rhetoric of Western Thought*. Dubuque, IA: Kendall/Hunt.

Good, T. L. (1982). How Teachers' Expectations Affect Results. *American Education*, 18

(10), 25-32.

Gordon, W. J. J. (1961). *Synectics*. NY: Harper & Row.

Gordon, W. J. J. (1971). Architecture-The Making of Metaphors. *Main Currents in Modern Thought*, 28(1).

Gourley, T. J. (1981). Adapting the Varsity Sports Model to Nonpsychomotor Gifted Students. *Gifted Child Quarterly*, 25, 164-166.

Gourley, T. J., & Micklus, C. S. (1982). *Problems, Problems, Problems. Discussion and Activities Designed to Enhance Creativity*. Glassboro, NJ: Creative Publications.

Grayson, D. A., & Martin, M. D. (1985). *Gender Expectations crud Student Achievement: Participant Manual*. Downey, CA: Los Angeles County Office of Education.

Gregorc, A. (1983). *Student Learning Styles and Brain Behavior*. Reston, VA: NASSP (monograph). Halpern, D. P. (1984). *Thought and Knowledge: An Introduction to Critical Thinking*. Hillsdale, NJ: Lawrence Erlbaum.

Hansen, J. (1992). Literacy Portfolios: Helping Students Know Themselves. *Educational Leadership*. 49(8), 66-68.

Hanson, R. J., Silver, H. F., & Strong, R. W. (1986). *Teaching Styles and Strategies*. Moorestown, NJ: Hanson, Silver, Strong & Associates.

Harman, W., & Rheingold, H. (1984). *Higher Creativity: Liberating the Unconscious for Breakthrough Insights*. Los Angeles: Jeremy P. Tarcher.

Harrison, F. C (Comp.). (1989). *Sprit of Leadership: Inspiring Quotations for Leaders*. Columbia, TN: Leadership Education and Development, Inc.

Hayes, J. R. (1981). *The Complete Problem Solver*. Philadelphia: Franklin Institute.

Hcaly, J. M. (1990). *Endangered Minds: Why Our Children Don't Think*. New York: Simon & Schuster.

Heimlich, J. E., & Pittelman, S. D (1988). *Semantic Mapping: Classroom Applications*. Newark, DE: International Reading Association.

High Performance Systems, Inc. (1992). *Stella II: An Introduction to Systems Thinking*. Hanover, NH: Author.

Holland, J. H., Holyoak, K. J., Nisbett, R. E., & Thagard, P. R. (1987). *Induction: Processes of Inference, Learning and Discovery*. Cambridge, MA: MIT Press.

Hunter, M. (1969) *Teach More Faster*! EI Segundo, CA: TIP Publications.

Hunter, M. (1976). *Improved Instruction: Take One Staff Development Meeting as Directed by Madeline Hunter*. El Segundo, CA: TIP Publications.

Hunter, M. (1982). *Mastery Teaching*. EI Segundo, CA: TIP Publications.

Johnson, D., Johnson, R., & Holubec, E. (1994). *New Circles of Learning: Cooperation in the Classroom*. Alexandria, VA: Association for Supervision and Curriculum Development.

Johnson-Laird, P. N. (1983). *Mental Models*. Cambridge, MA: Harvard University Press.

Johnson-Laird, P. N. (1985). Logical Thinking: Does It Occur in Daily Life. In S. F. Chipman, J. W. Sepal, & R. Glaser (Eds.), *Thinking and Learning Skills. Vol. 2: Research and Open Questions* (pp. 293-318). Hillsdale, NJ: Lawrence Erlbaum.

Jones, B. F., Amiran, M., & Katims, M. (1985). Teaching Cognitive Strategies and Text

Structures Within Language Arts Programs. In J. W. Sepal, S. P. Chipman, & R. Glaser (Eds.), *Thinking and Learning Skills. Vol. 1: Relating Instruction to Research* (pp. 259-295). Hillsdale, NJ: Lawrence Erlbaum.

Joyce, B., & Weil, M. (1986). *Models of Teaching*. Englewood Cliffs, NJ: Prentice-Hall.

Kagan, S. (1994). *Cooperative Learning Structures* (Rev. Ed.). San Juan Capistrano, CA: Kagan Cooperative Learning.

Kauffman, Jr., D. L. (1980). *Systems One: An introduction to Systems Thinking*. Minneapolis, MN: S. A. Carlton.

Kentucky Institute for Education Research, The. (1995). *An Independent Evaluation of the Kentucky Instructional Results Information System (KIRISI): Executive Summary*. Frankfort, KY: Author.

Kerman, S., Kimball, T., & Martin, M. (1980). *Teacher Expectations and Student Achievement*. Bloomington, IN: Phi Delta Kappa.

Kinneavy, J. L (1991). Rhetoric. In J. Flood, J. M. Jensen, D. Lapp, & J. R. Squire (Eds.), *Handbook of Research on Teaching the English Language Arts* (pp. 633-642). New York: Macmillan.

Klenk, V. (1983). *Understanding Symbolic Logic*. Englewood Cliffs, NJ: Prentice-Hall.

Lindsay, P. H., & Norman, D. A. (1977). *Human Information Processing*. New York: Academic Press.

Lipman, M., Sharp, A. M., & Oscanyan, F. S. (1980). *Philosophy in the Classroom*. Philadelphia: Temple University Press.

Markus, H., & Ruvulo, A. (1990). Possible Selves: Personalized Representations of Goals. In L. Pervin (Ed.), *Goal Concepts in Psychology* (pp. 211-241). Hillsdale, NJ: Lawrence Erlbaum.

Markus, H., & Wurf, E. (1957). The Dynamic Self-concept: A Social Psychological Perspective. *Annual Review of Psychology*, 38, 299-337.

Marzano, R J. (1991). *Cultivating Thinking in English and the Language Arts*. Urbana, IL: National Council of Teachers of English.

Marzano, R J. (1992). *A Different Kind of Classroom: Teaching with Dimensions of Learning* Alexandria, VA: ASCD.

Marzano, R. J., & Arredondo, D. E. (1986). *Tactics for Thinking*. Alexandria, VA: ASCD.

Marzano, R. J., & Kendall, J. S. (1996). *A Comprehensive Guide to Designing Standards-Bared Districts. School, and Classroom*. Aurora, CO: McREL.

Marzano, R. J., & Marzano, J. S. (1988). *A Cluster Approach to Elementary Vocabulary Instruction*. Newark, DE: International Reading Association.

Marzano, R. J., Picketing, D. J., Arredondo, D. E., Blackburn, G. J., Brandt, R. S., & Moffett, C. A. (1992). *Implementing Dimensions of Learning*. Alexandria, VA: ASCD.

Marzano, R. J., Picketing, D. J., Arredondo, D. E., Blackburn, G. J., Brandt, R. S., Moffett, C. A., Paynter, D. E., Pollock, J. E., & Whisler,. J. S. (1997). *Dimensions of Learning Trainer's Manual*. Aurora, CO: McREL.

Marzano, R. J., Pickering, D.. J., & McTighe, J. (1993). *Assessing Student Outcomes:*

Performance Assessment Using the Dimensions of Learning. Alexandria, VA: ASCD.

Mallow, A. H. (1968). *Toward a Psychology of Being*. New York: Van Nostrand Reinhold.

McCarthy, B. (1980). *The 4MAT System: Teaching to Leaning Styles with Right/Left Mode Techniques*. Oak Brook, IL: Excel.

McCarthy, B. (1990). Using the 4MAT System to Brain Learning Styles to Schools. *Educational Leadership*, 48(2), 31-37.

McCombs, B. L., & Whisper, J. S. (1997). *The Learning-Centered and School*. San Francisco: Jossey-Bass.

Mervis, C. B. (1980). Category Structure and the Development of Categorization. In R. J. Sprio, B. C. Bruce, & W. F. Brewer (Eds.), *Theoretical Issues in Reading Comprehension* (pp. 279-307). Hillsdale, NJ: Lawrence Erlbaum.

Moftett, J. (1968). *Teaching the Universe of Discourse*. Boston: Houghton Mifflin.

Mullis, I. V. S., Owen, E. H., & Phillips, G. W. (1990). *America's Challenge: Accelerating Academic (A Summary of Findings from 20 Years of NAEP)*. Princeton, NJ: Educational Testing Service.

National Association of Secondary School Principals (NASSP). (1996). *Breaking Ranks: Changing an American Institution*. Reston, VA: Author.

Negin, C. (1987). *Inferential Reasoning for Teachers*. Dubuque, IA: Kendall/Hunt.

Newmann, F. M., Secado, W. G., & Wehlage, G. G. (1995). *A Guide to Authentic Instruction and Assessment: Vision, Standards and Scoring*. Madison, WI: Wisconsin Center for Educational Research, University of Wisconsin.

Nickerson, R. S., Perkins, D. N., & Smith, E. E. (1985). *The Teaching of Thinking*. Hillsdale, NJ: Lawrence Erlbaum.

Ogle, D. (1986). K-W-L: A Teaching Model That Develops Active Reading of Expository Text, *The Reading Teacher*, 39, 564-576.

Ortony, A. (1 980). Metaphor. In R. J. Spiro, B. C. Bruce, & W. E. Brewer (Eds.), *Theoretical Issues in Reading Comprehension*, Hillsdale, NJ: Lawrence Erlbaum.

Palincsar, A. S., & Brown, A. L. (1985). Reciprocal Teaching: Activities to Promote Reading with Your Mind. In T. L. Harris & E. J. Cooper (Eds.), *Reading, Thinking and Concept Development: Strategies for the Classroom*. New York: College Board.

Palincsar, A. S., Ogle, D. C., Jones, B. F., & Carr, E. D. (1986). *Teaching Reading as Thinking (Facilitator's Manual)*. Alexandria, VA: ASCD.

Paris, S. G., Lipson, M. Y, & Wixson, K. K. (1983). Becoming a Strategic Reader. *Contemporary Educational Psychology*, 8(3), 293-316.

Paul, R. W (1984). Critical Thinking: Fundamental to Education for a Free Society. *Educational Leadership*, 42(1), 4-14.

Paul, R. W. (1987). Critical Thinking and the Critical Person. In *Thinking: Report on Research*. Hillsdale, NJ: Lawrence Erlbaum.

Paul, R. (1990). *Critical Thinking: What Every Person Needs to Survive in a Reading Changing World*. Rohnert Park, CA: Center for Critical Thinking and Moral Critique, Sonoma State University.

Paul, R. , Binker, A. J. A. , & Charbonneau, M. (1986). *Critical Thinking Handbooks: K-3. A Guide, for Remodeling Lesson Plans in Language Arts, Social Studies, and Science*. Rohnert Park, CA: Sonoma State University, Center for Critical Thinking and Moral Critique.

Paul, R. , Broker, A. J. A. , Martin, D. , Vetrano, C. , & Kreklau, H. (1989). *Critical Thinking Handbook: Grader* 6-9. Rohnert Park, CA: Center for Critical Thinking and Moral Critique.

Perkins, D. N. (1981). *The Minds Bert Work*. Cambridge, MA: Harvard University Press.

Perkins, D. N. (1984). Creativity by Design. *Educational Leadership*, 42(1), 18-25.

Perkins, D. N. (1985). *Where Is Creativity?* Paper presented at University of Iowa Second Annual Humanities Symposium, Iowa City, IA.

Perkins, D. N. (1986). *Knowledge as design*. Hillsdale, NJ: Lawrence Erlbaum.

Perkins, D. N. , Allen, R. , & Hafner, J. (1983). "Difficulties in Everyday Reasoning." In W. Maxwell (Ed.), *Thinking: The Expanding Frontier*. Philadelphia: Franklin Institute Press.

Peters, T. J. , Austin, N. K. (1985). *A Passion for Excellence: The Leadership Difference*. New York: Random House.

Peters, T. J. , & Waterman, R. H. (1982). *In Search of Excellence*. New York: Harper & Row.

Presseisen, B. Z. (1987). *Thinking Skills Throughout the Curriculum*. Bloomington, IN: Phi Lamda Theta.

Pressley, M. , & Levin, J. R. (Eds.). (1983a). *Cognitive Strategy Research: Educational Applications*. New York: Springer-Verlag.

Pressley, M. , & Levin, J. R. (1983b). *Cognitive Strategy Research: Psychological Foundations*. New York: Springer-Verlag.

Purkey, W. (1978). *Inviting School Success*. Belmont, CA: Wadsworth.

Reeve, R. , Palincsar, A. , & Brown, A. L. (1987). Everyday and Academic Thinking: Implications for Learning and Problem Solving. *Journal of Curriculum Studies*, 19(2).

Resnick, L. B. (1987). *Education and Learning to Think*. Washington, DC: National Academy Press.

Richardson, A. (1983). Images, Definitions and Types. In A. A. Sheikh (Ed.), *Imagery: Current Theory, Research, and Application*. New York: John Wiley & Sons.

Robinson, F. P. (1961). *Effective Study (Rev. Ed.)*. New York: Harper & Row.

Rosenshine, B. (1983). Teaching Functions in Instructional Programs. *Elementary School Journal*, 83(4), 335-351.

Rosenthal, R. , & Jacobso n, L. (1908). *Pygmalion in the Classroom: Teacher Expectation and Pupils' Intellectual Development*. New York: Holt, Rinehart & Winston.

Ross, J. , & Lawrence, K. A. (1968). Some Observations on Memory Artifice. *Psychonomic Science*, 13, 107-108.

Rowe, M. (1974). Wait-time and Rewards as Instructional Variables, Their Influence on Language, Logic and Fate Control. Part 1 Wait-time. *Journal of Research in Science*

Teaching, 11, 81-94.
Sadker, M. , & Sadker, D. (1994). *Failing at Fairness: How America's School Cheat Girls*. New York: Macmillan.
Schank, R. C. , & Abelson, R. (1977). *Scripts, Plans, Goals and Understanding*. Hillsdale, Lawrence Erlbaum.
Schunk, D. H. (1990). Goal Setting and Self-efficacy During Self-regulated Learning. *Educational Psychologist*, 25(1), 71-86.
Shaw, V (1992). *Building Community in the Classroom*. San Juan Capistrano, CA: Kagan Cooperative.
Shenkman, R. (1988). *Legends, Lies, & Cherished Myths of American History*. New York: Morrow & Company.
Slavin, R. (1983). *Cooperative Learning*. New York: Longman.
Smith, E. E. , & Medin, D. L. (1981). *Categories and Concepts*. Cambridge, MA: Harvard University Press.
Smuin, S. (1978). *Turn-ons: 185 Strategies for the Secondary Classroom*. Belmont, CA: David S. Lake Publishers.
Stahl, R. J. (1985). *Cognitive Information Processes and Processing Within a Uniprocess Superstructure/Microstructure Framework: A Practical Information-based Model*. Unpublished manuscript, Tucson: University of Arizona.
Stiggins, R. J. (1994). *Student-Centered Classroom Assessment*. New York: Merrill.
Strong, R. , Silver, H. F. , & Robinson, A. (1995). What Do Students Want. *Educational Leadership*, 53(1), 8-12.
Suhor, C. (1984). Toward a Semiotics-based Curriculum. *Journal of Curriculum Studies*, 16, 247-257.
Taba, H. (1967). *Teacher's Handbook for Elementary Social Studies*. Reading, MA: Addison-Wesley.
Toulmin, S. (1958). *The Uses of Argument*. Cambridge, MA: Cambridge University Press.
Toulmin, S. , Rieke, R. , & Janik, A. (1981). *An Introduction to Reasoning*. New York: Macmillan.
Turner, A. , & Greene, E. (1977). *The Construction of a Propositional Text Base*. Boulder, CO: Institute for the Study of Intellectual Behavior, The University of Colorado at Boulder.
Tweney, R. D. (1980). *Scientific Thinking: New Possibilities for Enhancing Education*. Paper presented at the Wingspread Conference on Thinking, Racine, WI.
Tweney, R. D. , Doherty, M. E. , & Mynatt, C. R. (1981). *On Scientific Thinking*. New York: Columbia University Press.
Van Dijk, T. A. (1980). *Macrostructures*. Hillsdale, NJ: Lawrence Erlbaum.
Von Oech, R. (1983). *A Whack on the Side of the Head*. New York: Warner Books.
Wales, C. E. , & Nardi, A. H. (1985). Teaching Decision-making: What to Teach and How to Teach it. In A. L. Costa (Ed.), *Developing Minds: A Resource Book for Teaching Thinking*. Alexandria, VA: ASCD.
Wason, P. C. , & Johnson-Laird, P. N. (1972). *Psychology of Reasoning: Structure and*

Content. Cambridge, MA: Harvard University Press.

Whisler, J. S., & Marzano, R. J. (1988). *Dare to Imagine: An Olympian's Technology*. Aurora, CO: McREL.

Whisler, J. S., & McCombs, B. L. (1992). *Middle School Advisement Program*. Aurora, CO: McREL Institute.

White, B. Y. (1983). Sources of Difficulty in Understanding Newtonian Dynamics. *Cognitive Science*, 7. 41-65.

Wlodkowski, A., & Ginsberg, M. (1995). *Diversity and Motivation: Culturally, Responsive Teaching*. San Francisco: Jossey-Bass.

Wurman, R. S. (1989). *Information Anxiety*. New York: Bantam Books.

Yussen, S. R. (Ed.). (1985). *The Growth of Reflection in Children*. New York: Academic Press.

相关阅读与拓展学习资源

[1]http://www.marzanoresearch.com/robert-j-marzano

本网站是"马扎诺研究实验室"主页。该机构是集研究、咨询、出版与培训等一体化的组织。在该主页上可以获知相关信息和免费下载相关资料，这是了解马扎诺教学理论的主要窗口。

[2] Robert J. Marzano and Debra J. Pickering et al. *Dimensions of Learning Trainer's Manual*, 2nd Ed. ASCD, 1997.

http://www.ascd.org/ASCD/pdf/siteASCD/publications/books/Dimensions-of-Learning-Trainers-Manual-2nd-edition.pdf

这是马扎诺等人撰写的《学习的维度培训师手册》。该书是《学习的维度教师手册》的姊妹篇，两本书的框架内容相近，前者比较适合于培训讲座。读者在谷歌英文网站可以全文下载此书。

[3] Robert J. Marzano et al. *Dimensions of Thinking*: *A Framework for Curriculum and Instruction*, ASCD, 1984, http://files.eric.ed.gov/fulltext/ED294222.pdf

这是马扎诺等人撰写的《思维的维度：课程与教学的框架》，该项研究可以说是学习的维度研究之基础。读者在谷歌英文网站可以全文下载此书。

[4] Robert J. Marzano(1998). *A Theory-Based Meta-Analysis of Research on Instruction*, *Mid-continent*. Regional Educational Laboratory, Aurora, Colorado pp29-65.

http://www.mcrel.org/PDF/Instruction/5982RR_InstructionMeta_Analysis.pdf

本书系马扎诺等人对一些重要的教学研究结果所做的一项基于理论的元分析，是一篇重要的教学理论文献，其中第三章《四种系统：自我、元认知、认知和知识》已经由汤定九翻译，收入盛群力、马兰主译：《教学原理、策略与设计》，浙江教育出版社2005年版。

[5] Complex Thinking Skills & Reasoning.

http://www.aea267.k12.ia.us/curriculum/instruction

该网站中的"教学"主页中有"综合思维技能与推理"资源板块，提供了学习维度理论中13个思维技能（除了系统分析技能之外）的评估指标和相关的培养策略。AEA267 是美国伊阿华州议会在 1974 年创建的"地区教育代理"之一，旨在"服务孩子、父母和教育工作者"，起到"引导学习"的作用。

[6] Prince George's County Public Schools. Dimensions of Learning Reference Guide.

http:// www. pgcps. pg. k12. md. us/~elc/dolref. htmlsions

本项资源是美国一所中小学"在线学习共同体"关于学习的维度的介绍，链接到主页还可以看到更多关于基于大脑研究的学习的维度、合作学习、档案袋评估、提问与高层次思维、课堂管理等教学策略和学习理论方面的资料，从一个方面也可以透视美国中小学教师在专业发展和教学改革中所关注的主题。

[7] Introduction to The Dimensions of Learning Model.

http://www. agls. uidaho. edu/ fcs350 /Introduction. htm

这是由美国爱达荷大学（University of Idaho）Mary Pickard 博士主持的关于学习的维度（DOL）和通过设计促进理解（UbD）在线课程辅导网页，主要是配合两种理论的主导教材开展学习辅导，其中的辅导资料和 PPT 等可以免费浏览和下载。

[8] 马兰、盛群力，学习的维度之要览。上海教育科研，2004 年第 9 期。

本文对"学习的维度"理论做了概要性的介绍，重点放在每一个维度的基本含义及其操作要点。

[9] 盛群力，旨在培养解决问题的高层次能力——马扎诺认知目标分类学详解。开放教育研究，2008 年第 2 期。

本文对马扎诺认知目标分类学作出了比较具体细致的介绍，重点放在继学习的维度研究之后得出的新认识。

译后记

罗伯特·马扎诺（Robert J. Marzano）博士是当代国际著名的课程与教学专家，更准确地说是一位致力于将教学研究成果转化为改革实践的行动家，当然他还是一位演说家和培训家。马扎诺从纽约州的爱纳学院（Iona College）获得学士学位，在西雅图大学获得硕士学位，在华盛顿大学获得博士学位。马扎诺可以算是一位"草根"研究专家，因为似乎没有看到他担任过什么显赫的学术职务，多年来曾一直在美国"中部地区教育研究实验室"（McREL）任职，曾经还在威斯康星州卡迪纳尔斯特里奇大学和科罗拉多大学兼任副教授。目前马扎诺担任了"马扎诺研究实验室"（Marzano Research Laboratory，简称 MRL，主页为 http://www.marzanoresearch.com/）首席执行官，该机构集研究、咨询、培训和出版等多种功能于一身，是一个贴近改革实践、倾听用户呼声、满足发展需要、转化服务产品与接受市场检验的一体化新型团队组织。在这个网站主页上，马扎诺团队这样表达了该机构的宗旨："我们致力于将教育研究的成果转化为教育产品和服务，便于教师和校长运用，帮助学生在学习上获得具体实在的改进。"

马扎诺的理论观点在我们国家的基础教育改革中相对介绍得还比较少，不像加德纳、舒尔曼和佐藤学的作品，经过多年基础教育课程与教学改革浸润后，许多中小学教师都耳熟能详，甚至津津乐道。但是，马扎诺的研究无疑是我国的基础教育改革值得借鉴的，也是中小学教师值得去了解和尝试的。

就本书而言，它既是马扎诺多年研究的综合，也是了解其新近成果的一个连接点。马扎诺从 20 世纪 80 年代开始，就致力于开展培养学生思维技能的研究，出版了《思维的维度：课程与教学的框架》（*Dimensions of Thinking: A Framework for Curriculum and Instruction*, 1984）一书。在书中他提出了有关"核心思维"的具体指标。"思维的维度"由三个方面组成，一是"知识的内容领域"，二是"元认知"，三是"批判性思维与创造性思维"。其中元认知主要体现为核心思维技能（core thinking skills categories）。包括了：(1) 聚焦技能——引导选择信息的方向；(2) 收集信息技能——获取相关的信息；(3) 记忆技能——储存和提取信息；(4) 组织技能——对信息进行安排以便能有效使用；(5) 分析技能——通过明确其成分、属性等来澄清现有的信息；(6) 生成技能——运用原有知识来充实新信息；(7) 整合技能——将信息联系和组合起来；(8) 评价技能——评估观点的合理性和可靠性。

进入 20 世纪 90 年代，马扎诺又将"思维的维度"进一步发展为"学习的维度"(Dimensions of Learning，DOL) 理论，并且在中小学有较普遍的应用。学习的维度分别是：维度一：态度与感受 (attitude and perceptions)；维度二：获取与整合知识 (acquire and integrate knowledge)；维度三：扩展与精炼知识 (extend and refine knowledge)；维度四：有意义地运用知识 (use knowledge meaningful)；维度五：良好的思维习惯 (productive habits of mind)。

学习的五个维度中，维度三和维度四涉及了较多的思维技能和思维过程。该理论将其细分为 14 个具体技能与过程，并可以用提问的方式来加以促进。在学习的维度框架中，马扎诺明确指出了五个维度之间的关系。即所有的学习都发生于学习者的态度与感受中（维度一）和运用良好的思维习惯中（维度五）。这两个维度是任何学习过程所不可缺少的。而另外三个维度——获取与整合知识（维度二）、扩展与精炼知识（维度三）和有意义地运用知识（维度四）则是学习中进行思考所必需的。维度四包含了维度三，维度三又包含了维度二，这表明了在扩展知识时，学习者同时也在获取知识；在运用知识时，他们也在扩展知识。这充分体现了思维的过程和思维的技能并不是互相割裂和线性作用的，而是一个互动循环、彼此影响的过程。同样，学习的五个维度，从总体上实现了认知、元认知与情感的相互作用，共同决定着学习者学习的成效。从这里可以看出，马扎诺将"想要学，能学懂与会学习"看成是学习者学业成功的关键。这就奠定了马扎诺教育目标分类的坚实依据。

在 21 世纪初，马扎诺与时俱进地提出了教育目标新分类的二维框架 (Robert J. Marzano and Homas R Guskey. *Designing a New Taxonomy of Educational Objectives*，Corwin Press，2001；Robert J. Marzano and John S. Kendall. *The New Taxonomy of Educational Objectives*，2nd ed.，Corwin Press，2007)。新教育目标分类将"知识领域"(domains of knowledge) 作为一个维度，具体分为"信息""心理程序"和"心理动作程序"三个子类别；将"加工水平"(levels of processing) 作为另一个维度，具体分为"自我系统""元认知""运用知识""分析""领会"和"提取"六个水平。新教育目标分类中加工水平的目标层次及其心

理运作细目，显然是与学习的维度之框架有承续和发展关系。

　　本书介绍了学习维度模式如何在课堂中合理运用。本书的一个显著特点是具体细致地说明了学习的维度各个要素有什么意义，如何结合单元设计层层落实和在课堂上实际运用。"少一些知识，多一些方法"，要留给大脑更多的空间理解"为什么"和"应怎样"，而不是仅仅知道"是什么"或者一味记住"是什么"，这就是马扎诺"思维的维度"和"学习的维度"所具有的现实意义，也是我们在本书书名中添加了"培育智慧才能"作为主标题的初衷。希望广大的中小学教师喜欢本书，更希望我们大家都能运用这一理论和发展这一理论。

　　本书翻译的分工具体是：杭秀翻译引论，并补充翻译第二章部分内容和其他各章中部分课堂教学案例；张慧翻译第一章和第二章的主体部分；何晔翻译第三章、第四章和第五章的主体部分；盛群力翻译第六章；盛群力还翻译、整理了书中其他内容并对全书译稿进行了校译。

　　本书翻译中对英文版原书的边白和索引做了删节，特此说明。

　　本书翻译和出版得到了福建教育出版社的大力支持，教育理论编辑室成知辛主任、姜丹编辑付出了许多辛劳，谨特别致以谢忱！

　　衷心欢迎并感谢读者对本书翻译中尚存在的差错与不足予以指正。

盛群力

2013 年 12 月 10 日于浙江大学

图书在版编目（CIP）数据

培育智慧才能：学习的维度教师手册/（美）马扎诺，（美）皮克林著；盛群力等译. —福州：福建教育出版社，2015.4
（当代前沿教学设计译丛/盛群力主编）
ISBN 978-7-5334-6370-0

Ⅰ.①培… Ⅱ.①马… ②皮… ③盛… Ⅲ.①学习方法 Ⅳ.①G442

中国版本图书馆CIP数据核字（2014）第046851号

Translated and published by
Fujian Education Press with permission from ASCD. This translated work is based on *Dimensions of Learning Teacher's Manual*, 2nd edition by Marzano, Robert J.,etal.©2009 ASCD. All Rights Reserved.
ASCD is not affiliated with Fujian Education Press or responsible for the quality of this translated work.

当代前沿教学设计译丛
盛群力　主编

培育智慧才能——学习的维度教师手册
［美］罗伯特·J.马扎诺　黛布拉·J.皮克林　著
盛群力　何晔　张慧　杭秀　译

出版发行	海峡出版发行集团
	福建教育出版社
	（福州梦山路27号　邮编：350001　网址：www.fep.com.cn
	编辑部电话：0591－83726908
	发行部电话：0591－83721876　87115073　010－62027445）
出 版 人	黄　旭
印　　刷	福建东南彩色印刷有限公司
	（福州市金山工业区　邮编：350002）
开　　本	720毫米×1000毫米　1/16
印　　张	18.25
字　　数	307千
插　　页	2
版　　次	2015年4月第1版　2015年4月第1次印刷
书　　号	ISBN 978-7-5334-6370-0
定　　价	39.00元

如发现本书印装质量问题，影响阅读，
请向本社出版科（电话：0591－83726019）调换。